高等职业教育汽车类专业创新教材

现代汽车维修企业管理实务

第5版

主　编　栾琪文
副主编　于红霞　张桂华　赵　磊
参　编　刘立志　林忠玲　裴宝浩
　　　　于子强　曲敬渊　张筱青
　　　　姚美红　刘昭涛

机械工业出版社

本书根据行业发展实际需要，系统地介绍了汽车维修企业管理要素和管理规定、经营管理、组织机构及人力资源管理、服务规范和服务流程、客户满意与客户投诉管理、维修质量管理、营销管理、配件管理、财务管理、合同管理、7S 管理等，内容涉及汽车维修企业管理的方方面面。

本书内容全面，体系清晰，系统地反映了汽车维修企业管理领域的新进展和管理模式，案例生动形象，对汽车维修企业有借鉴意义。本书可供高等职业院校师生、汽车维修企业和4S 店售后服务站管理人员使用。

图书在版编目（CIP）数据

现代汽车维修企业管理实务 / 栾琪文主编 . —5 版 . —北京：机械工业出版社，2023. 11（2026. 1 重印）
高等职业教育汽车类专业创新教材
ISBN 978-7-111-74357-6

Ⅰ. ①现… Ⅱ. ①栾… Ⅲ. ①汽车-修理厂-工业企业管理-高等职业教育-教材 Ⅳ. ①F407. 471. 6

中国国家版本馆 CIP 数据核字（2023）第 229712 号

机械工业出版社（北京市百万庄大街 22 号 邮政编码 100037）
策划编辑：齐福江　　　　　责任编辑：齐福江　马新娟
责任校对：张亚楠　刘雅娜　封面设计：张　静
责任印制：郜　敏
河北虎彩印刷有限公司印刷
2026 年 1 月第 5 版第 4 次印刷
184mm×260mm · 14. 5 印张 · 357 千字
标准书号：ISBN 978-7-111-74357-6
定价：49. 00 元

电话服务　　　　　　　　　网络服务
客服电话：010-88361066　机　工　官　网：www. cmpbook. com
　　　　　010-88379833　机　工　官　博：weibo. com/cmp1952
　　　　　010-68326294　金　　书　　网：www. golden-book. com
封底无防伪标均为盗版　机工教育服务网：www. cmpedu. com

前　言

《现代汽车维修企业管理实务》自2005年问世以来，深受广大读者的欢迎和关注，并于2011年、2014年和2017年进行了改版，累计销售近10万册。近年来，国家颁布了一些新的法律法规，原书的一些内容已经不适应新的法律法规，在这种情况下，我们对《现代汽车维修企业管理实务》（第4版）进行了再次修订。

多年来，我国汽车产销量雄踞世界第一，汽车保有量不断增长，汽车维修业迅速发展，从事汽车维修企业管理的人员越来越多。本书正是为了满足高等职业院校汽车检测与维修专业、汽车服务与营销专业、汽车电子技术专业及其他相关专业培养社会急需的汽车维修企业管理人才的需求而编写的。

基于党的二十大报告中关于“深入实施人才强国战略”，“坚持尊重劳动、尊重知识、尊重人才、尊重创造”的要求，本次修订在讲授基础理论的同时融入探索性实践内容，以增强读者的自信心和创新创业能力。

本书具有以下特点：

1）立德树人。本书为全面贯彻党的二十大精神，在案例、二维码学习等栏目中，有机融入与课程内容相关的依法治国、绿色低碳、安全教育、工匠精神、质量意识等内容，体现爱国主义，推动绿色发展，弘扬专业精神、劳动精神、工匠精神和勤俭节约精神，将立德树人落实到课程中。

2）为推进党的二十大精神进教材、进课堂、进头脑，本书紧跟时代发展和技术发展，利用“互联网+”教材新手段，在重要知识点处配有二维码，可以通过扫描观看视频，将依法治国、爱岗敬业、一丝不苟的工匠精神融入课程内容中。

3）贯彻党的二十大报告提出的“法治社会是构筑法治国家的基础。弘扬社会主义法治精神，传承中华优秀传统法律文化，引导全体人民做社会主义法治的忠实崇尚者、自觉遵守者、坚定捍卫者”。努力使尊法学法守法用法在全社会蔚然成风。书中引用了新发布的国家法律法规。书中内容紧跟新发布的国家规定、条例和标准，其中包括《中华人民共和国安全生产法》（2021年9月1日施行）、《中华人民共和国道路运输条例》（2022年5月1日起施行）、《汽车维修业经营业务条件》（2024年4月1日实施）、《机动车维修管理规定》（2021年8月11日第四次修正）、《机动车维修服务规范》（2021年4月1日实施）、《道路运输车辆技术管理规定》（2023年6月1日施行）、《道路运输从业人员管理规定》（2022年11月10日施行）、《缺陷汽车产品召回管理条例实施办法》（根据2020年10月23日国家市场监督管理总局令第31号修订）、《家用汽车产品修理更换退货责任规定》（2022年1月1日施行）、《明码标价和禁止价格欺诈规定》（2022年7月1日施行）。本书的内容正是参考这些法律法规和标准编写的。

4）紧跟时代步伐。汽车维修企业处于变革时期，紧跟时代步伐、变革思想、开发新思路是本书的另一个特点。书中的一些理念、经营战略、服务流程、投诉处理方法等观点比较新颖，对客户价值进行了新的思考，对客户满意与客户投诉进行了全面分析，提出了汽车维修企业营销管理的新方法和新思路，阐明了当前激烈的市场竞争不仅体现在技术、质量上，还体现在企业的观念、形象、营销、服务、管理上。

5）理论与实践相结合。本书在编写中注重理论与实践相结合，并穿插了精彩案例，避免了枯燥的说教。这些内容可帮助汽车维修企业提高决策能力和管理水平，有利于树立良好的企业形象，提高企业服务质量，降低企业经营成本，提高企业核心竞争力。

6）内容面广，综合性强。本书不仅涵盖了汽车维修企业经营管理、维修质量、7S 管理、配件管理、财务管理、合同管理，还涵盖了从零开始的新厂规划、服务流程、客户关系管理、营销管理、服务绩效的分析和改进等，内容涉及汽车维修企业管理的方方面面。

7）实用性强。本书由在汽车维修企业、4S 店特约服务站从事管理工作多年的厂长、经理、站长、服务经理，多年从事汽车维修企业管理教学的大学教授、汽车维修行业协会的专家，以及交通运输管理部门的高级专家、学者编写。内容来自实际，具有很强的操作性和指导性。

本书由栾琪文担任主编，于红霞、张桂华、赵磊担任副主编，参编人员有刘立志、林忠玲、裴宝浩、于子强、曲敬渊、张筱青、姚美红、刘昭涛。

本书在编写过程中得到了中国汽车维修行业协会、《汽车维修与保养》杂志社、山东三和德通律师事务所、润华集团等单位的大力支持。二十大代表、全国优秀法律顾问杨希勇对教材的思政和法律内容进行了认真指导，在此表示衷心的感谢！

由于编者水平有限，书中难免有不当之处，敬请读者批评指正。

目 录

Contents

前言

模块一
汽车维修企业管理要素和管理规定 / 001
学习任务一 汽车维修企业管理要素 / 001
一、企业管理的任务和职能 / 001
二、管理者的素质要求 / 003
三、现代汽车维修企业的要素 / 004
学习任务二 汽车维修企业管理规定 / 014
一、经营备案 / 014
二、维修经营 / 017
三、质量管理 / 017
四、法律责任 / 018
思考题 / 018

模块二
汽车维修企业经营管理 / 019
学习任务一 汽车维修企业的经营理念 / 019
一、诚信经营 / 019
二、以客户满意为中心 / 021
三、以人为本 / 021
四、管理创新 / 022
五、塑造品牌 / 023
六、超越竞争 / 024
学习任务二 汽车维修企业的经营条件 / 024
一、组织管理条件 / 025
二、人员条件 / 026
三、设施条件 / 026
四、设备条件 / 027
学习任务三 汽车维修企业的经营战略 / 028
一、经营战略形式 / 028
二、适合汽车维修企业的六种经营战略 / 029
思考题 / 035

模块三

组织机构及人力资源管理 / 036

学习任务一 组织机构 / 036

一、组织机构设置的原则和方法 / 036

二、汽车维修企业常见组织机构 / 037

三、汽车维修企业从业人员管理规定 / 038

四、岗位职责 / 039

五、团队建设 / 042

学习任务二 人力资源管理 / 044

一、人力资源规划 / 045

二、员工招聘 / 046

三、员工培训 / 049

四、工匠精神的培养 / 050

学习任务三 激励机制、绩效考核和薪酬管理 / 051

一、激励机制 / 051

二、绩效考核 / 052

三、薪酬管理 / 052

思考题 / 057

模块四

服务规范和服务流程 / 058

学习任务一 服务规范 / 058

一、文明用语，礼貌待客 / 058

二、身体语言规范 / 059

三、微笑服务规范 / 059

四、仪表形象规范 / 059

五、电话服务规范 / 059

六、与客户交谈规范 / 060

学习任务二 服务流程 / 060

一、预约 / 060

二、接待 / 062

三、维修 / 065

四、质量检验 / 066

五、交车 / 068

六、跟踪 / 070

学习任务三 汽车召回及保修服务规范和流程 / 072

一、汽车召回服务规范和流程 / 072

二、保修服务规范和流程 / 074

思考题 / 078

模块五
客户满意与客户投诉管理 / 079
学习任务一 客户满意与客户关怀 / 079
一、客户满意分析 / 079
二、客户满意因素 / 080
三、客户关怀的基本原则 / 083
四、客户关怀的实施要点 / 084
五、正确处理客户与企业的关系 / 086
学习任务二 客户投诉及预防 / 088
一、投诉分析 / 088
二、处理投诉的基本要求 / 088
三、处理投诉的原则 / 090
四、处理投诉的技巧 / 090
五、投诉的预防 / 092
学习任务三 客户满意和客户投诉管理实务 / 093
一、客户满意度调查及分析改进实务 / 093
二、汽车三包管理实务 / 095
思考题 / 099

模块六
汽车维修质量管理 / 100
学习任务一 认识汽车维修质量管理 / 100
一、汽车维修质量的概念 / 100
二、汽车维修质量管理的任务 / 100
三、全面质量管理 / 101
四、汽车修理质量检查评定 / 102
学习任务二 汽车维修质量检验 / 104
一、汽车维修质量检验的任务 / 104
二、汽车维修质量检验的工作内容和步骤 / 104
三、汽车维修质量检验的类别及检验内容 / 105
四、汽车维修质量检验的方法 / 106
五、汽车维修质量检验的标准 / 106
学习任务三 汽车维修质量保证体系和一次修复率提高 / 107
一、明确的质量方针和目标 / 107
二、专职质量管理机构 / 107
三、严格的汽车维修质量管理制度 / 108
四、实行质量管理业务标准化和质量管理流程程序化 / 109
五、开展质量管理小组活动 / 109
六、加强汽车维修配件及原材料质量管理 / 109
七、做好汽车维修质量管理的基础工作 / 109
八、建立汽车维修质量信息反馈系统 / 110
九、一次修复率管理实务 / 111

思考题 / 115

模块七
汽车维修营销管理 / 116
学习任务一 认识客户价值和营销策略 / 116
一、客户价值概述 / 116
二、客户价值的构成 / 117
三、客户的终身价值 / 118
四、营销策略 / 119
学习任务二 广告宣传和服务促销 / 129
一、广告宣传 / 130
二、服务促销 / 130
学习任务三 营销技巧 / 138
一、集客技巧 / 138
二、保养套餐 / 139
三、保险营销 / 141
四、抖音、微信营销 / 143
五、报价策略 / 145
六、产品升级策略 / 145
七、营销话术 / 145
思考题 / 146

模块八
配件管理 / 147
学习任务一 认识配件管理的任务 / 147
一、认识配件管理的主要任务 / 147
二、如何准确地提供零部件 / 148
三、零部件类型 / 148
四、零部件编号的解释 / 148
学习任务二 配件进销存管理 / 151
一、配件采购管理 / 151
二、配件入库管理 / 152
三、配件出库管理 / 153
四、库存控制的原则和 ABC 分析法 / 154
五、库存控制方法 / 155
六、库存控制指标分析与改进实务 / 156
学习任务三 配件仓储管理 / 158
一、配件仓库布局的原则 / 158
二、配件的位置码管理系统 / 158
三、仓库管理规定 / 159
四、呆废料管理 / 161
五、配件的盘点 / 162
思考题 / 167

模块九

财务和合同管理 / 168

学习任务一 财务管理 / 168

一、财务管理制度 / 168

二、货币资金管理规定 / 169

三、收入、费用、利润 / 170

四、资产管理制度 / 172

学习任务二 汽车维修合同管理 / 172

一、合同管理概述 / 172

二、汽车维修合同 / 179

三、汽车维修合同参考文本 / 183

四、道路救援合同管理 / 187

五、汽车救援服务合同 / 189

学习任务三 应收账款管理和财务分析 / 191

一、应收账款管理 / 191

二、财务报表分析 / 194

三、营业报表管理 / 197

思考题 / 198

模块十

7S 管理 / 199

学习任务一 7S 管理的内容和作用 / 199

一、7S 管理的内容 / 199

二、7S 管理的作用 / 200

学习任务二 7S 管理的实施及检查 / 202

一、7S 管理实施应注意的问题 / 202

二、7S 管理实施的场所 / 202

三、7S 管理实施的步骤 / 203

四、7S 管理实施的办法 / 205

五、7S 管理规范表 / 206

六、7S 管理改善实务 / 207

七、推动 7S 管理的工具 / 213

学习任务三 安全生产管理 / 214

一、安全生产的重要性 / 214

二、维修生产中的不安全因素及安全措施 / 214

三、新能源电动汽车维修的安全管理 / 217

四、安全操作规程 / 218

五、安全生产达标考评 / 221

思考题 / 221

参考文献 / 222

模块一
汽车维修企业管理要素和管理规定

问题导入：

据公安部统计，截至2022年年底，全国机动车保有量达4.17亿辆，扣除报废注销量比2021年增加2129万辆，增长5.39%。2022年全国新注册登记机动车3478万辆，汽车保有量达3.19亿辆，占机动车总量76.59%，比2021年增加1752万辆，增长5.81%。全国新注册登记汽车2323万辆。

新能源汽车方面，数据显示，截至2022年年底，全国新能源汽车保有量达1310万辆，占汽车总量的4.10%，扣除报废注销量比2021年增加526万辆，增长67.13%。其中，纯电动汽车保有量1045万辆，占新能源汽车总量的79.78%。2022年全国新注册登记新能源汽车535万辆，占新注册登记汽车总量的23.05%，与上年相比增加240万辆，增长81.48%。新注册登记新能源汽车数量从2018年的107万辆到2022年的535万辆，呈高速增长态势。

近年来，国家出台了环保、安全、行业管理等新法律法规。企业经营成本的增加和新能源汽车的快速发展等，给汽车维修企业带来了哪些新的问题？汽车维修企业应采取哪些经营战略来赢得市场？

学习目标：

1. 掌握企业管理的任务和职能，以及现代汽车维修企业的管理要素
2. 掌握汽车维修企业管理规定

素质目标：

1. 培育和践行社会主义核心价值观
2. 培养法治意识、环保意识

学习任务一　汽车维修企业管理要素

汽车维修业是伴随汽车工业发展起来的传统行业。随着汽车的逐步普及和交通运输业的发展，汽车保有量大幅增加，汽车维修业在市场经济发展中发挥着越来越重要的作用，与人民群众的生产、生活关系越来越密切。

一　企业管理的任务和职能

1. 企业管理的任务

企业管理的任务有以下三个。

（1）为企业创造经济效益　企业作为营利性的经济组织，必须用自己的经济成果为社会创造财富，为满足人民日益增长的物质和文化需求做出贡献，只有这样，才能体现企业的价值。

（2）使企业富有活力　企业成为个人维持生计并取得社会地位、与人交往、实现自身价值的手段，与此同时，企业通过富有活力的人力资源管理来完成它的工作。因此，使员工富有活力和成就感，成为企业管理的一项任务和衡量企业业绩的重要标准。

（3）承担企业对社会的影响责任　企业是向消费者提供商品和服务的经济组织，所以企业不能由自身来评价其好坏，而应根据它对社会的影响来获得评价。因此，企业有责任承担改善社会和社区生活质量的任务。

2. 企业管理的职能

不同企业之间各项业务内容千差万别，但企业管理本身的差别并不大。企业管理者的工作可以归纳为计划、组织、领导、激励和控制五种职能。

（1）计划职能　计划职能是指管理者预测未来、确定目标、制定实现这些目标的行动方针的过程，它涉及原因与目的、活动与内容、人员安排、时间安排、空间安排及手段与方法的选择等问题。计划主要解决两个问题：一是干什么；二是怎么干。计划为企业设计出一个行动蓝图，企业的一切工作都是围绕实现这一蓝图而展开的。计划的正确与否对企业活动的成败具有决定性作用。因此，计划是企业管理的首要职能。

计划的内容非常丰富，包括研究和预测未来的变化，确定目标和方针，制定和选择方案，做出决策，以及编制并落实计划。决策是计划的灵魂，是计划职能的核心内容。计划有长远计划、年度计划、季度计划、月度计划、周计划、日计划；有时，某项具体工作也要有计划。

（2）组织职能　组织职能是指根据企业的计划，对执行中各种要素及其相互关系进行配置、协调和组织，使计划任务得以落实。

组织既是一种结构，又是一种行为，可以分为静态组织和动态组织两个方面。静态组织是以提高组织效率为目标，主要研究组织机构的设置、职责、权利的规定以及规章制度的确立；动态组织是以人际和谐为目标，主要研究组织行为的变化、组织机构的变革和发展。

（3）领导职能　领导职能是指企业管理者运用指导、沟通和教育等手段，统一全体职工和各级组织的意志，调动全体职工和各级组织的积极性，推动企业活动过程按目标要求进行。领导职能的内容主要包括指导下属顺利地完成本职工作，与下属顺利地沟通信息，发挥下属的潜力，提高下属的素质和能力等。领导职能是各种职能中最富有挑战性和艺术性的职能。

（4）激励职能　激励职能是指企业通过激励和强化人们正确的动机，满足人们的合理需求，引导和改造人们的行为，使个人目标和企业目标趋向一致，从而使个人行为向有利于企业目标实现的方向发展。

激励职能的有效实施包括确定和研究激励的对象，坚持正确的激励原则，运用科学的激励方法，选择最佳的激励时机，以充分发挥激励职能的作用。

（5）控制职能　控制职能是指企业管理者根据目标和标准，对企业的各项活动进行监督和检查，以消除实际和标准的差异，并保证计划目标的实现。控制职能是一项规范性和政策性很强的职能。

控制过程包括制定控制标准，衡量实际结果，分析比较差异及采取措施纠正偏差。控制的目的在于保证企业的实际活动同预期的目标相一致，使企业的活动过程始终处于良性运动状态。

二 管理者的素质要求

管理者素质是指优秀的企业经营者应当具备的各种条件和素养，包括思想、知识、能力、身体和心理素质。

1. 思想素质

管理者应该对事业有强烈的责任心和敬业精神，具有良好的工作作风，尊重科学，知人善任，必须对企业股东、员工、客户和社会负责。

2. 知识素质

知识素质是管理者决策能力、创新能力和指挥领导能力的基础，现代企业发展需要管理者有很高的知识素质。知识素质包括以下五个方面。

（1）企业经营管理学　企业经营管理学包括生产经营、营销管理、财务管理、人力资源管理、会计、资本运营管理，以及全面质量管理、目标管理、价值工程、系统工程、网络技术等现代管理方法。

（2）组织行为学　管理者应该掌握组织运行的一般规律和具体某一组织的特征，应具备一定的组织行为学知识。

（3）专业基础知识　汽车维修企业的管理者要掌握汽车及汽车维修方面的基础知识。

（4）经济学　管理者应掌握相关的经济学知识，主要包括投资、金融、税收、统计、贸易等。

（5）法律知识　管理者要掌握的法律知识包括公司法、税收法、银行法、会计法、计量法、专利法、商标法、知识产权法、劳动法及环境保护法等。

3. 能力素质

（1）决策能力　决策能力是管理者观察能力、判断能力、分析能力及决断能力的综合体现。管理者要在风云变幻的市场经济大潮中，根据外部经营环境和内部经营实力的变化，适时、正确地做出各种战略性经营决策。

（2）组织能力　组织能力具体包括组织设计能力、组织分析能力和组织变革能力。组织设计能力是指管理者能根据企业实际情况，设计出良好的组织管理模式框架；组织分析能力是指管理者能对现行的企业组织管理结构进行正确的分析、评价和判断；组织变革能力是指管理者能对现行的企业组织结构进行革新。管理者要在一定的内外部环境和条件下，有效组织和配置企业现有的各生产要素，使之更好地服务于企业经营目标。

4. 身体和心理素质

管理者要有良好的身体和心理素质，面对各种困难和挫折，要意志坚强、应变自如、临危不乱。

三 现代汽车维修企业的要素

管理——企业的命脉	人力资源——企业的心脏
市场——企业的目标	资金——企业的血液
技术——企业的大脑	设备——企业的肌肉
配件——企业的食粮	信息——企业的神经
形象——企业的第一窗口	

现代汽车维修企业的要素包括管理、人力资源、市场、资金、技术、设备、配件、信息和形象等。

（一）管理

管理被称为企业的命脉，由此可见管理在企业中的重要性。管理的内容很多，现代汽车维修企业要坚持管理制度化、管理程序规范化的原则，并注重细节，尤其是安全生产和质量管理更要坚持管理制度化、管理程序规范化。只有这样，企业才能做大做强。

1. 管理制度化

俗话说：没有规矩不成方圆。汽车维修企业应该有一系列管理制度，从安全生产、劳动纪律、员工守则、配件采购制度到财务管理制度等，这些称为企业的基础管理。

海尔企业管理理念，也称为海尔定律或斜坡球体论，认为企业如同爬坡的一个球，受到来自市场竞争和内部职工惰性形成的压力，如果没有一个制动力，它就会下滑，这个制动力就是基础管理。

有了规章制度，企业所有员工就要按照规章制度办事。在有些企业里，管理者的文化素质偏低，他们也制定了一系列管理制度，但他们的管理不是依靠规章制度，而是局限于“家族式”管理，在制度面前讲人情，讲血缘关系，不能对员工一视同仁，从而影响了员工的积极性。

企业要想做大做强，靠“家族式”管理、靠人情、靠讲血缘关系是行不通的。企业的管理制度是约束每个人的，包括企业老板。因此，只有一切按制度办事，企业才能强盛。

案例

车主A的帕萨特轿车正在某维修厂维修，他想外出办事，便找业务经理借车，此时维修厂的车外出办事短时间不能回厂，车主A见车辆竣工区内停放着一辆已竣工的帕萨特车（车主为B），便说“我开此车一会儿就回来”，业务经理说“厂里有规定，不能私自动客户的车”。车主A又找到维修厂老板，老板感觉开一下客户的车是小事，便忘记了规章制度，答应了他的要求。车主A外出办事闯了红灯，也没向维修厂交代。车主B将车开回的第二天，收到一张违章罚款单，说他某时在某地闯了红灯，车主B一看就愣了，他算了一下时间，闯红灯时他的车正在某维修厂。车主B非常气愤，找到维修厂理论。维修厂老板一听也懵了，急忙对此事进行了妥善处理。但车主B的愤怒一时无法平息，维修厂从此也失去了一位老客户。

2. 管理程序规范化

管理要按照规范进行，管理规范化应贯穿于维修服务的全过程。企业的行为规范是指企业群体所确立的行为标准，行为规范以企业全体人员整体行为的一致性和制度化为表现形式，它以个体的行为表现出整体的行为，即个体行为的规范化导致整体行为的一致化。例如，接听电话的方式，与客户见面的问候语，企业员工的仪容仪表，甚至业务接待递名片的姿势，生活接待倒茶水的动作等，都要有规范。

企业的服务流程管理是企业最重要的管理内容之一，一个清晰、简练、规范的服务流程，带给员工的是方便和快捷、效率和方向，带给企业的是形象和效益。

世界上一些著名的汽车生产商都十分注重服务流程的建设，例如，大众公司推出了“服务核心流程”，丰田公司推出了“关怀客户七步法”。

案例

丰田公司“关怀客户七步法”提高了客户满意度，为汽车销售提供了良好的保障。“关怀客户七步法”的内容是：第一步预约；第二步接待；第三步写下修理要求，估计费用、交车时间；第四步监督工作进度；第五步交车前的最后检查；第六步交车时的维修工作说明；第七步跟踪服务。

3. 细节决定成败

在市场竞争日益激烈的今天，你可能已发现，你的维修技术水平提高了，而竞争对手的维修技术水平也提高了；你的服务水平提高了，而竞争对手的服务水平也提高了；你的价格降低了，而竞争对手的价格也降低了。这时，细节就显得尤其重要。现在很多企业都十分重视细节，道家学派创始人老子曾经说过：“天下难事，必作于易；天下大事，必作于细。”很多汽车维修厂的墙上都挂了这样一条标语——100-1=0，说的是哪怕一个细节没处理好，都会影响整个维修工作，进而影响客户满意度。

案例

案例1：一家广汽本田服务站在工作中做了很多细节上的工作，如在维修时要经常拆下蓄电池电缆，使整车断电，这时车载数字调频收音机记忆消失，维修后需重新调试，这样客户原来设置好的频道就改变了。因此，他们在工作中增加了一个细节：在拆卸蓄电池电缆前，都会将收音机各频道的位置记录下来，维修完毕后，再按原记录将收音机各台重新调试好。这个小细节获得了客户的好评。

案例2：遇到雨雪天气，北京公交上海大众汽车特约服务站的工作人员在客户进站出站的时候都会打伞接送客户，并确保客户身上不沾到雨雪，这一个小细节让客户感受到了温暖。

（二）人力资源

人力资源被称为企业的心脏。在目前的市场经济条件下，人力资源管理呈现出新的特点，也给管理带来了新的问题。

1. 企业劳动力素质发生了根本变化

维修汽车的高科技化要求企业劳动力素质也要随之提高，而目前我国大多数维修企业管理人才和技术人才短缺，使得企业之间相互出高价争夺人才。传统的维修管理和技术人才由于知识老化、技术落后，已不能适应现代汽车维修的需要。他们中会有一部分将被淘汰，而另一部分则将加快知识和技术更新，以跟上企业发展的需求。另外，将有一批经过专业培训、掌握先进维修诊断技术的大中专毕业生充实到维修队伍中，他们中的一部分人经过一段时间的实践，也将成为企业优秀的管理人才和技术人才，从而使企业劳动力素质发生根本变化。

2. 人际关系发生了新的变化

现代企业内部的人际关系是一种沟通关系，老板和员工之间应是沟通、合作的关系。员工只有通过企业才可以发挥自己的才能，实现自己的价值；而老板要通过自己的投资与员工的劳动获得企业利润，因此，员工和老板是一种新型的双赢关系。目前在很多地方的汽车维修厂，还出现了老板出让部分股份给员工的现象。

3. 人力资源管理需要人性化

人具有自然属性和社会属性，因此企业要建立符合人性化的管理，创造人性化的工作氛围，培植满足人发展的土壤。企业管理者要对企业员工开诚布公、互相理解、倾听意见、关心生活、加强沟通，使企业成为富有人情味的机构，这样才能让员工发挥他们最大的潜能。

案例

海尔企业文化的成功运行离不开管理制度与企业文化的紧密结合。海尔管理运行的过程：首先提出理念与价值观，然后推出模范人物和事件，最后在理念与价值观的指导下，制定出让模范人物和事件不断涌现的制度与机制。正是这种“制度与机制”与员工理念和价值观的互动，才使海尔获得了稳定发展。

（三）市场

市场是企业的目标，汽车售后市场一向被经济学家称为汽车产业链上最大的利润“奶酪”，很多人都对它垂涎欲滴。因此，从事汽车产业的企业更需要在管理和服务上下功夫，努力达到一流水平，才能在市场竞争中立于不败之地。在市场经济下，汽车维修企业要树立以下新观念。

1. 市场观念

市场观念就是树立一切以市场为导向，为市场提供服务，向市场要效益的观念。目前，汽车维修市场经营范围广阔，竞争日益激烈。而现代汽车维修企业已不是传统意义上的汽车修理厂了，它又被赋予了新的内涵，业务范围也有了新的拓展，汽车售后市场所涉及的内容应是现代汽车维修企业经营的项目，这些经营项目就是这些企业的市场。

案例

近年来，二手车交易市场活跃，2022 年汽车转让登记数量持续增长。2022 年，全国公安交管部门共办理机动车转让登记业务 3027 万笔。其中，汽车转移登记业务 2869 万笔，占 94.8%。2018—2022 年，二手车转让登记与汽车新车注册登记数量的比例由 0.77 上升至 1.24。2022 年，公安部会同商务部等部门推出一系列便利二手车交易登记改革新措施，更好地促进二手车流通。

2. 竞争观念

竞争是市场经济贯彻优胜劣汰法则的主要手段。汽车维修市场经营范围广阔，利润可观，因此越来越多的人从事这一行业，使得汽车维修业进入了一个更新换代的时代，市场竞争日益激烈，企业要想生存，就必须按照市场规律运行，用市场规律来指导日常经营活动。

3. 风险观念

市场经济会存在一定风险，企业的经营过程事实上就是风险管理的过程。企业在日常经营过程中主要受到市场风险、社会风险、自然风险的干扰，这些风险因素都会对企业的经营活动造成很大的影响。因此，企业管理的一项重要功能就是分析风险可能的干扰程度，并采取积极的避险措施，去追求风险收益。树立风险意识就是要求企业管理者具有危机意识，这样才能够认识风险，从而合理控制风险。

案例

汽车养护是汽车后市场的发展趋势和重点，以养代修为越来越多的有车族所接受。可以说，现在的汽车已经由“七分养、三分修”变成了“八分养、两分修”，我国汽车养护市场迎来了黄金发展期。不少企业以汽车养护为市场开发了很多新项目，清洗类如喷油器清洗、进气系统清洗等，养护类如自动变速器养护、制动系统养护、空调养护等，为汽车维修与保养企业提供全方位盈利方案，这些项目的特点是对汽车维修企业进行盈利分析、项目定位、流程设计、标准制定、集成设备、人员培训、运营指导、线上集客等，为汽车维修企业开拓市场提供了有力的支持。

4. 根据市场确定企业规模

（1）确定经营方向　企业的经营方向是根据客户的需要确定的，能否确定好经营方向是汽车维修企业成败的关键。企业可根据自身的优势和维修市场定位初步确定经营方向，是开一个综合性修理厂，还是开一个汽车维护厂；是开一个电器维修店，还是开一个汽车美容店；是以维修捷达车为主，还是以维修奥迪车为主等。

（2）确定保有车数　通过市场调查，获取所要维修的车的社会保有量。

（3）预测维修量　根据现有维修厂、维修市场状况及发展趋势，预测自己开办的维修厂的年维修量。

（4）确定车位数和建厂面积　按照单车位效率计算出所需车位数，单车位效率可以根据现有的行业平均值来确定。一般以修理为主的单车位效率为200~400 辆/年，以保养维护为主的为 600~800 辆/年（仅供参考）。根据车位数再确定建厂面积。

5. 确定采用人员数

按照维修人员维修效率计算出所需员工人数。技术维修效率可根据同行业平均值确定，也可根据维修人员的能力确定。一般以修理为主的技术维修效率为 120~150 辆/(年·人)，以保养维护为主的为 300~500 辆/（年·人）（仅供参考）。根据维修人员维修效率确定所需员工人数。

6. 确定维修厂规模

根据建厂面积、维修人员数、市场发展前景确定维修厂的规模。规模要确保与 5 年后维修需要量相适应。

案例

在美国，年营业额在 5 万～10 万美元的小厂，年盈利率为 27.3%；而年营业额在 45 万～55 万美元的大厂，年盈利率仅为 9.3%。

东莞市某汽车维修中心有 34 名维修工，年营业额为 534 万元，其盈利率达到 25.4%，而该市有个国营汽车修理厂，其规模是该汽车维修中心的 3 倍，1997 年的经济效益马马虎虎，可到了 2001 年上半年却停产了。

因此，企业规模大小与盈利率没有关系，办企业绝不可“贪大图洋”。

（四）资金

资金是企业的血液，离开了资金的企业将无法生存。

传统的汽车修理厂和汽车 3S、4S 特约维修站，已不能满足汽车业飞速发展的要求，汽车快修业、汽车连锁店等多种经营形式迅速发展。企业的资金组成变得多元化，国营、集体、民营、股份制、中外合资、外资等多种形式将并存。员工入股也成为一种很好的方式，既解决了企业资金问题，又可以增加员工的责任感。

新建汽车维修企业的投资主要是厂房车间和仪器设备，另外还有一些不可预见的费用。厂房车间可新建、改建或租赁，仪器设备则要根据维修业务需要购置。

1. 新建/改建厂房投资回收估算

（1）总投资　汽车维修企业的总投资包括厂房车间、仪器设备、流动资金及一些不可预见费用。

（2）年利润　年利润＝年营业额×利润率

利润率可按 20%～30%计算。

（3）年折旧　年折旧＝（本期投资＋仪器设备投资）×年折旧率

年折旧率一般按 10%计算。

（4）投资回收期　投资回收期＝（总投资－流动资金）/（年利润＋年折旧）

注：此种计算方法未记银行利息。

2. 租赁厂房投资回收估算

（1）总投资　汽车维修企业的总投资包括仪器设备、流动资金及一些不可预见费用。

（2）年利润　年利润＝年营业额×利润率－租金

利润率可按 20%～30%计算。

（3）年折旧　年折旧＝仪器设备投资×年折旧率

年折旧率一般按 10%计算。

（4）投资回收期　投资回收期＝（总投资－流动资金）/（年利润＋年折旧）

注：此种计算方法未记银行利息。

案例

设备投资估算

➢ 轮胎维修店　建一个轮胎维修店除了千斤顶、轮胎扳手和轮胎气压表等必备工具，还需要一台性能优良的空气压缩机，价格为700~1200元。维修大型车辆的轮胎维修店，应配备一支气动扳手，大约2000元。维修小型车辆的轮胎维修店，要配备轮胎拆装机和动平衡机，二者国产和进口的价格相差很大，目前国产设备就可胜任轮胎维修工作，轮胎拆装机和动平衡机的价格大都在4000~7000元。以上是建一个轮胎维修店所需的最基本设备，所需要的费用是1万~2万元。

➢ 四轮定位+轮胎维修店　在轮胎维修店基础上还可以开展四轮定位业务。一台电脑式四轮定位仪的价格在5万~10万元，可根据经济实力选择。进行四轮定位四柱举升机是必备设备，而且必须具备二次举升功能，以便于定位时的操作，它的价格大约是2万元。这样，一个功能齐全的四轮定位+轮胎维修店便初具规模了，所需要的费用是7万~15万元。

➢ 空调维修店　维修汽车空调必须有压力表、真空泵这两种设备，费用在500~2500元。为便于空调泄漏检测，可以考虑添置荧光测漏设备，为了保证环保和节省成本，可添加制冷剂循环处理设备，这些需要1.2万~4.0万元。

➢ 装饰店　装饰所用的工具较少，安装防盗器等要有一套常用工具和一块万用表。如果铺地胶、贴膜、加工座套或进行个性化改装等，需要塑料焊枪、电吹风、缝纫机、电钻和吸尘器等工具，这些投资一般在1000元左右。

➢ 保养换油中心　保养换油中心主要为客户提供日常的车辆养护服务，包括更换润滑油、加注添加剂以及汽车各大液压系统的清洗和维护等一些简单的工作。所需的设备中举升机是最常用且必不可少的设备。根据店面的规模大小，最少要有一台。另外，还需要常用工具等，所有这些大约需要2万元。现在很多品牌的商家都会将赠送设备作为一种营销策略，这样保养换油中心可以要求代理商赠送一定的设备以降低投资。

（五）技术

技术是企业的大脑，一个优秀的企业应是一个技术领先的企业。企业的技术领先表现在以下三个方面。

1. 技术能适应新时代发展要求

2023年1—7月，我国新能源汽车产销超过450万辆，同比增长超过40%，其中出口63.6万辆，同比增长1.5倍，成为我国经济的一个强劲增长点。新能源汽车的快速发展给汽车维修企业带来了机遇，新能源汽车的技术与传统燃油汽车有明显的差别，这要求汽车维修企业要适应新时代发展要求，掌握新能源汽车维修技术。

2. 掌握先进的汽车维修技术

现代汽车利用数字技术、智能控制技术和互联网技术等先进技术手段，实现了汽车智联化，并成为车与车、车与人、车与环境之间高效互动和协同配合的新一代汽车。汽车也是集电子计算机技术、光纤传导技术、新材料技术等先进技术于一体的高科技集成物，在现代汽车维修中有大量故障是要处理计算机控制方面的问题，需要掌握先进技术的人才来诊断和维修。这种人才就是汽车维修工程师和汽车维修技师，他们要有知识、懂英文、通原理、会仪器、懂计算机，还要有一定的实践经验。

3. 不断学习，掌握未来技术发展潮流

我国智能网联汽车产业正在加速发展。中国工程院院士倪光南表示，智能网联汽车是运

用新一代信息技术，使传统汽车发展成为智能移动空间应用终端的新一代汽车，现已成为国家重点关注的新兴产业。

智能网联汽车已成为全球汽车产业发展的战略方向，智能网联汽车信息物理系统的典型应用，将推动技术、产业新一轮历史性地转型升级。初级别辅助自动驾驶正在高速产业化，高级别自动驾驶在2025年会逐渐进入量产化，到2030年更高级别甚至完全无人驾驶可能开始进入规模应用。

汽车维修企业要提前关注智能网联汽车技术，不断学习，掌握未来技术发展潮流。

（六）设备

汽车技术的发展日新月异，汽车维修也从过去传统的机械维修、经验判断，转变为电控技术维修，以仪器检测诊断为主的高科技维修。因此，设备在现代汽车维修中开始发挥越来越重要的作用。汽修设备的选择、使用呈现出以下特点。

1. 重视使用先进的仪器

大多数企业已经认识到，现代汽车维修是高科技的维修，应借助先进的检测仪，仅靠过去简单的耳听、手摸、眼看的传统方式，已不可能生存下去。企业要更加重视在仪器设备上的投资，“一把锤子、一把钳子、几把扳手”就能开个修理厂的想法已经成为过去。

2. 不再贪大求全，耗费巨资

先进的检测仪、维修资料价值很高，这就需要企业用科学的方法来选型、购置、管理、使用。过去一些新建的修理厂在设备选购上，为了在设备规模上压倒本地同行，不惜花巨资购置大量设备，贪大求全。结果，很多设备束之高阁，造成资金积压、周转困难。现在很多企业认识到设备最关键的作用是为客户解决问题，否则设备投资再大，也是徒劳。

3. 高科技设备需要高技术人才

如今的汽车维修需要掌握先进技术的技师，借助先进的检测仪、维修资料等完成。企业要科学管理掌握先进技术的技师，以发挥其最大作用，并利用他们为企业带起一批优秀的员工。

4. 计算机管理已必不可少

企业运用计算机进行管理，可以节约人力，提高效率，堵塞漏洞，提高企业形象，在客户面前展现应用科技进行管理的良好形象。

（七）配件

由于汽车质量的不断提高及汽车上使用的电子产品不断增多，传统的维修项目如水泵修理、刮水器电动机修理等将逐步消失，取而代之的将是以换件为主的修理模式，加之客户对汽车维修质量要求的提高及现代高效率、快节奏的生活要求，配件管理也必须跟上汽车维修发展的步伐。

对汽车维修企业来说，零配件销售在汽车维修产值中占60%～70%，是企业获利的主要来源。零配件的备料速度、采购快慢、准确与否，直接关系到车辆维修的工期，直接影响客户满意度和企业的效益。

随着维修市场车型的不断增多，各种车型的配件数量不计其数，任何一个企业都不可能拥有所有的配件，即使是单一车型的配件也很难做到。这样在客户满意度、企业的效益和配件库存之间将产生矛盾，因此，科学的配件管理将是解决这一矛盾的关键。

（八）信息

信息是企业的神经。市场信息瞬息万变，企业管理者必须牢固树立信息观念，重视信息的及时性、充分性和有效性，将信息管理放在企业经营管理的重要位置。只有紧盯市场信息，不放过任何一个可供利用的市场机会，才能在市场竞争中立于不败之地。

信息对企业管理者决策有极其重要的作用，海尔集团首席执行官张瑞敏曾说过：“厂长要有三只眼：一只眼看外，一只眼看内，一只眼看政府。”这说的是信息的重要性，“一只眼看外”是看外部信息，“一只眼看政府”是看政府的政策法规信息。

随着现代电子信息技术在各个行业的广泛应用，汽车维修企业管理水平也有了很大提高，商务信息、互联网技术已成为汽车维修企业管理者的强大助手，车辆的进出厂记录、维修过程、客户档案、材料管理、生产现场管理、财务管理、人事管理逐步实现数字化、智能化。汽车维修企业通过提升汽车维修数字化服务能力，提高客户满意度，降低内部费用，激励员工工作积极性，最终实现企业利润最大化。

现在互联网行业的发展速度远远快于传统产业，各种概念令人眼花缭乱，如 O2O、B2B、C2C 等，还有 B2B2C。

O2O 即 Online to Offline（在线到离线/线上到线下），是指将线下的商务机会与互联网结合，让互联网成为线下交易的平台。B2B 是企业与企业之间的电子商务运作方式。B2C 是企业与消费者之间的电子商务运作方式。B2G 是企业与政府之间的合作关系。C2C 是消费者与消费者之间的电子商务运作方式。B2B2C 来源于目前的 B2B、B2C 模式的演变和完善，把 B2C 和 C2C 结合起来，通过 B2B2C 模式的电子商务企业构建自己的物流供应链系统，提供统一的服务。

互联网向汽车产业的渗透可谓不遗余力，但过去几年互联网都只是在营销公关传播领域，未来几年将向产品、销售、售后、二手车、保险金融等领域渗透。

现代汽车维修企业车间里最大的变化是增加了更多高科技诊断设备，如车载电脑诊断仪、四轮定位仪、专用示波器、专用电表、尾气检测仪等，4S 店体系普遍已经具备电子配件目录、网络化维修资料、智能诊断系统，一些厂商已经具备了远程诊断系统。随着移动互联网的快速发展，车主对线上服务咨询、询价、发现最优服务商的需求在不断增长，这使得很多风险投资开始转向后市场的 O2O 模式。

（九）形象

企业形象系统，也叫企业识别系统。

汽车维修企业
CIS 战略

企业形象系统（CIS）由三个层面组成：企业理念系统（Mind Identity System，MIS）、企业行为系统（Behavior Identity System，BIS）、企业视觉系统（Visual Identity System，VIS）。

企业通过形象策划塑造出企业形象，将企业文化形成一个统一概念，并通过个性化、鲜明的视觉形象（图形、图案）表达出来，再传导给社会、公众和企业员工，使之在公众心目中留下良好的印象。

1. 企业理念系统

企业理念系统是 CIS 的基本精神所在，是整个形象系统的最高决策层。它主要包括基本要素和应用要素两个方面。

（1）基本要素

1）经营理念。不同的企业有不同的经营理念，如美国国际商用机器公司（IBM）的经营理念是：尊重人、信任人；客户至上，一切为客户；追求卓越的工作。

案例

丰田汽车公司把所有理念的精髓归纳成一个理论，也就是丰田的服务理念：挑战、改善、现地现物、尊重和团队精神。挑战是指为实现梦想用勇气与创造力去挑战。改善是指经常追求革新并不断地致力于改善。现地现物是指到现场、抓住事物的本质，找到真正的原因。尊重是指尊重他人、致力诚信、相互理解。团队精神是指大家团结协作、共同提高，为实现共同的目标而努力。

2）发展战略。每个企业都要为了长远经营和兴盛发达而制定发展战略。

3）企业精神。企业精神是指企业职工在长期生产经营的过程中，以及正确的价值观念体系的支配和滋养下，逐步形成和优化出来的群体意识。

4）价值追求。在企业里，全体成员应形成明确的、共同的价值追求。

5）行为准则。企业应制定行为原则，更好地规范和约束企业行为。

6）发展目标。

（2）应用要素

1）信念、信条。

2）警语。

3）口号。

4）标语。

5）守则。

6）企业歌。

2. 企业行为系统

企业行为系统是指企业在其经营理念的指导下形成的一系列经营活动。由于企业行为系统是在不同于其他企业的经营理念指导下形成的，因此在经营活动的重点和具体方法上明显有别于其他企业。企业行为系统分为内部行为活动和外部行为活动。

（1）内部行为活动

1）教育培训。企业必须注重对员工服务态度、工作精神、迎接技巧、电话用语等方面的培训。

2）礼仪。

3）服饰。

4）身体语言。

5）福利待遇。

6）工作场所。

7）环保观念。

8）研究发展。

（2）外部行为活动

1）营销观念。

2）公共关系。

3）银企关系。

4）公益活动。

5）促销活动。

3. 企业视觉系统

企业视觉系统是在企业经营理念的基础上，根据经营活动的要求，设计出识别符号，以刻画企业的个性，突出企业的精神，凸现企业的特征，目的是使企业员工、消费者和社会各界对企业产生一致的认同感。企业视觉系统的具体内容包括基本要素和关系要素两个方面。

（1）基本要素

1）企业名称。企业名称包括企业全称和简称。

2）企业品牌标志。

3）企业和品牌标准字体。

4）企业标准色。

5）企业造型、印象图案。

6）企业宣传标语、口号。

企业视觉系统

（2）关系要素

1）办公用品。例如，信封、印刷品专用信封、信纸、专用便笺、函、便条、介绍信、名片、名片簿、名片盒、公司专用笔记本。

2）事务用品类。例如，公司简介、企业证照、文件类、各类规章文件、公司专用请柬。

3）交通运输工具类。例如，各类货运车辆，大、中、小型客车，班车，小轿车，专用宣传广告车和特种车辆。

4）指示、标识类。例如，公司招牌、旗帜、各部门及科室名牌、大门及各种入口指示、楼层指示牌、路牌、禁令标志、建筑物外观、室外照明。

5）广告展示陈列类。例如，广告礼品、展览会展位设计、陈列、业务洽谈室风格，报纸、杂志、电视等传媒广告编排，广告片头片尾设计、图案，单页广告宣传资料、广告海报、邮寄广告、广告手提袋、广告横幅等。

6）商品及包装类。例如，各种包装纸、袋，办公、营业场所，车间内部装潢等。

7）服饰类。例如，工作服、工作鞋、帽、领带、胸针、皮带、广告衫、T 恤等。

8）计算机网页。例如，微信公众号等。

9）音乐。

10）礼品。例如，贺卡、打火机、挂历等。

11）其他。例如，公司出版物，接待客户用家具、桌椅、茶具、餐具、烟灰缸。

案例

某维修厂属于二类维修企业，位于连接两座城市的必经之路上，企业的规模、设备和技术水平在当地都屈指可数。一天，一辆宝马与一辆奥迪 A6 在门前道路附近发生碰撞，该维修厂业务主管找到两位车主，希望两辆车能在本厂维修。两位车主看了一下他们的厂房形象，对他们能否维修这样的高档轿车表示怀疑，最后将车拖到外地维修厂维修。这件事对该厂老板触动很大，他对厂房形象重新进行了设计、装修，并将一辆旧奔驰 S560 轿车停放在维修车间的屋顶上，过往的人们远远就能看到，这对宣传企业起到了极好的作用，从此企业的生意越来越好了。

学习任务二 汽车维修企业管理规定

汽车维修企业应依法经营，诚实守信，公平竞争，优质服务，落实安全生产主体责任和维修质量主体责任，按照交通运输部《机动车维修管理规定》进行经营活动。《机动车维修管理规定》的主要内容如下。

一 经营备案

经营备案

从事机动车维修经营业务的，应当在依法向市场监督管理机构办理有关登记手续后，向所在地县级道路运输管理机构进行备案。

（一）备案流程

1）汽车维修企业填写并提交机动车维修经营备案表（见表1-1）。

表1-1 机动车维修经营备案表

（□首次备案 □备案变更）

<table>
<tr><td colspan="3">经营者名称</td><td colspan="6">（与营业执照名称一致）</td></tr>
<tr><td colspan="3">经营地址</td><td colspan="6">××省（区、市）××市（州）××县（市、区）××街（镇、乡）××号</td></tr>
<tr><td colspan="3">企业法定代表人
（个体不填写此项）</td><td colspan="2"></td><td colspan="2">统一社会信用代码</td><td colspan="2"></td></tr>
<tr><td colspan="3" rowspan="2">主要负责人
（个体填写经营者，企业填写法人任命的负责人）</td><td>姓名</td><td></td><td colspan="2">身份证号</td><td colspan="2"></td></tr>
<tr><td>联系电话</td><td></td><td colspan="2">电子邮箱/传真</td><td colspan="2"></td></tr>
<tr><td>企业性质</td><td colspan="8">□国有 □集体 □私营 □外资 （国别 ）</td></tr>
<tr><td>经营类型</td><td colspan="6">□综合修理 □机动车生产、进口企业授权维修 □其他（ ）</td><td colspan="2">□连锁经营</td></tr>
<tr><td rowspan="2">经营范围</td><td>业务类型</td><td colspan="3">□汽车维修</td><td colspan="2">□摩托车维修</td><td colspan="2">□其他机动车维修</td></tr>
<tr><td>业户类别</td><td colspan="3">□一类 □二类 □三类</td><td colspan="2">□一类 □二类</td><td colspan="2">□一类 □二类 □三类</td></tr>
<tr><td rowspan="3">经营范围</td><td rowspan="3">项目种类</td><td>一类</td><td colspan="6">□大中型客车维修 □大型货车维修 □小型车维修 □危险货物运输车辆维修 （可多选）</td></tr>
<tr><td>二类</td><td colspan="6">□大中型客车维修 □大型货车维修 □小型车维修 （可多选）</td></tr>
<tr><td>三类</td><td colspan="6">□综合小修 □发动机维修 □车身维修 □电气系统维修 □自动变速器维修 □轮胎动平衡及修补 □四轮定位检测调整 □汽车润滑与养护 □喷油泵和喷油器维修 □曲轴修磨 □气缸镗磨 □散热器维修 □空调维修 □汽车美容装潢 □汽车玻璃安装及修复 （可多选）</td></tr>
<tr><td>其他备案材料</td><td>通用要求</td><td colspan="7">□1. 维修经营者的营业执照复印件
□2. 经营场地、停车场面积、土地使用权及产权证明等相关材料
□3. 技术人员汇总表，以及各相关人员的学历、技术职称或职业资格证明等相关材料
□4. 维修设备设施汇总表，维修检测设备及计量设备检定合格证明等相关材料
□5. 维修管理制度等相关材料
□6. 环境保护措施等相关材料</td></tr>
</table>

（续）

<table>
<tr><td rowspan="1">其他备案材料</td><td>特殊要求</td><td>□7. 与其作业内容相适应的专用维修车间和设备、设施等相关材料（危险货物运输车辆维修经营者填写）
□8. 突发事件应急预案（危险货物运输车辆维修经营者填写）
□9. 安全管理人员汇总表（危险货物运输车辆维修经营者填写）
□10. 安全操作规程材料（危险货物运输车辆维修经营者填写）
□11. 连锁经营协议书副本（连锁维修经营者填写）
□12. 连锁经营的作业标准和管理手册（连锁维修经营者填写）
□13. 连锁经营服务网点符合机动车维修经营相应条件承诺书（连锁维修经营者填写）</td></tr>
<tr><td colspan="3">本经营者声明：
1. 已知晓《道路运输条例》《机动车维修管理规定》《汽车维修业开业条件》（GB/T 16739）、《摩托车维修业开业条件》（GB/T 18189）等国家机动车维修有关法律法规及标准，知晓机动车维修开业条件要求和备案要求。
2. 所提供的备案材料信息内容真实、准确，不存在虚假记载、误导性陈述或者重大遗漏，所有文件的签名、印章真实有效。如有不实之处，愿承担相应的法律责任。
法定代表人或主要负责人（签字）： 单位（盖章）： 年 月 日</td></tr>
<tr><td colspan="2">□备案材料齐全；
□备案材料不齐全，请补充：________
承办人（签字）： 年 月 日</td><td>复核（签字）：
备案编号：
备案机关（盖章）： 年 月 日</td></tr>
</table>

填写说明：（1）请根据《机动车维修管理规定》有关要求填写此表；（2）其他备案材料：维修经营者备案应依法提交第 1 至 6 项材料，危险货物运输车辆维修经营者还需提交第 7 至 10 项材料，维修连锁经营服务者还需提交第 11 至 13 项材料；（3）承办人是指备案机关受理备案并对备案材料依法进行审查的工作人员，复核是指备案机关对备案材料进行复核并备案编号的工作人员；（4）办理备案变更的，仅需填写变更事项，并与原备案表一并存档。

2）道路运输管理机构收到备案材料后，对材料齐全且符合备案要求的应当予以备案，并编号归档；对材料不全或者不符合备案要求的，应当场或者自收到备案材料之日起 5 日内一次性书面通知备案人需要补充的全部内容。

3）道路运输管理机构应当向社会公布已备案的机动车维修经营者名单并及时更新，便于社会查询和监督。

（二）备案所需资料

备案所需材料应真实完整：

1）维修经营者的营业执照复印件。

2）经营场地（含生产厂房和业务接待室）、停车场面积、土地使用权及产权证明等相关材料。

3）技术人员汇总表，以及各相关人员的学历、技术职称或职业资格证明等相关材料。

4）维修设备设施汇总表，维修检测设备及计量设备检定合格证明等相关材料。

5）维修管理制度等相关材料。

6）环境保护措施等相关材料。

危险货物运输车辆维修经营者和维修连锁经营服务者，还需要提供备案表中特殊要求的材料。

（三）备案表填写

机动车维修经营依据维修车型种类、服务能力和经营项目实行分类备案。

1. 经营范围填写

汽车维修经营业务、其他机动车维修经营业务根据经营项目和服务能力分为一类维修经营业务、二类维修经营业务和三类维修经营业务。

一类、二类汽车维修经营业务或者其他机动车维修经营业务，可以从事相应车型的整车修理、总成修理、整车维护、小修、维修救援、专项修理和维修竣工检验工作；三类汽车维修经营业务（含汽车综合小修）、三类其他机动车维修经营业务，可以分别从事汽车综合小修或者发动机维修、车身维修、电气系统维修、自动变速器维修、轮胎动平衡及修补、四轮定位检测调整、汽车润滑与养护、喷油泵和喷油器维修、曲轴修磨、气缸镗磨、散热器维修、空调维修、汽车美容装潢、汽车玻璃安装及修复等汽车专项维修工作。

2. 通用要求填写

从事汽车维修经营业务或者其他机动车维修经营业务的，应当符合下列条件：

1）有与其经营业务相适应的维修车辆停车场和生产厂房。租用的场地应当有书面的租赁合同，且租赁期限不得少于 1 年。

2）有与其经营业务相适应的设备、设施。所配备的计量设备应当符合国家有关技术标准要求，并经法定检定机构检定合格。

3）有必要的技术人员：①从事一类和二类维修业务的应当各配备至少 1 名技术负责人员、质量检验人员、业务接待人员以及从事机修、电器、钣金、涂漆的维修技术人员。②从事三类维修业务的，按照其经营项目分别配备相应的机修、电器、钣金、涂漆的维修技术人员；从事汽车综合小修、发动机维修、车身维修、电气系统维修、自动变速器维修的，还应当配备技术负责人员和质量检验人员。

4）有健全的维修管理制度，包括质量管理制度、安全生产管理制度、车辆维修档案管理制度、人员培训制度、设备管理制度及配件管理制度。

5）有必要的环境保护措施。

3. 特殊要求填写

（1）从事危险货物运输车辆维修的汽车维修经营者　从事危险货物运输车辆维修的汽车维修经营者，除具备汽车维修经营一类维修经营业务的条件外，还应当具备下列条件：

1）有与其作业内容相适应的专用维修车间和设备、设施，并设置明显的指示性标志。

2）有完善的突发事件应急预案，应急预案包括报告程序、应急指挥以及处置措施等内容。

3）有相应的安全管理人员。

4）有齐全的安全操作规程。

（2）从事机动车维修连锁经营服务的维修企业　从事机动车维修连锁经营服务的，其机动车维修连锁经营企业总部应先完成备案。机动车维修连锁经营服务网点可由机动车维修连锁经营企业总部向连锁经营服务网点所在地县级道路运输管理机构进行备案，提交机动车维修经营备案表，附送下列材料，并对材料真实性承担相应的法律责任：

1）连锁经营协议书副本。

2）连锁经营的作业标准和管理手册。

3）连锁经营服务网点符合机动车维修经营相应条件的承诺书。

连锁经营服务网点的备案经营项目应当在机动车维修连锁经营企业总部备案经营项目范围内。

二 维修经营

1）机动车维修经营者应当按照备案的经营范围开展维修服务。

2）机动车维修经营者应当将“机动车维修标志牌”悬挂在经营场所的醒目位置。“机动车维修标志牌”由机动车维修经营者按照统一式样和要求自行制作。

3）机动车维修经营者不得擅自改装机动车，不得承修已报废的机动车，不得利用配件拼装机动车。托修方要改变机动车车身颜色，更换发动机、车身和车架的，应当按照有关法律、法规的规定办理相关手续，机动车维修经营者在查看相关手续后方可承修。

4）机动车维修经营者应当加强对从业人员的安全教育和职业道德教育，确保安全生产。机动车维修从业人员应当执行机动车维修安全生产操作规程，不得违章作业。

5）机动车维修产生的废弃物，应当按照国家的有关规定进行处理。

6）机动车维修经营者应当公布机动车维修工时定额和收费标准，合理收取费用。

7）机动车维修经营者应当使用规定的结算票据，并向托修方交付维修结算清单，作为托修方追责依据。维修结算清单中，工时费与材料费应当分项计算。维修结算清单应当符合交通运输部有关标准要求，维修结算清单内容应包括托修方信息、承修方信息、维修费用明细单等。

8）机动车维修连锁经营企业总部应当按照统一采购、统一配送、统一标识、统一经营方针、统一服务规范和价格的要求，建立连锁经营的作业标准和管理手册，加强对连锁经营服务网点经营行为的监管和约束，杜绝不规范的商业行为。

三 质量管理

1）机动车维修经营者应当按照国家、行业或者地方的维修标准规范和机动车生产、进口企业公开的维修技术信息进行维修。尚无标准或规范的，可参照机动车生产企业提供的维修手册、使用说明书和有关技术资料进行维修。

机动车维修经营者不得通过临时更换机动车污染控制装置、破坏机动车车载排放诊断系统等维修作业，使机动车通过排放检验。

2）机动车维修经营者不得使用假冒伪劣配件维修机动车。

机动车维修配件实行追溯制度。机动车维修经营者应当记录配件采购、使用信息，查验产品合格证等相关证明，并按规定留存配件来源凭证。

托修方、维修经营者可以使用同质配件维修机动车。同质配件是指产品质量等同或者高于装车零部件标准要求，且具有良好装车性能的配件。

机动车维修经营者对于换下的配件、总成，应当交托修方自行处理。

机动车维修经营者应当将原厂配件、同质配件和修复配件分别标识，明码标价，供用户选择。

3）机动车维修经营者对机动车进行二级维护、总成修理、整车修理的，应当实行维修前诊断检验、维修过程检验和竣工质量检验制度。

4）机动车维修竣工质量检验合格的，维修质量检验人员应当签发机动车维修竣工出厂合格证；未签发机动车维修竣工出厂合格证的机动车，不得交付使用，车主可以拒绝交费或接车。

5）机动车维修经营者应当建立机动车维修档案，并实行档案电子化管理。维修档案应当包括维修合同（托修单）、维修项目、维修人员及维修结算清单等。对机动车进行二级维护、总成修理、整车修理的，维修档案还应当包括质量检验单、质量检验人员、竣工出厂合格证（副本）等。

机动车维修经营者应当按照规定如实填报、及时上传承修机动车的维修电子数据记录至国家有关汽车维修电子健康档案系统。机动车生产厂家或者第三方开发、提供机动车维修服务管理系统的，应当向汽车维修电子健康档案系统开放相应数据接口。

机动车托修方有权查阅机动车维修档案。

6）机动车维修经营者应当加强从业人员从业行为管理，促进从业人员诚信、规范从业维修。

7）机动车维修实行竣工出厂质量保证期制度。

汽车和危险货物运输车辆整车修理或总成修理质量保证期为车辆行驶 20000km 或者 100 日；二级维护质量保证期为车辆行驶 5000km 或者 30 日；一级维护、小修及专项修理质量保证期为车辆行驶 2000km 或者 10 日。质量保证期中行驶里程和日期指标，以先达到者为准。机动车维修质量保证期，从维修竣工出厂之日起计算。

8）在质量保证期和承诺的质量保证期内，因维修质量原因造成机动车无法正常使用，且承修方在 3 日内不能或者无法提供因非维修原因而造成机动车无法使用的相关证据的，机动车维修经营者应当及时无偿返修，不得故意拖延或者无理拒绝。

在质量保证期内，机动车因同一故障或维修项目经两次修理仍不能正常使用的，机动车维修经营者应当负责联系其他机动车维修经营者，并承担相应修理费用。

机动车维修经营者应当公示承诺的机动车维修质量保证期。

四 法律责任

违反《机动车维修管理规定》的，由县级以上道路运输管理机构按照不同的违规行为进行处罚。例如：①从事机动车维修经营业务，未按规定进行备案的，由县级以上道路运输管理机构责令改正；拒不改正的，处 5000 元以上 2 万元以下的罚款。②机动车维修经营者使用假冒伪劣配件维修机动车，承修已报废的机动车或者擅自改装机动车的，由县级以上道路运输管理机构责令改正；有违法所得的，没收违法所得，处违法所得 2 倍以上 10 倍以下的罚款；没有违法所得或者违法所得不足 1 万元的，处 2 万元以上 5 万元以下的罚款，没收假冒伪劣配件及报废车辆；情节严重的，由县级以上道路运输管理机构责令停业整顿；构成犯罪的，依法追究刑事责任。

因此，汽车维修企业一定要按照《机动车维修管理规定》进行经营活动，自觉接受道路运输管理机构及其工作人员的检查，如实反映情况，提供有关资料。

思 考 题

1. 企业管理的任务是什么？
2. 现代汽车维修企业的九大要素是什么？
3. 机动车维修经营备案流程是什么？

模块二
汽车维修企业经营管理

问题导入：

汽车维修市场竞争激烈，每天都有企业开业，也有企业倒闭。正如格乌司原理：“与狼相比，作为弱者的羊从来没有从地球上消失，因为羊找对了自己的生态位置。”那么，汽车维修企业应该如何经营管理才能立于不败之地呢？

学习目标：

1. 掌握汽车维修企业的经营理念
2. 了解汽车维修企业的经营条件
3. 了解汽车维修企业的经营战略

素质目标：

1. 培养诚实守信、和谐友善的经营理念
2. 培养法治意识、安全意识、环保意识、服务意识

学习任务一　汽车维修企业的经营理念

现代市场经济的建立与不断完善，给传统的经营思想与经营理念带来了根本性的冲击。例如，汽车维修市场已由卖方市场转化为买方市场，过去不按市场需求盲目生产经营的旧观念、老办法，已不能适应现代的经营管理环境。现代经营理念应在传统诚信经营的基础上，以客户满意为中心，以人为本，实现超值服务。

一　诚信经营

诚信经营

古人云：人无信不立，国无信则衰。同样，诚信也是企业的立身之本，企业不诚实守信，就无法在市场上立足和发展。

富兰克林有句至理名言：“信誉也是金钱。”信誉从诚信中来，诚信是企业的无形资产，有诚信才能树立企业形象，提升企业竞争力，为企业带来实实在在的长远利益。

诚信，一直是人们在消费过程中最为敏感的核心问题，在汽车行业中尤为如此。汽车维修企业在经营中是否恪守诚信，是形成品牌忠诚度的基石，并最终影响或转化为消费者的购买行为。

有这样一个故事：从前有对夫妻苦心经营一家米酒店，由于米酒甘醇味美，生意十分兴

隆。一日丈夫外出，妻子往酒里加水多赚了5元钱。丈夫回来知道这件事后却号啕大哭：我们的诚实和信誉只卖了5元钱！从此，酒店生意一蹶不振，最后只好关门。5元钱卖了一个原本生意兴隆的米酒店！

在汽车维修企业里，类似这样“5元钱卖掉米酒店”的事例并不少见。一些维修企业受利益驱使，采用了配件以次充好、小故障大修理、胡乱要价等欺诈手段，坑骗消费者，从中牟取暴利，侵害消费者权益。从长远来看，这些维修企业的做法既损害了企业自身利益，也损害了整个汽车维修企业的声誉。今天，汽车维修市场的竞争日益激烈，消费者自我保护意识不断加强，若再采用欺诈手段，就等于自掘坟墓。

国家市场监督管理总局自2022年7月1日起施行的《明码标价和禁止价格欺诈规定》更会让不诚信付出代价。

明码标价是诚信的一种表现，明码标价是指经营者在销售、收购商品和提供服务过程中，依法公开标示价格等信息的行为。明码标价不能简单理解为仅标示价格，经营者还应当标示与价格密切相关的其他信息，尽可能减少信息不对称，使消费者和其他经营者对价格所对应的商品或者服务价值有更为清晰的认识，减少价格欺诈的发生。

价格欺诈是指经营者利用虚假的或者使人误解的价格手段，诱骗消费者或者其他经营者与其进行交易的行为。价格欺诈是一种欺骗性价格表示，经营者通过虚假的或者使人误解的价格手段，使消费者和其他经营者违背真实意愿与其进行交易，损害消费者和其他经营者的合法权益。

《明码标价和禁止价格欺诈规定》在总结立法和执法经验基础上，列举了七种典型价格欺诈行为：一是谎称商品和服务价格为政府定价或者政府指导价；二是以低价诱骗消费者或者其他经营者，以高价进行结算；三是通过虚假折价、减价或者价格比较等方式销售商品或者提供服务；四是销售商品或者提供服务时，使用欺骗性、误导性的语言、文字、数字、图片或者视频等标示价格及其他价格信息；五是无正当理由拒绝履行或者不完全履行价格承诺；六是不标示或者显著弱化标示对消费者或者其他经营者不利的价格条件，诱骗消费者或者其他经营者与其进行交易；七是通过积分、礼券、兑换券、代金券等折抵价款时，拒不按约定折抵价款。考虑到价格欺诈的手段多种多样，难以全面列举，第十九条第（八）项规定了“其他价格欺诈行为”作为兜底条款。

例如，某汽车维修企业开展优惠活动，宣称维修费八折优惠，但消费者结账时才被告知须“达到最低消费标准”方可享受八折优惠，或这种优惠仅指工时费的优惠。经营者的此类行为属于不标示或者显著弱化标示对消费者不利的价格条件的表现，是《明码标价和禁止价格欺诈规定》禁止的价格欺诈，也是不诚信的表现。

案例

案例1： 有一家小型维修企业花15元买了一个假冒伪劣的某品牌机油滤芯，却告诉客户是原厂生产的，价格为80元，还假惺惺地说不收工时费。结果车没跑两天，机油滤芯就堵塞了，造成发动机划瓦。后经维修管理部门鉴定，该厂不仅赔偿了2万多元，而且信誉扫地。

案例 2：某品牌的一家汽车特约维修中心给客户更换机油时使用的是大桶机油，本来从汽车生产厂家进的机油是 30 元/L，而他们却从市场上采购等级低的机油混在大桶机油里，以牟取暴利。后来被客户发现，于是一传十，十传百，这家特约维修中心从此失去了客户的信任。

二 以客户满意为中心

根据调查显示，满意的客户会将满意的维修企业告诉他的 5 个朋友，而不满意的客户会将不满意的维修企业告诉 20 个朋友。更为可怕的是，不满意的客户中，只有 6%将自己的不满意告诉了维修企业，而 94%的客户选择了离开。没有了客户，企业就没有了效益，这是谁都明白的道理。企业要想有效益，一切工作都必须以客户满意为中心。目前汽车维修类企业服务的对象已从过去自我保护意识弱的客户，转变为高素质、高层次、自我保护意识逐步提高的客户，这样的客户需要优质服务。然而，现实不是这样简单，因为客户自我保护意识越来越强，越来越多的人将对企业经营理念、管理思想、服务理念等的认同，视为企业诚信、优质服务的重要组成部分。因此，成功的服务不再是仅仅依靠热情的维修服务就可以等着人们四处奔走相告使客户源源不断。成功的服务包括更多的内容，如现代的经营理念、管理思想、服务理念和服务流程等。

案例

案例 1：日本本田公司历代领导者从来没有提出如“称霸世界市场”“赶上丰田”“超过日产”之类的口号，而是始终强调客户满意第一，在使客户满意方面力争第一。

案例 2：美国的一家汽车修理厂有一条服务理念非常有意思，即“先修理人，再修理车”。客户的车坏了，他的心情也会非常不好，因此应该先关心这个人的心情，然后再关心汽车的维修，不能只修理车，而不关心人的感受。

未来属于那些积极的和充满思想的服务人员。他们可以通过不断努力使新老客户对企业多种形式的服务感兴趣，并使满意的客户成为自己最好的广告宣传员。

另外，我们还必须清楚，提高客户满意度不仅有利于公司的兴旺发达，而且有助于提高员工的满意度，因为员工也希望在一个和谐、愉快的环境里工作。因此，提高客户满意度获益的是客户、企业和员工。

三 以人为本

要办好企业就要全心全意依靠全体员工，企业的老板和员工之间不应是一种对立的关系，员工在企业中应该有一种主人翁的意识，而企业的老板和员工之间应是一种沟通、合作的关系。老板投资金钱、投资有形资产，员工投资智慧、投资无形资产，老板和员工一起组成了企业的总资产，共同创造财富，从而实现双赢的目标。作为一个企业的领导，要知道自己的员工需要什么。

美国心理学家赫茨伯格（Frederick Herzberg）提出了激励员工的两个因素。

（1）保健因素　保健因素指的是基本因素。做到保健因素只能让员工降低不满意度，不能提升员工的满意度。这些因素包括正常发放工资、改善工作环境、按计划加薪等。

（2）激励因素　只有激励因素被满足时才能让员工满意。这些因素包括满足员工的工作成就感，让员工参与企业各项活动，及时表扬员工的进步，为员工制定生涯规划等。

企业领导要使每一个员工充分了解自己的角色和应尽的责任，使员工知道他应该做什么，应该如何做，要对谁负责，更要让他知道工作做好了对他有什么好处。

领导在日常工作中要注意公平，不可偏袒某个员工。如果有这种情况出现，员工的积极性将受到打击，这点在一些“家族式”管理企业中尤其要注意。

当员工在工作中出现错误时，要讲究批评的艺术，领导应和员工一起分析发生错误的原因及改正的方法，绝不能讽刺甚至打骂员工。

企业领导者对客户讲诚信，对员工同样要讲诚信。领导不要轻易对员工许诺，因为如果许了诺又不兑现，时间一长，员工就会对领导失去信心，也会对企业失去信心。

案例

某企业不重视人力资源管理，搞“家族式”管理，结果一夜之间企业的五六个骨干投奔到竞争对手处，使企业基本处于瘫痪状态。

四 管理创新

管理是将企业的人、财、物等各个方面资源有机结合的系统工程，是组成企业各种要素中最关键的一环。投资 1000 万元建成的企业，不一定有投资 100 万元产生的效益好，其主要原因就在于好的企业管理能适应社会、企业发展的需要，不断创新，使企业产生凝聚力，吸引高精尖人才，加快资金周转，提高设备利用率，在竞争中占优势。而传统、守旧的企业管理凝聚力差，吸引不住高精尖人才，资金周转慢，设备利用率低，在竞争中只能处于劣势地位。

案例

案例 1：近几年随着汽车保有量的急剧增长，车辆碰撞事故量也明显增长，一些以钣喷为主的维修企业出现了车辆维修时间长、质量差的问题。此时，一些维修企业进行管理创新，将钣金、喷漆作业改成钣喷流水线，分工合作，明确责任，提高了效率，保证了质量。

1）钣喷流水线用途和特点。钣喷流水线用于工件整车或局部的打磨、喷底漆、底漆烘干、喷面漆及面漆烘干。钣喷流水线特点有：高效利用作业面积，产能最大化；员工操作环境好，生产节奏可控，交车时间可设定，提高客户满意度；减少车辆无序移动，消除拥堵，降低安全隐患；减少人员移动，保障生产时间，提高生产效率；工序统一管理，流程顺畅合理，保障生产品质。

2）流水线工艺流程。大钣金→小钣金→局部刮泥子→泥子干燥→清洁→喷底漆→底漆烘干（局部）→中涂→烘干→清洁→喷面漆→流平→面漆干燥。

3）打磨房内利用移动烤灯对工件泥子进行局部烘干；底漆房和中涂房配有三维顶部移动烤灯，烤房内利用电加热系统对工件进行烘干，烘烤时的最高温度为 80℃。

4）车辆进出打磨、喷烤漆房的方式为：平板输送链，确保车辆在工位间左右移动。

案例 2：某地有一家汽车维修企业，以前是当地汽车维修业的龙头老大，当很多维修企业开始注重管理的时候，这家企业却不思进取，别的维修企业开始使用计算机管理系统，这家企业却认为人工开单、结算也不费劲，况且计算机管理系统要花费不少钱。当地政府进行政府车辆定点维修采购招标，要求投标企业实行计算机开单、结算，以便于监控，而这家企业由于不如别人的管理方式高效，因此与此次招标擦肩而过，失去了不少政府部门的客户，使企业一下子陷入低谷。

时代在发展，企业也要发展，企业要不断吸收先进的经营管理思想，博采众长，兼收并蓄，只有这样，才能使企业真正从管理创新中获得发展的优势、竞争的优势。

五 塑造品牌

在日益激烈的汽车维修市场竞争中，企业要想生存发展，光靠技术、质量、价格是不行的，更重要的是要靠品牌。同样的价格，同样的服务，有的企业生意兴隆，有的企业却门庭冷落，这就是品牌的差别。

品牌是一种无形资产，它会给企业带来持久的效益。当新客户要维修时，他若对企业不了解，就会认定品牌前来维修。当老客户认可品牌后，会帮助企业宣传，给企业介绍新的客户。因此，维修企业的品牌是很有价值的。

品牌的形成不是简单的自发过程，而是一个创造过程，包括构思、设计、塑造、传播和保护等内容。品牌的塑造不仅需要企业管理者具有高水平的现代经营意识和文化素质，还需要企业全体员工的忠诚和关心，更需要大家用心呵护，共同塑造。品牌的塑造需要持久的诚信服务、持久的质量、持久的优质服务、良好的企业形象及一整套企业文化来支持。

汽车 4S 店经营的是品牌汽车，但并不是每个 4S 店的维修服务都能把维修做成品牌。如何把企业做成维修企业的品牌是包括汽车 4S 店在内的每个维修企业应该认真思考的问题。

案例

美国通用电气公司创立 130 多年来一直保持长盛不衰，企业视品牌为生命。1988 年，美国通用电气公司生产的一种冰箱压缩机出现问题，这些问题有的出现在保修期内，有的已过保修期，而企业在 12 个月内就更换了全部 330 万台压缩机，花费了 6 亿美元的成本。这批压缩机其实没有必要全部更换，但为了企业的品牌、名誉和客户，企业毫不犹豫地全部更换，并承担了高昂的成本。

六 超越竞争

竞争是市场经济贯彻优胜劣汰法则的主要手段。成功的企业和优秀的管理者本身就是竞争的产物，也是市场优胜劣汰的结果。企业管理者要制定出一整套应对市场竞争的策略，主要包括生产策略、营销策略、资本经营策略、技术策略等。

但要注意，未来的时代是一个高度竞争与合作的时代，所以不要轻易树敌。企业互相攻击、打“价格战”，受损害的是竞争双方。提高企业综合水平，提高客户满意度是企业获利的基础。一味竞争而不提高企业的综合水平，最终将被击败。击败它的不是竞争对手，而是自己。

案例

2013 年春节前某地区降了一场大雪，某修理厂接到客户救援电话称他的车发生多车相撞的交通事故，需要拖车，修理厂马上派王经理和拖车驾驶人前往救援。路上一辆救援车辆陷在雪坑里，挥手请求帮忙。王经理让驾驶人停车，驾驶人说下这么大的雪，又是竞争对手就别管他了。王经理说大家是同行，有困难更应帮助。王经理下车问清原因后，和需拖车的客户联系说要晚一会儿到，然后用拖车将陷在雪坑里的车拖出，原来这是一家专业救援公司的拖车，也要到多车相撞的交通事故现场拖车，而且他们要拖的车请他们帮忙找修理厂。救援公司负责人说你们帮了我们，我们就介绍这辆车到你们厂维修。这样，王经理帮助了别人，自己也多了一个客户。后来，救援公司经理还专程赶到修理厂表示感谢，双方结成了合作伙伴，修理厂拖车不足时用救援公司的，救援公司给予优惠。救援公司将客户介绍到修理厂，双方共赢。

学习任务二　汽车维修企业的经营条件

《中华人民共和国道路运输条例》规定从事机动车维修经营的，应当具备相应的机动车维修场地，有必要的设备、设施和技术人员，有健全的机动车维修管理制度和必要的环境保护措施。《汽车维修业经营业务条件》（GB/T 16739—2023）规定了汽车维修经营业务条件的具体要求。

汽车维修企业分为汽车整车维修企业和汽车综合小修及专项维修业户。汽车整车维修企业是有能力对所承修车型的整车、各个总成及主要零部件进行各级维护、修理及更换，使汽车的技术状况和运行性能完全（或接近完全）恢复到原车技术要求的汽车维修企业，按规模大小分为一类汽车整车维修企业和二类汽车整车维修企业。汽车综合小修业户是从事汽车故障诊断和通过修理或更换个别零部件，消除车辆在运行过程或维护过程中发生或发现的故障或隐患，恢复汽车工作能力的维修业户（三类）。汽车专项维修业户是从事汽车发动机维修、车身维修、电气系统维修、自动变速器维修、轮胎动平衡及修补、四轮定位检测调整、汽车润滑与养护、喷油泵和喷油器维修、曲轴修磨、气缸镗磨、散热器维修、空调维修、汽车美容装潢、汽车玻璃安装及修复等专项维修作业的业户（三类）。

汽车维修经营业务条件分为组织管理条件、人员条件、设施条件和设备条件，组织管理条件包括经营管理、质量管理、安全管理和环保管理相关要求制度措施。

一　组织管理条件

整车维修企业应建立健全组织管理机构，设置经营、技术、业务、质量、配件、检验、档案、设备、生产和安全环保管理岗位并落实责任人。汽车综合小修及专项维修业户根据不同的业户按规定设置相应的管理岗位并落实责任人。

维修企业应有现行有效的与汽车维修有关的法律、法规、规章和标准等文件资料。

1. 经营管理条件

整车维修企业应具有以下经营管理条件：

1）应具有规范的业务工作流程，公开业务受理程序、服务承诺和用户抱怨受理程序等。

2）应明示营业执照、标志牌、维修质量保证期、常用配件价格、常用作业项目工时定额及单价等。

3）应建立并执行工时单价备案、汽车维修合同、汽车维修费用结算清单、汽车维修记录、统计信息报送。

4）维修过程、配件管理、费用结算和维修档案应实现电子化管理，按照要求如实填报、上传承修机动车的维修电子数据记录。

汽车综合小修及专项维修业户根据不同的业户按规定具有不同的经营管理条件。

2. 质量管理

1）应建立并执行汽车维修质量承诺、检验、竣工出厂合格证管理、汽车维修档案管理、计量管理、设备管理、配件管理和人员培训等制度。

2）汽车维修档案应包括维修合同（托修单），进厂、过程、竣工检验记录，竣工出厂合格证存根，维修结算清单。

3）配件管理制度应规定配件采购、检查验收、库房管理、信息追溯、配件登记及台账、索赔要求。

4）应具有所维修车型完整有效的维修技术资料及工艺文件。

3. 安全管理

1）应建立并实施与其维修作业内容相适应的安全管理制度，并具备相应的安全保护措施。

2）应制定各类机电设备的安全操作规程，并将其明示在相应的工位或设备处。

3）使用与存储有毒、易燃、易爆物品和粉尘、腐蚀剂、污染物、压力容器等，均应具备相应的安全防护措施和设施。安全防护设施应有明显的警示、禁令标志。

4）生产厂房和停车场应符合安全生产、消防等各项要求，安全、消防设施的设置地点应明示设施的管理要求和操作规程。

5）应具有安全生产事故应急预案。

4. 环保管理

1）应建立并实施废油、废液、废气、废水、废电池、废轮胎、含石棉废料及有害垃圾等物质集中收集、分类存放、有效处理和保持环境整洁的环境保护管理制度。

2）有害物质存储区域应界定清楚，隔离、控制措施应符合环境保护要求。

二 人员条件

汽车整车维修企业和汽车综合小修及专项维修业户有不同的人员条件。

（一）汽车整车维修企业人员条件

1）应具有技术负责人员、安全生产管理人员、质量检验人员、业务接待人员，以及从事机修、电器、钣金（车身修复）和涂漆（车身涂装）的维修技术人员。

2）技术负责人应熟悉汽车维修业务，掌握汽车维修及相关政策法规和技术规范，具有汽车维修或相关专业大专以上学历，或者具有汽车维修或相关专业中级以上专业技术职称。

3）安全生产管理人员应熟知国家安全生产法律法规，并具有汽车维修安全生产作业知识和安全生产管理能力。从业人员数量在100人以下的企业，可配备兼职的安全生产管理人员。

4）质量检验人员应熟悉汽车维修检测作业规范，掌握汽车维修故障诊断和质量检验的相关技术，熟悉汽车维修服务收费标准及相关政策法规和技术规范，具有高中以上学历，并持有与承修车型种类相适应的机动车驾驶证。质量检验人员数量应与企业经营规模相适应，一类企业和二类大中型客车及大型货车维修企业至少应配备两名质量检验人员，二类中小型车维修企业至少应配备一名质量检验人员。

5）机修、电器、钣金和涂装维修技术人员应熟悉所从事工种的维修技术和操作规范，了解汽车维修及相关政策法规，并具有初中以上学历。

① 机修和电器维修技术人员数量应与企业经营规模相适应，一类企业至少应各配备2人，二类企业至少应各配备1人。

② 钣金和涂漆维修技术人员数量应与企业经营规模相适应，一类维修企业至少应各配备2人，二类维修企业钣金和涂漆的维修技术人员应各不少于1人，喷烤漆房外协的一类大中型客车及大型货车维修企业和二类维修企业可不配备钣金人员和涂漆人员。

6）从事燃气汽车维修的企业，应至少配备1名熟悉燃料供给系统专业的维修技术人员，并经培训合格后方可上岗。

7）从事电动汽车维修的企业，应至少配备2名熟悉电动汽车高压系统专业的维修技术人员，并经培训合格后方可上岗。汽车高压系统维修技术人员还应取得低压电工特种作业操作证。

（二）汽车综合小修及专项维修业户人员条件

从事综合小修或专项维修关键岗位的从业人员数量应与经营规模相适应，应配备安全生产管理人员，安全生产管理人员可兼职。不同的业户人员条件都有具体的要求。

三 设施条件

设施条件案例

1. 接待室（含客户休息室）

1）汽车整车维修企业、汽车综合小修业户和部分汽车专项维修业户（如发动机维修等）应设有接待室，一类企业的接待室面积不少于80m²，二类企业的接待室面积不少于20m²。

2）设有接待室的应整洁明亮，并应有客户休息的设施。

2. 停车场

1）一类企业的停车场面积不少于 $200m^2$，二类企业的停车场面积不少于 $150m^2$。综合小修和专项维修业户没有停车场要求。

2）租赁的停车场地应具有书面合同书，租赁期限不少于 1 年。

3）停车场地面应平整坚实，停车场标志标线应清晰。

3. 生产厂房及场地

1）汽车整车维修企业生产厂房面积应能满足所配备设备的工位布置、生产工艺和正常作业，并与其经营业务相适应，一类企业的生产厂房面积不少于 $800m^2$，二类企业的生产厂房面积不少于 $200m^2$。综合小修和专项维修业户生产厂房的面积、结构及设施应满足综合小修或专项维修作业设备的工位布置、生产工艺和正常作业要求。

2）对于从事多个三类维修经营项目的业户，生产厂房面积应不小于各个经营项目中要求最大的生产厂房面积基础上，加与其他专项维修生产厂房面积之和的 50%。

3）汽车整车维修企业生产厂房内应设有预检工位、总成维修间或隔离工位，并与其承修车型相适应，一、二类企业总成维修间或隔离工位面积均应不少于 $20m^2$。

4）租赁的生产厂房应具有书面合同书，租赁期限不得少于 1 年。

5）生产厂房地面应平整坚实。

6）调试车间或调试工位存在尾气排放，应设置汽车尾气收集净化装置。

7）涂漆车间采用湿打磨工艺应设有专用的废水排放及处理设施，采用干打磨工艺的，应有粉尘收集装置和除尘设备和通风设备。

8）从事燃气汽车、危货车、电动汽车维修的企业，应有专用维修车间，并设置明显的指示性标志和必要的静电消除设施，面积应与生产规模相适应。厂房内通风良好，不应堆放可能危及安全的物品。车间周围 5m 内不应有任何可能危及安全的设施。

9）从事燃气汽车维修的企业，还应设有密封性检查、卸压操作的专用场地，可以设在室外。场地应远离火源，并明示防明火、防静电的标志。

10）从事电动汽车维修的企业，应设有动力电池存放专用场地，且划分新、旧件单独存放区。

四 设备条件

1）汽车维修企业按照维修类别的不同应配备要求的仪表工具、专用设备、检测设备以及抢修服务车，其规格和数量应与其生产规模和生产工艺相适应。

2）从事电动汽车维修的企业还应配备绝缘电阻测试仪、气密性检测仪、动力电池充放电机、动力电池模组充放电机、动力电池均衡设备、动力电池诊断设备。

3）从事电动汽车和危货车维修的企业，应配备与所承修车型安全要求相适应的绝缘工具。

4）从事电动汽车维修的企业应配备绝缘手套、绝缘鞋、防护面罩或眼镜。

5）从事营运车辆二级维护的企业，应配备满足《汽车维护、检测、诊断技术规范》（GB/T 18344—2016）规定的所有出厂检验项目的检测设备。

6）汽车举升机、喷烤漆房应符合 JT/T 155、JT/T 324 规定的技术要求，宜选用通过产品认证的举升机、喷烤漆房。

7）允许外协的设备应具有书面合同书。

学习任务三 汽车维修企业的经营战略

一 经营战略形式

美国哈佛大学波特教授的企业竞争理论揭示：在竞争格局下，可以通过实行成本领先战略、差异化战略、专一化战略三大战略确立企业优势。

依市场开拓方式划分的战略形式有市场渗透战略、市场开发战略、产品开发战略和多样化经营战略。

1. 市场渗透战略

市场渗透战略是指企业在利用现有市场的基础上，采取各种改进措施，逐渐扩大经营业务，以取得更大的市场份额。这种战略的核心是提高原有的市场占有率，其具体的实施方法如下。

1）通过扩大宣传等促销活动，增加产品的知名度，使客户对企业有更多的了解。一方面，可以让老客户多享受企业的服务；另一方面，可以不断增加新的客户。

2）降低生产成本，如采取降价的办法吸引新客户，刺激老客户更多地消费。这种战略一般适用于市场需求较稳定、产品处于成长或刚进入成熟阶段的企业。

较为典型的例子是可口可乐、百事可乐在饮料市场上的激烈竞争，长虹、康佳、TCL在电视机市场上的竞争等。采用这种战略需要投入较多的人力、物力，容易导致市场的激烈竞争，有很大风险。在选择这种战略时，要对企业自身实力、产品的生命周期、市场需求前景等进行综合考虑。

汽车维修企业在生产淡季通过打折、赠送小礼品等吸引客户，如工时费八折、换机油送机油滤清器等方式。

2. 市场开发战略

市场开发战略是企业利用原有产品来争取新的市场和消费者群体，以达到发展的目的。这一战略的目的是在保持现有产品生产及销售的前提下，另辟蹊径，为现有产品寻找新用户、新市场，其具体的实施方法如下。

（1）寻找新市场　将原有的产品投放到更广阔的地区，如原来主要在城市销售，现在可以开辟农村市场。采取的措施有在当地开辟新的销售网点和渠道，企业产品由城市推向农村、由北方推向南方等。

（2）在当地寻找潜在客户　通过对客户群的研究分析，寻找可能购买本产品的消费者群体。

案例

B市地处A市和C市之间，B市距A市约80km，距离C市约100km，A市和C市都有某品牌的特约维修站。B市的车辆维修都要到A、C两个城市，而驾驶人大多喜欢到A市，因为来回可以少跑40km，能省不少油。针对这种情况，C市特约维修站的老板推出了新的服务举措，凡来站维修的车辆工时费一律八折，并免费赠送5L汽油票。由于这个品牌的车辆大多为私家车，一时间很多B市的客户从A市转到C市的维修站维修车辆。

3. 产品开发战略

产品开发战略是以不断改进原有产品或开发新产品的方法扩大企业在原有市场销售量的战略，其主要方法如下。

（1）改善老产品　随着经济的发展，人们的需求层次不断提高，对产品的需求日益多样化，使得产品更新速度加快。企业只有不断改进产品，以新的外包装、质量和性能来满足人们的需要，才能巩固并发展市场。

例如，在竞争激烈的电视机市场，从黑白电视机、彩色电视机，到平面直角彩电、数码彩电，功能不断增加，技术不断提高，品种和规格不断增多。

（2）开发新产品　企业通过自身的研制能力或引进外来技术，开发新产品，然后利用老产品的销售网和渠道及老产品的品牌效应进入市场。

例如，海尔开始是以生产冰箱、空调、洗衣机而闻名的，后来，利用品牌效应又开发了电视机等。这一战略一般适用于具有一定的技术开发和创新能力，或原有产品已进入成熟期后期和衰退期，很难找到新的发展机会，开拓新的市场又有很大困难的企业。

很多维修企业也在开发新产品，如换机油前，对润滑系统进行清洗；换机油后，添加润滑系统保护剂。这些方式可增加企业收入。

4. 多样化经营战略

多样化经营战略是指企业同时提供两种以上的服务，以求达到最佳经济效益的一种经营战略。也就是说，采用多样化经营的企业涉及业务领域是多元的，市场也是多元的，这就要求企业具有较强的经济实力，包括资金、人员和管理能力。只有大规模的企业才有条件这样做，它在带来规模效益、分散经营风险的同时，也蕴涵着巨大的危机，如果企业的实力跟不上，失败将是惨重的。多样化经营对企业规模、管理能力的要求很高，因此中小企业应该慎重。

汽车维修行业的经营项目很多，有汽车专项维修、汽车养护、汽车美容护理、汽车装饰、汽车改装等，与汽车维修相关的行业有汽车销售、汽车俱乐部、汽车租赁、二手车经营等，这些都是汽车维修企业可以涉猎的。尤其是汽车销售，目前很多汽车4S店都是从汽车维修起家的。

二　适合汽车维修企业的六种经营战略

综观世界范围内的维修企业，绝大多数是中小型企业，同大型企业相比，中小型企业需要的资本少，筹资能力弱，经营规模小，在人才、技术、管理上缺乏优势，较难抗击风险。

但是，中小企业组织规模简单，决策较快，生产经营机动灵活，企业的经营成败更多地取决于经营者个人的能力。因此，中小企业宜采用以下六种战略。

1.“精、专”经营战略

“精、专”经营战略是指企业的专业化经营，也就是单一产品经营战略。对于资金实力、生产能力较弱的中小企业来说，可将有限的资源投入“精、专”业务上，集中精力于目标市场的经营，以便更好地在市场竞争中站稳脚跟。具体地讲，企业可以集中人力、物力、财力将某项优势业务做精、做好、做细。通过采用新技术、新工艺、新方法、新材料、新设备等方式，不断进行管理、技术创新，在同行业中始终处于管理、技术、服务领先水平。

“精、专”经营战略就是“小而专”“小而精”战略，不搞“小而全”，但求“精与专”，力争产品的精尖化、专业化。采用这种战略的关键首先是要选准产品和目标市场；其次是要致力于提高维修质量和技术创新。

案例

案例 1：中国香港地区的很多汽车修理企业都有专业特点，也就是我们所说的“有特色”。香港有人数可观的四驱车爱好者，这样就相应地出现了专门维修和改装四轮驱动车的企业，这些企业生意都十分红火。

案例 2：老刁原来在一家国有维修企业干了 20 多年的镗缸磨轴，企业效益一直不好。后来企业改制，老刁也离开了原单位。对于以后的发展，老刁想了又想，自己干了这么多年的镗缸磨轴，在当地市场上有一定的影响力，于是他决定创业。他筹集资金，买了设备，招了一些工人，给企业起的名字是“老刁镗缸磨轴公司”，并设计了一个精美的图案：一只展翅欲飞的老雕，两只锋利的爪子紧紧抓住一根曲轴，很是形象生动。

企业开张后，凭着老刁在当地市场上的影响力，企业得到快速发展，20 多年来一直在当地的镗缸磨轴行业占有一席之地。老刁就是靠自己专而精的技术，最终取得了成功。

2. 寻找市场空隙战略

寻找市场空隙战略是采取机动灵活的经营方式，进入那些市场容量小，其他企业不愿意或不便于或尚未进入的行业或地区进行发展。此种经营方式尤其适合中小企业，在自身实力较弱、资源有限的情况下，开辟市场领域时，应在被大企业忽视的市场空隙和边缘地带寻觅商机，对客户确实需要的产品和项目，利用灵活的机制占领市场，赢得用户。进入空隙后，可根据具体情况，或是扩大生产，向集中化、专业化发展；或是在别的企业进入后迅速撤离，另寻新的空隙。

案例

D 县地处偏远山区，以盛产黄金闻名于世。1990 年前后很多人纷纷而来，投资开起了采金厂。有一位外地人，原来干过几年汽车修理，他来这里是为了打工。在打工时，他看到很多采矿主开着高档汽车，而当地却无高档汽车维修厂，车主只能到 200~300km 外的市里修车。他经过反复思考，决定还干老本行。他找了一位合伙人，在县城租了一间房，搞起了汽车维修。县城地价便宜，厂房一年租金较少。另外，县城消费较低，各方面的成本较少。由于他经营有方，短短几年，靠给采矿主修车，企业发展起来了。于是他在当地买了块地，盖了大厂房，成了当地最大的维修厂。D县虽然偏远，但随着采金业不断发展，当地经济也发展起来，富裕的人越来越多，此后他更好地利用当地资源，使得修理厂越做越大。

3. 经营特色战略

经营特色战略是企业充分发挥自身的优势，突出自身产品和服务的某一方面特色、个性和风格，以独具特色的经营来吸引客户的战略。

经营特色战略的关键是能够表现出独特的差异性，因此经营特色战略也可以称为差异性战略。只有充分发挥自身的优势，扬长避短，闯出一条独特的经营之路，才能保持强劲的发展势头，使自己立于不败之地。

这种经营战略适用于规模小、竞争能力较弱的企业，为了能在市场中占有一席之地，应根据企业的经营条件和所处的经营环境，表现出独特的差异性。采用这种战略的做法有很多种，其中最典型的是针对当地或特定客户群的特殊需要，提供特色产品或服务，以吸引客户。

经营特色一旦建立起来，就能博得客户的信任，赢得竞争优势，并能获得长期稳定的发展。

案例

H先生在一家公共汽车站附近开了一家汽车电器维修部，他的服务目标是公共汽车电器和一些零散车型的电器维修。由于从事公共汽车维修的企业有好几家，H先生的企业货源很少。他很着急，就拉一些车主到他那儿维修车辆。但这些公共汽车大部分都是承包的，车主既想修得好，又想修得快，所以，一段时间后他的货源又减少了。后来，他仔细地研究了公共汽车运输的特点，发现这些车主对时间要求特别急，车辆出现故障后，希望尽快修好。于是，他购置了一些新起动机、发电机等较易损坏的电器。当车主车上的电器发生故障后，他就用新的电器更换上，将旧的放在他的维修部进行维修。能修复的，只收取车主维修费，换下的电器修复后继续为其他故障车辆更换使用；不能修复的，向车主说明，收取配件费用（当然，新件和修复件有区别）。他的这一经营策略极大地方便了公共汽车车主，使得他的生意也逐渐兴隆起来。

4. 联合经营战略

联合经营战略是企业间实行多种形式合作的战略。该战略适用于实力弱、技术水平差、难以形成大企业规模优势的中小企业。联合经营的企业可在平等互利基础上联合起来，取长补短，共同开发市场，求得生存与发展。联合经营分为松散型和紧密型两种。

（1）松散型联合　这是指企业之间仅限于生产协作或专业化分工的联合，在人员、资金、技术等方面基本不合作。采用这种联合方式，企业之间比较自由，竞争力不强，但都能从中获利。

案例

Z先生开了一家小型汽车修理厂，生意倒也可以。后来他看到维修保险事故车很挣钱，就增设了钣金喷漆业务，雇了两个钣金工和喷漆工，钣金工的手艺还可以，但喷漆工的手艺很一般。维修了几辆保险事故车后，车主纷纷回来找，不是这辆车的底漆没处理好，就是那辆车喷完漆后与原来的颜色相差太大，再不就是没过几天就脱漆了，对修理厂的声誉造成很大影响。Z 先生想找一位手艺好的喷漆工，但一直没有合适的人选。他听说某喷漆店的喷漆水平很高，便找到店老板商量，钣金整形由他的修理厂做，而喷漆由喷漆店来做，并达成协议。就这样，两家开始合作经营，没想到这种松散型联合效果特别好，两家企业都从中得到了利益。

（2）紧密型联合　所谓紧密型联合，是指除生产协作外，还进行资金、人力和销售方面的联合，如相互持股、相互融资、联合销售等。由于相互间关系密切，容易形成凝聚力，因此紧密型联合可以提高整体竞争力。

案例

K 先生在县城开了一家修理厂，由于他经营有方，技术水平也不错，天天顾客盈门。他想扩大生产规模，但苦于资金有限。这时，一位大老板找到他，想跟他合伙，大老板出资金，K 先生出技术和管理，双方各占 50%股份，K 先生同意了大老板的想法。他们在县城建立了一家当地规模最大的汽车修理厂。K 先生靠他灵活的经营头脑、精湛的维修技术和大老板雄厚的资金后盾，不到一年的时间，就占据了当地维修市场 20%的份额，一年收入 1000 多万元。K 先生和大老板靠这种联合方式，各自得到了很大利益。

5. 连锁经营战略

连锁经营战略是指经营同类商品或服务的若干个企业，在总部管理下，按照统一的经营模式进行共同的经营活动，以求得规模优势和共享规模效益的经营形式与组织形态。

连锁经营是近代世界经济和商业竞争的产物，它随着社会服务业的发展而发展。连锁经营在国外已成为汽车维修业成功的经营模式，它从根本上取代了传统汽车维修企业以零散性为主的经营格局，具有成本低、速度快、反应及时、适应性强、方便快捷，以及生产技术、信息资源、专用设备共享的特点，是一种全新的经营理念和经营模式。

以中高档车辆为服务对象，以小型、方便、快捷、实惠、社区化服务为特色的汽车快修连锁店也是汽车维修发展的一种新兴模式，外在体现为所有连锁店标志统一，内外装潢统一，连锁店标志醒目且美观；连锁店内部装修简洁，布置颜色统一，服务人员身着统一的工作服，并佩戴明晰的服务标示牌，服务人员各种操作统一规范；连锁店服务项目简介及项目价格统一且对外公示。内在则体现为连锁店具有“价廉物美”的优势，一般投资在 20 万～50 万元，占地少、人员精简，配件和维修技术可以由总部统一供应与指导，昂贵的检测诊断设备可以共享；各连锁店在总部的统一管理下自主经营，技术人员和维修资料有保障，配件来源相对稳定。这些内外优势都增强了汽车快修连锁店的可信度和社会认知度，从而成为目前广大车主修车的首选。

汽车快修连锁店有强势的品牌作为依托，因此整体形象好，通常有统一的服务规范、收费标准和服务质量的承诺，而且连锁企业网点多，能靠近车主活动区域设置。与 4S 店相比，在这些店接受服务可以省去不必要的工时费。而在汽车美容方面，汽车快修连锁店的收费通常比 4S 店便宜 50% 以上。汽车快修连锁店都有统一的管理体系，设备、零配件由总部统一提供，质量和配件渠道有保障。当前汽车快修连锁店是美国人维护的首选，客户一般都能很方便地在公路沿途和附近找到快修连锁店，许多人把它形象地比作汽车售后服务行业中的“麦当劳”“肯德基”。

近几年，国内汽车快修连锁店如雨后春笋般出现，但加盟连锁却出现了一些问题。加盟汽车快修连锁店最需要解决的问题就是品牌，而目前在国内，有影响力的品牌还没有出现。如果你经营了汽修企业多年，客户很多，那么在当地影响力会很高，这就是一个品牌。如果你加盟了一个连锁，可能只是提升了企业的外观形象。如果你是新加入这个行业的，想短期通过连锁来吸引客户还是可以的，长期这样做，效果不会太好。另外，加盟连锁需要支付较高的运营费用、加盟费用、规范化的管理费用等，这提高了运营成本。加盟之后还需要持续不断地进行培训、促销活动等，这就需要更高的营业额来支撑。如果营业额达不到预期，就无法支撑加盟连锁的正常经营。

案例

案例 1：Grease Monkey 汽车快修国际公司（以下简称“油猴国际”）成立于 1978 年，是美国第一大独立汽车服务运营商。到 2009 年 12 月 31 日，美国地区“油猴国际”旗下的连锁中心已有 350 家，在墨西哥地区有 40 多家，“油猴国际”每年为大约 400 万辆汽车服务。在美国，“油猴国际”同连锁店周围的商家有着良好的合作关系。特别是坐落于大型购物中心和超级市场的“油猴国际”快修店，在借助大型购物中心和超级市场带来的人流量的同时，给顾客提供方便快捷的汽车保养快修服务，反过来又为商家提供了良好的配套服务，吸引更多的顾客，同商家形成了良性互动。

2007 年“油猴国际”进入中国时雄心勃勃，计划 5 年内在青岛地区建立 30 多家汽车快修中心，在山东地区建立 120 家汽车快修连锁中心，在北方地区开设 300 家汽车快修连锁中心。

但几年过去了，“油猴国际”开设的汽车快修连锁店数量远远低于预期，而开设的连锁店中有些出现了亏损，有些关门倒闭了，“油猴国际”在中国出现了“水土不服”的现象。

案例 2：2016 年 6 月 20 日，德国汽车技术与服务供应商博世宣布快捷汽车服务的加盟连锁业务在华正式启动。博世快捷汽车服务将统一采用象征品质与专业的博世品牌商标，并将重点布局社区周边或车流量较大区域，更加贴近终端车主。博世方面介绍，其快捷汽车服务门店工位数为 2~9 个，业务范围将涵盖快修、制动、轮胎及车身美容等，为消费者提供便利且标准化的高质量汽车售后服务。

此次推出的博世车联快捷汽车服务可供应涵盖市场上主流车型的 12 大类共 30 个品种的配件产品。除了配件供应上的支持，快捷汽车服务的加盟商还将获得博世为中国独立售后市场量身定做的加盟商店面运营管理系统，以支持维修站日常的运营管理工作，帮助维修站执行博世标准化服务。

6. 特许经营战略

特许经营战略是指大企业向小企业提供其产品、服务或品牌在特定范围内的经营权。

特许经营战略已成为大企业与小企业之间合作的一种主要形式。在特许权

特许经营战略

经营中，大企业按照合同对小企业进行监督和指导，有时给予必要的资金援助；小企业也应按合同规定经营，不任意改变经营项目。特许权经营的最大优点是将灵活性与规模经营统一起来，将小企业的优势与大企业的专业能力和资源结合起来。小企业可以和大企业共享品牌、信息、客户资源，共同获利并扩大同一品牌的知名度。通过特许权经营，小企业的经营者得到了培训，熟悉了市场，获得了业务知识和技术诀窍，从而使经营战略风险降低。

我们所熟悉的汽车特约维修服务站就属于特许经营。汽车特约维修服务站特许经营是国际先进的经营模式，是汽车生产厂商低成本扩张的有效途径之一，经营模式包含服务品牌的特许、经营模式的特许、修理技术的特许和原厂配件的特许。

汽车特约维修服务站货源稳定，收入可观，但目前汽车生产商绝大多数不再单独设立汽车特约维修服务站，而是必须建立4S店。

4S店，即包括整车销售（Sale）、零配件供应（Spare part）、售后服务（Service）、信息反馈（Survey）。4S是四个英文单词的首字母缩写，是一种汽车服务方式。4S店有汽车厂家的支持和监督，其优势在于整体形象好、服务周到、专业。但4S店前期投资大，其投资动辄上千万元，由此导致维修成本高、市场容量有限等缺陷，延长了投资回收期。

案例

中国4S店服务方式的演化基本上走的是与国外发达国家同一条路，1999年上海通用、广州本田等率先引进4S店模式，是代理商按照汽车主机厂的标准和要求全资承建，代理商需向汽车主机厂交纳保证金，以全额车款提车。知名汽车主机厂对于4S店代理有着非常苛刻的要求，紧俏汽车的生产厂家征集经销商是一呼百应。2000—2004年，4S店在中国的发展达到了顶峰，有人称这几年4S店处于暴利时代。

与国内如火如荼兴建4S店的现象相反，美国、欧洲的专营店网络正因为各种原因不断缩水，这种专营方式正受到消费者的质疑：庞大的经销网络消耗了巨额运营成本，而最终却需要消费者买单。欧洲的专营网络则是害了自己，销售网点过于密集，利润空间逐年减少，经销商无利可图，只能合并或者破产。

在我国，4S店作为一种已运行二十多年的模式，显然已经过顶峰，开始走下坡路。走下坡路的关键原因是市场供过于求。在市场供不应求的时候，4S店这种垄断整车与配件货源的方式自然是“赚钱机器”，现在汽车产能已经开始过剩，垄断又被打破，日子难过在情理之中。经过走下坡路之后，4S店模式最后将被颠覆。被谁颠覆？是汽车电商？还是连锁经营店？大家纷纷猜测，有人说是汽车主机厂。当初4S店这种模式是传统汽车主机厂发明的，是为其服务的。在那个靠电话座机和模拟手机与用户交流的时代，传统汽车主机厂需要经销商打品牌、集客流、卖汽车、修汽车，4S店这种集多功能于一体的模式应运而生。现在进入了移动互联时代，传统汽车主机厂开始向未来汽车主机厂转型，朝着电动化、智能化方向发展，将来卖车靠定制，修车靠换件，4S店模式自然就会土崩瓦解。传统汽车主机厂向未来汽车主机厂转型是一个相对比较长的过程，不可能一蹴而就。因此，4S店也不会马上消亡，它将与新的业态并行共存，但此消彼长是一个趋势。

虽然4S店模式将来的发展我们猜不透，但它们先进的经营和管理方法值得每一个汽车维修企业学习。这些先进的方法，如服务理念、服务礼仪、接待技巧、服务意识等，是不会过时的。

思考题

1. 现代汽车维修企业的经营理念是什么？
2. 企业为什么要诚信经营？
3. 简述如何塑造企业品牌？
4. 现代汽车维修企业的经营战略形式有哪些？
5. 适合汽车维修企业的六种经营战略是什么？分别适用于哪些企业？

模块三
组织机构及人力资源管理

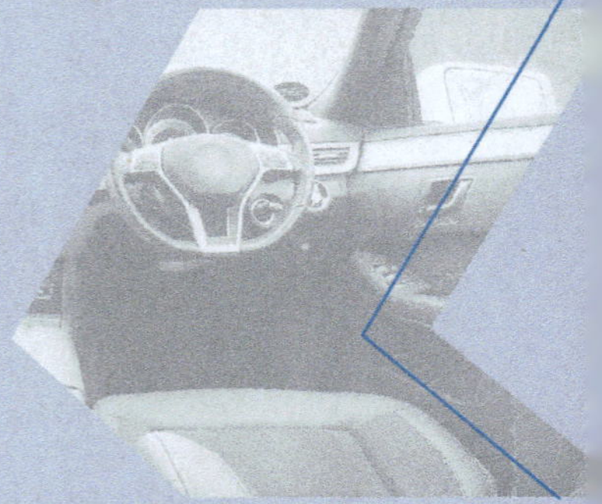

问题导入：

汽车维修行业技工缺乏问题越来越突出，出现行业从业人员少、流动性大等问题，很多企业管理者抱怨现在汽车维修工水平低、要求工资高，加大了企业经营成本。面对如此困境，如何设计激励薪酬，培养员工爱岗敬业、精益求精的工匠精神呢？

学习目标：

1. 深刻理解工匠精神的内涵
2. 掌握组织机构设置的原则和方法
3. 掌握人力资源规划的原则和内容
4. 掌握激励机制的内容和绩效考核的作用

素质目标：

1. 培养工匠精神和劳模精神
2. 培养爱岗敬业的工作态度

学习任务一　组 织 机 构

企业的组织机构就像人体的骨骼系统，是企业实现战略目标和构造核心竞争力的载体，也是企业员工发挥各自优势、获得自身发展的平台。

一 组织机构设置的原则和方法

一个好的组织机构可以让企业员工步调一致，同心协力，向着一个目标迈进。一个不合理的组织机构则会使企业组织效率降低，内耗增加，并影响企业的成功和发展目标的实现。

1. 组织机构设置的原则

1）目标明确。

2）功能模块清晰。

3）分工明确。

2. 组织机构设置的方法

（1）工作划分　首先，应根据分工协作和效率优先的原则，将汽车维修企业划分为业务接待、维修、质量检验、配件采购管理、会计结算和生活接待等。

（2）建立部门　把相近的工作归在一起，在此基础上建立相应部门。根据生产规模的大小，一些部门可以合并，也可以分开。汽车维修企业常见的部门有业务接待部、配件部、维修车间、技术部、办公室和财务部等。

（3）确定管理层次　确定一个上级直接指挥的下级部门的数目。

（4）确定职权关系　确定各级管理者的职务、责任和权利。

二　汽车维修企业常见组织机构

1. 一般汽车维修企业常见组织机构

（1）整车维修一类汽车维修企业　整车维修一类汽车维修企业有两个特点：一是规模较大，有的企业员工甚至达到上百人或几百人；二是专业化程度高。整车维修一类汽车维修企业组织机构如图 3-1 所示。

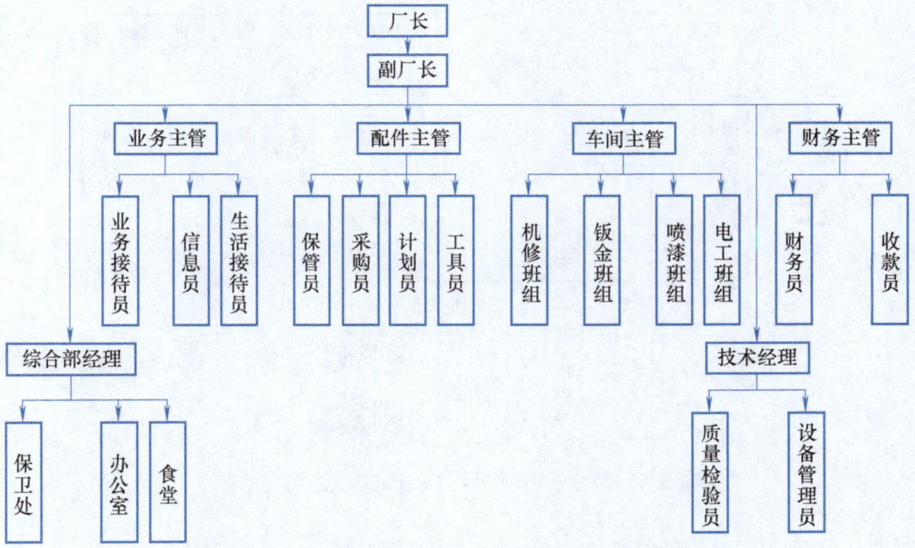

图 3-1　整车维修一类汽车维修企业组织机构

（2）整车维修二类汽车维修企业　整车维修二类汽车维修企业组织机构如图 3-2 所示。

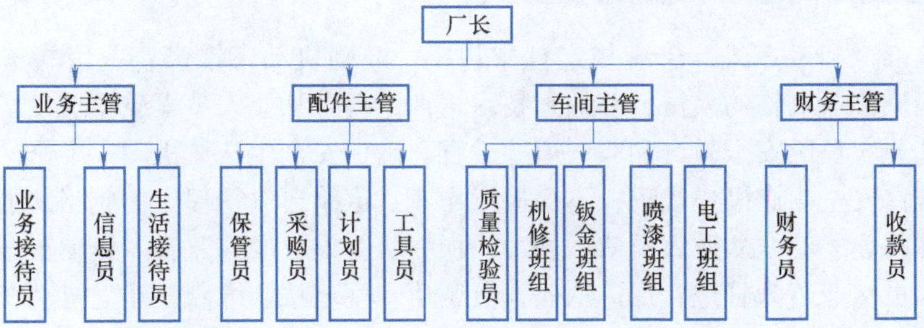

图 3-2　整车维修二类汽车维修企业组织机构

（3）汽车专项维修业户　汽车专项维修业户主要是指从事专项修理或维护的企业，一些岗位可以兼职。汽车专项维修业户组织机构如图 3-3 所示。

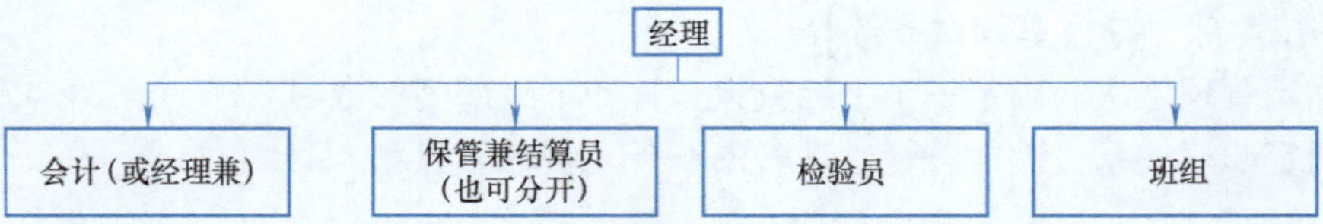

图 3-3　汽车专项维修业户组织机构

2. 3S 或 4S 店特约服务站常见组织机构

3S 或 4S 店特约服务站常见组织机构如图 3-4 所示。

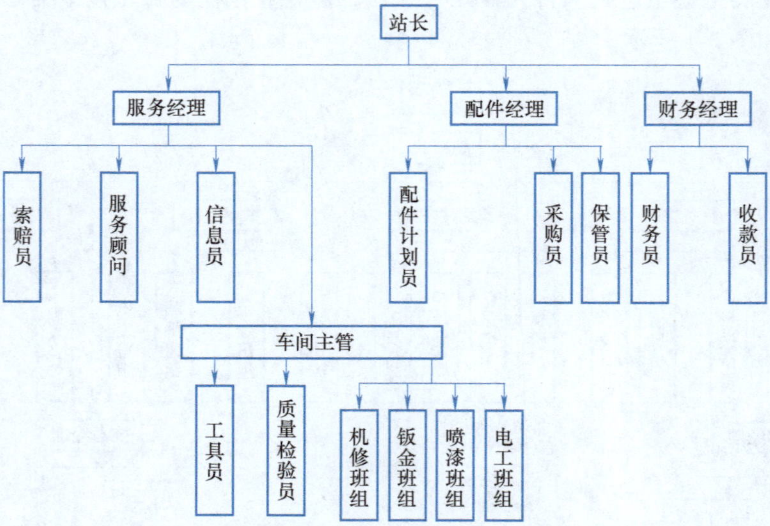

图 3-4　3S 或 4S 店特约服务站常见组织机构

3. 连锁（加盟）店组织机构

连锁（加盟）店组织机构可参考整车维修二类汽车维修企业的组织机构进行设置。

三 汽车维修企业从业人员管理规定

交通运输部《机动车维修管理规定》中规定，鼓励机动车维修企业优先选用具备机动车检测维修国家职业资格的人员，并加强技术培训，提升从业人员素质。机动车维修经营者应当加强对从业人员的安全教育和职业道德教育，确保安全生产。机动车维修从业人员应当执行机动车维修安全生产操作规程，不得违章作业。道路运输管理机构应当加强机动车维修从业人员管理，建立健全从业人员信用档案，加强从业人员诚信监管。机动车维修经营者应当加强从业人员从业行为管理，促进从业人员诚信、规范从业维修。建立机动车维修经营者和从业人员黑名单制度，县级道路运输管理机构负责认定机动车维修经营者和从业人员黑名单。

1. 技术负责人员

技术负责人员应当熟悉汽车或者其他机动车维修业务，并掌握汽车或者其他机动车维修及相关政策法规和技术规范。

2. 质量检验人员

质量检验人员应当熟悉各类汽车或者其他机动车维修检测作业规范，掌握汽车或者其他机动车维修故障诊断和质量检验的相关技术，熟悉汽车或者其他机动车维修服务收费标准及相关政策法规和技术规范，并持有与承修车型种类相适应的机动车驾驶证。

3. 从事机修、电器、钣金、涂漆的维修技术人员

从事机修、电器、钣金、涂漆的维修技术人员应当熟悉所从事工种的维修技术和操作规范，并了解汽车或者其他机动车维修及相关政策法规。

四 岗位职责

1. 修理厂岗位职责

（1）厂长岗位职责

1）负责编制或审核企业的长、中、短期发展计划，企业的生产规模和效益指标。

2）负责编制企业的组织机构等工作。

3）负责组织制定企业的各项规章制度。

4）负责企业各部门主管人员的任免，各部门员工聘用、奖励和辞退的审批。

5）负责编制或审核企业的经营策略，审核年度、季度、月度维修业务方案。

6）负责审核财务工作和资金的筹集。

7）负责制定或审批员工工资、福利和分配方案。

8）负责与汽车维修行业管理部门的沟通，传达和落实有关的法律、法规。

（2）车间主管岗位职责

1）负责维修派工，保质保量按时完成企业下达的各项维修任务。

2）认真贯彻自检、互检和专检的质量检验制度。

3）抓好车间的劳动纪律和精神文明建设，培养员工的爱岗敬业精神。

4）抓好安全生产，经常开展安全生产教育。

5）加强员工培训和考核，不断提高全体员工的服务质量和技术水平。

6）抓好车间的 7S 管理工作（见模块十）。

7）做好车间的设备、工具管理。

（3）业务接待员岗位职责

1）热情接待客户，了解客户需求及期望，为客户提供满意的服务。

2）接车，根据客户维修要求，开出派工单。

3）估计维修费用，负责向客户说明收费项目及其依据。

4）掌握维修进度，增加或减少维修项目时应及时联系客户。

5）确保按时完成维修项目。

6）建立客户档案。

7）做好客户咨询工作。

8）听取客户提出的建议、意见和投诉，并及时向上级汇报。

（4）总检验员和质量检验员岗位职责

1）总检验员负责维修车辆质量把关，并领导其他质量检验员完成质检工作。

2）负责维修项目的质量检验，以及修理过程的随机抽检。

3）负责汽车维修竣工出厂检验和签发二级维护合格证。

4）负责维修车辆技术档案的建立。

5）负责原材料、外购件和外协件的验收。

6）负责车辆维修过程中出现的疑难故障排除。

7）负责指导维修人员贯彻执行有关的汽车维修标准，以提高员工的技术素质。

8）负责处理维修质量投诉和事故车辆的维修质量分析。

（5）采购人员岗位职责

1）建立供应商资料与价格记录。

2）采购计划编排，物料订购及交货期控制。

3）掌握公司主要物料的市场价格起伏状况，了解市场走势，加以分析并控制成本。

4）对供应厂商的价格、品质、交期、交量等做出评估。

5）对采购物资进行 ABC 分类。ABC 分类法是储存管理中常用的分析方法，也是经济工作中一种基本工作和认识方法。ABC 分类法将管理对象分为 A、B、C 三类，这三类物料的特点如下：

A 类物料：价值高、品种少，种类占总物料种类的 10%左右，而采购金额占总物料采购金额的 70%左右，应当重点管理控制。依生产方式制订物料需求计划，将库存压缩到最低水平。

B 类物料：价值较高、品种较少，种类占总物料种类的 20%左右，而采购金额占总物料采购金额的 20%左右，应当重点管理控制。依生产方式制订物料需求计划，库存控制在一定范围内，可严可松。

C 类物料：价值较低、品种多，种类占总物料种类的 70%左右，而采购金额占总物料采购金额的 10%左右，常规管理控制即可。

6）进料品质、数量异常的处理。

7）呆料和废料的预防与处理。

8）询价、比价、议价及订购作业。

9）付款整理、审查。

（6）维修人员岗位职责

1）认真做好本职工作，维护企业信誉，礼貌待客。

2）遵守劳动纪律和车间管理制度，服从工作安排和生产调度。

3）严格按作业项目、技术规范和工艺要求进行维修，保质保量地完成维修工作。

4）注意安全生产，准确使用工具和设备。

5）文明施工，爱护车辆。

6）坚持自检，确保维修质量，检验如果不合格，决不转入下一工序。

7）发扬团队精神，协商解决问题。

8）加强技术学习，不断提高技术水平。

2. 特约服务站岗位职责

（1）服务站站长岗位职责

1）根据双方协议，结合任期责任目标，对服务站工作全面负责，将汽车维修服务工作列入服务站工作重要日程，并组织制定、审批服务站的年度、季度工作计划，并促进实施。

2）贯彻落实汽车生产厂家的服务质量方针，协调、平衡、监督、检查服务站技术管理、生产管理等各项工作，正确执行汽车生产厂家维修服务的有关规定。

3）负责汽车重大问题和特殊问题的协调及宣传工作，参与或组织重点用户的走访工作。

4）定期召开站务工作会议，检查、布置各项工作，纠正错误，奖励先进。

5）参加汽车生产厂家的各种会议，对会议通过的决议、服务方针组织落实。

6）检查站内汽车配件库存及配件计划，保证落实与实施。

7）组织制订培训计划，按计划对职工进行思想和技术培训，提高职工队伍素质，扩大企业知名度。

8）严格遵守财经制度，监督、检查售后服务费用的收支。

9）明确员工责任，根据汽车生产厂家的相关规定，对工作人员做好监督指导工作。

10）对有关本站服务人员变更或服务站其他相关信息的变更情况，应安排人员及时通知汽车生产厂家。

（2）服务经理岗位职责

1）在站长的领导下，根据汽车生产厂家的工作要求，主持汽车维修服务。

2）接受站长的委托，参加汽车生产厂家召开的各种会议并将会议精神向站长汇报，组织全体员工贯彻实施。

3）组织有关人员编制服务站年度、季度工作计划，报站长审批，并认真完成。

4）组织人员对当地该厂汽车保有量进行调查，建立用户档案，主动走访用户，了解该厂汽车质量和市场需求情况，定期报汽车生产厂家。

5）积极组织人员落实汽车生产厂家委托的服务工作，审查服务中技术鉴定的准确性和服务质量；审批服务报表的及时性、完整性和正确性。

6）每周组织召开服务人员工作会议，研究工作，学习业务，开展各种岗位练兵活动，提高各类人员的业务水平。

7）组织有关人员进行技术培训，学习应对用户技术咨询的技巧。

8）汽车产品出现重大质量问题及时上报汽车生产厂家和服务站站长，提出处理意见，并积极协助汽车生产厂家驻现场代表和站长处理。

9）安排信息员对保养维修用户 3 天后的回访工作，并做好记录，对用户提出的问题及时进行处理。

（3）索赔员岗位职责

1）熟悉并严格执行汽车生产厂家的三包索赔规定及有关结算流程的规定。

2）根据鉴定员的鉴定结果和维修结果，逐项填写三包索赔结算单，并对维修车辆的工时费、材料费进行核算，形成“三包索赔维修结算申报表”。

3）核对整理当月发生保养的免费保养单据，并形成“汽车免费保养结算汇总表”。

4）严格执行旧件管理程序，对每月更换的旧件进行整理，形成“汽车保养索赔旧件明细表”，并在规定时间返回旧件。

5）负责服务站各种费用的结算工作，配合汽车生产厂家审核员对有异议的维修项目进行核对、解释。

（4）信息员岗位职责

1）对服务站所有的文件资料进行分类、编号、登记，做好收发整理，相关信息及时向汽车生产厂家反馈。

2）负责有关技术档案资料的保管和借阅。

3）按“三包索赔结算单”填写“质量信息反馈表”，汇总后上报汽车生产厂家。

4）按汽车生产厂家的要求，做好月统计和月报工作，并归档、保存待查。

5）协助站内人员做好站务管理和接待来人来访工作。

6）配合汽车生产厂家实行计算机联网管理以及日常维护。

7）定期查看汽车生产厂家网页，查看各类信息、更新技术资料，并及时通知相关人员予以贯彻。

（5）配件经理岗位职责

1）熟悉和掌握汽车生产厂家各种车辆的配件性能、名称、供应厂商，采购由汽车生产厂家或配件中转库提供的原厂配件。

2）根据当地该厂汽车市场保有量及厂家规定的购件额度要求，保证配件库存量在合理范围内，保证厂家汽车配件供应满足维修服务的需要。

3）根据配件使用和销售情况编制配件采购计划，严格执行计划、订货和采购。

4）制定库房管理制度，配件摆放合理，设立旧件摆放区，标志明确。

5）熟练使用计算机，能够通过汽车生产厂家电子信息管理系统及时订购配件。

（6）财务经理岗位职责

1）编制服务站年度、季度费用计划，并将其落到实处。

2）熟悉三包维修费用结算手续，按厂家规定结算费用。

3）熟悉三包工时定额、配件价格，协助做好三包维修费用的申报。

4）负责费用的完成情况分析和反馈工作。

5）负责定期与汽车生产厂家财务处对账，保持账面准确无误。

五 团队建设

团队建设

《孙子兵法》开宗明义，认为“道”是赢得战争的第一种因素。孙子所说的“道”就是让部属与领导者的价值观一致，这样部属就会与领导者生死与共，不管什么困难和危险，都会表现出崇高的献身精神。

古人需要“道”来赢得战争的胜利，现在在竞争激烈的时代，企业也越来越需要这种“道”。

我们今天所说的“道”，就是团队精神。大家都知道著名的“木桶理论”：一只木桶能装多少水不是取决于最长的木板，而是取决于最短的木板。进一步引申，一只木桶能装多少水不仅取决于每一块木板的长度，还取决于木板与木板之间的结合是否紧密。如果木板与木板之间的结合不紧密，同样无法装满水。企业的团队战斗力，不仅取决于每一名员工的战斗力，也取决于领导与领导之间、领导与员工之间、员工与员工之间的相互协作、相互配合的团队战斗力。高绩效团队建设可以建立一种以价值观为基础的劳资关系，培养出有强烈团队意识和高忠诚度的员工。而一个涣散的团队，就像一只“漏水桶”一样，总是无法取得良好的经济效益。

（一）团队的基本要素

1. 全员参与管理

只有全员参与管理，才能建立团队精神。因此，要求在组织内人人都是执行者，人人都是管理者。

2. 互补的技能

发挥每一个人的技能，做到“1+1>2”。

3. 共同的目的和业绩目标

目的是共同的，但要分解为具体的工作业绩。

4. 共同的方法

避免内耗，寻找共同的工作方法，使团队成员在具体问题上达成一致。

5. 相互的责任

为共同目标努力时，责任心和信心随之而来。这种责任是对自己的承诺，也是对他人的承诺。

（二）高绩效团队建设的五大要素

1. 营造一种支持性的人力资源环境

为了建立一个高绩效的团队，管理层应该努力营造一种支持性的人力资源环境，包括倡导成员多为集体考虑问题，留下足够多的时间供大家交流，以及对成员取得成绩的能力表示有信心等。这些支持性的做法可以帮助组织向团队合作迈出重要的一步，因为这些步骤促进了更进一步的协调、信任和彼此之间的欣赏。因此，管理者需要为此构建一种良好的沟通平台。

2. 团队成员的自豪感

每位成员都希望拥有一支光荣的团队，而一支光荣的团队往往会有自身独特的标志。例如，某个企业的喷漆车间，其喷漆质量在当地属于一流，因此“喷漆一流”就是其标志，也是其骄傲。如果缺少这种标志，或者这种标志遭到破坏，员工作为团队的自豪感就会荡然无存。许多管理者不知道，团队成员的自豪感正是成员愿意为团队奉献的精神动力。

因此，从创建公司的形象系统，到鼓励各部门、各项目小组营造一种英雄主义的文化氛围，都会对团队的创造力产生积极的、深远的影响。

3. 让每一位成员的才能与角色相匹配

团队成员必须具备履行工作职责的能力，并且善于与其他团队成员合作。只有这样，每一位成员才会清楚自己的角色，清楚自己在每一个职能流程中的工作位置以及上一道工序和下一道工序。只有这样，每一个进入团队的人才能真正成为一个团队成员。如果能做到这一点，成员就能根据条件的需要，迅速行动起来，而不需要有人下命令。换言之，团队成员能根据工作的需要自发地做出反应，并采取适当的行动来完成团队的目标。

例如，客户到维修厂修车，服务态度、维修质量、配件价格等各方面，客户都很满意，只是洗车人员在洗完车后没按服务流程把钥匙及时交到业务接待厅，结果让客户等待，引起抱怨。这时，企业为客户提供的服务质量就会由于某个人的失职而无法保证。

所以，高效率的团队需要每一位成员的才能与角色相匹配，并且在工作中，更需要每一位成员同心协力，全力以赴。

4. 设定具有挑战性的团队目标

企业领导的职责不是自己的工作量有多少，而是为团队设定一个具有挑战性的目标，并激励整个团队向整体目标努力。企业领导应让每一位成员意识到，只有所有成员全力以赴才能实现目标，鼓励每一位成员的团队协作精神。这样能集中员工的注意力，一些内部的小矛盾往往也会因此消失得无影无踪。如果在整个团队全力以赴的时候还有人患得患失，自私自利，就会受到别人的谴责。这样，整个团队会团结得更加紧密。

5. 正确的绩效评价

企业进行绩效评价有两个目的。

（1）绩效评价的评核性　希望通过对员工的考核判断他们是否称职，从而切实保证职位匹配、报酬、培训等工作的科学性。

（2）绩效评价的发展性　希望通过绩效评价帮助员工找出绩效差的真正原因，激发员工的潜能。

一个富有成效的绩效评价体系包括以下两种评价形式。

1）正式评价。

2）日常管理中的及时评价。

与绩效评价紧密相关的工作是如何科学地支付报酬。支付报酬的目的在于激发员工的创造力和团队合作精神。作为对团队所有员工绩效的认可方式，报酬体系首先在设计上应该表现出“对内具有公平性，对外具有竞争性”的特点。当一位员工表现杰出时，就需要绩效评价来给予奖励。奖励包括现金奖励和精神奖励，我们可以在发放奖金的时候，颁发“月度最佳员工”“月度优秀团队”之类的奖状。这样，那些奖金就会变得富有感情色彩。

案例

小王和小张是某修理厂的两名员工，小张负责车辆四轮定位工作，小王负责底盘维修。两人有不少矛盾，工作上不配合。这天，小王更换了一辆汽车的横拉杆球头，更换后，拉杆球头螺钉没有紧固，就交给了小张。小张将汽车放在四轮定位仪上，测量发现数据正常，就将车交给了客户。客户驾驶不到两天，由于拉杆球头脱落，险些造成事故。最后，厂里对小张和小王进行了严肃处理。这本是一场不应发生的维修质量事故。小王在向下道工序交接前，应该提醒同事螺钉未紧固；小张定位后，应检查螺钉。由于他俩不团结，安全意识差，险些引起事故，因此对工厂声誉造成了不良影响。

学习任务二　人力资源管理

人是生产力中最活跃的要素，是构筑企业核心竞争力的基石。人是企业最宝贵、最有价值的资源，企业领导者应充分认识到这一点，从一言一行到企业的各项政策、规章制度，都要有利于调动员工的积极性和主动性，使他们自觉地提高维修服务质量，节约维修成本，主动维护企业形象，为企业赢得更多的客户，最终实现企业的经营目标。

一 人力资源规划

人力资源规划是通过科学的预测和分析企业在外界环境变化中的人力资源供给和需求的状况，制定必要的政策，以确保自身在需要的时间和需要的岗位上获得各种需要的人才，从而实现企业的经营目标。

1. 人力资源规划原则

人力资源规划需要与企业发展规模、经营规模相匹配。

2. 人力资源规划内容

1）人力资源管理总体目标和配套政策的总体规划。

2）中长期不同职务、部门或工作类型人员的配备计划。

3）需要补充人员的岗位、数量，人员要求及招聘计划。

4）人员晋升政策，轮换人员岗位、时间计划。

5）培训开发计划、职业规划。

3. 人力资源规划步骤

1）搜集有关的信息资料。

2）人力资源需求、供给预测。

3）确定人员的总需求。

4）确定人力资源目标。

5）制定具体规划。

6）对人力资源规划进行审核、评估。

7）进一步改进工作。

4. 人力资源不平衡的解决方法

（1）当供大于求时

1）永久性裁减或辞退工作态度和工作纪律差、技术水平低的员工。

2）撤销、合并一些不营利的机构。

3）制定相应政策鼓励提前退休或内退。

4）减少人员的工作时间，随之降低工资水平。

（2）当供小于求时

1）不同岗位之间调配。

2）进行岗位设计修订，提高劳动生产率。

3）制订非临时计划，如返聘已退休人员或聘用临时人员。

4）制订全日制临时工计划。

5）企业外招聘。

案例：日本的人力资源管理

日本的人力资源管理值得学习。日本的人力资源管理模式是在第二次世界大战以后日本经济复苏和高速发展时期形成的。日本企业中独到的人力资源管理制度，为日本的经济腾飞做出了突出的贡献。他们坚持以下几个原则，值得借鉴。

1. 重素质、重员工培训

企业聘用员工时，不看重个人的具体技能，而是强调员工的基本素质。他们认为高素质的员工可以通过企业的培训胜任从事的工作，这样他们在培训新员工上就要花更多的工夫。员工在培训中，不仅要学习技术方面的“硬技能”，还要学习企业内部的管理制度、上下左右工作关系和行为准则等很多“软知识”和“软技能”。这些软知识和软技能的一个特点是，只有员工继续在本企业工作，这些知识和技能才能发挥作用，并帮助员工提高劳动生产率。

2. 注重内部选拔

日本企业里有新的工作时，会尽量培训已有的员工，通过内部调节来满足需要。员工要从基层进入企业，然后在按部就班地提拔过程中熟悉情况，并和上下左右建立起工作和个人关系，为以后从事管理工作打好基础。

3. 提倡终身就业

从企业这方面来看，在对员工进行大量的培训以后，一般也不愿意员工离开企业，因此，即使是经济不景气，企业也不会轻易解雇员工。这样员工在企业终身就业，其自身利益就和企业完全拴在一起了。另外，员工对企业经营情况的及时了解和对企业的依赖，使其更加愿意也更加容易与企业合作，这样就形成了企业中合作性的劳资关系。

日本企业独特的人力资源管理模式及其在日本战后经济复苏和高度发展时期的巨大作用，引起了人们对这种管理模式的极大兴趣。日本企业独特的人力资源管理模式的出现，固然有其特殊的历史文化渊源，如强调合作和团队精神，但战败后的经济惨状迫使日本企业寻求一种灵活的、大规模的生产方式。分工不能太细，规章制度也不能太多，这样才能随时根据生产的需要，把劳动力在不同的部门和工种之间来回调动。灵活的、大规模生产的特点，决定了在这种生产制度下，普通员工的素质和责任心对企业的成功是至关重要的。因此，如何保证员工的利益，使员工忠于企业，尽最大的努力保证生产的顺利进行和产品的高质量等，都需要企业为员工提供如内部选拔、终身就业保障等一系列的人力资源管理模式。

二 员工招聘

1. 员工招聘考虑的因素

汽车维修企业生意兴隆或业务发展时，要面临招聘新员工的问题。招聘新员工要考虑到增加的业务能否满足新增员工的工资和福利。因为对大多数汽车维修企业来说，劳动力报酬是企业最大的固定支出。企业忙的时候，需要足够多的修理工为客户服务，而在维修淡季，开工资给无事可做的修理工对企业老板来说也不是一件轻松的事情。因此，员工招聘要考虑以下几个因素。

（1）确实需要　无论从长期还是短期来考虑，招聘的员工对企业的经营情况都会有很大帮助，不是可有可无的。坚持少而精，宁缺毋滥是员工招聘的基本原则。

（2）职位空缺　若有人因辞职或到其他重要岗位上，就需要人员补充上来。第一步应考虑空缺的工作分摊给其他员工是否可行，第二步才应考虑员工招聘。

（3）人才储备 一些关键岗位应有人才储备，否则关键岗位的人员离去对企业的打击将是致命的，这也称为未雨绸缪。

（4）长期发展计划 如果维修企业有长期的发展计划，就应该提前进行人才规划，不能临时抱佛脚。

（5）季节性因素 汽车维修企业业务受季节性因素影响，一般来说，每年春节后的两个月机修是淡季，而钣金喷漆生意不少；夏季空调维修是旺季。在淡季时可能有人要离职，这时企业可以缓一缓，到旺季来临时再招人。

案例

对于季节性的生意兴隆，可以借鉴沃尔玛的做法。美国人平日都很忙，购物人数有限，而一到节假日，人们便纷纷涌入购物中心，几乎所有的沃尔玛商店都人手不够，沃尔玛是如何解决这一问题的呢？每到忙的时候，他们从营运总监、财务总监到各部门主管、办公室秘书，都会换下笔挺的西装，换上工作服，担任收银员、搬运工、迎宾员等，与商场工人一起，投入繁忙紧张的工作中。

2. 员工招聘途径

员工招聘途径可选择外部招聘和内部选拔相结合的方法。内部选拔就是将企业内部优秀的人才选拔到空缺岗位上，但此种方法受人员来源等条件限制，企业更多的是采用外部招聘。

（1）传统招聘 传统招聘常采用以下方法。

1）熟人介绍。一般由企业现有员工或与企业有业务来往的人员（如驾驶人或车队负责人的亲戚或朋友）介绍。

2）挖人才。到同类企业中利用某些优惠条件吸引人才。有时从其他企业挖到的人才还会带过来原单位下属人员。

传统的招聘方法简单实用，但也有一些不足之处，对企业的长期发展可能会存在如下一些隐患。

1）容易形成帮派。人与人之间都是有感情的，这本无可非议，但如果形成比较密切的“私人关系”，再加上某些利益关系，久而久之就会形成一些帮派，给企业的工作带来阻力，若他们内外勾结就会伤害企业的根本利益。

2）制约机制丧失。一些相互制约的职位，如质量检验员和维修工，采购员和仓库保管员，由于关系密切或来自同一个企业，可能导致制约机制的丧失。

3）人员不稳定。采用挖人才的方式招聘来的员工可能会被其他企业用更优惠的条件挖走，这样就会影响企业的正常经营。

（2）公开招聘 公开招聘时可采用如下几种形式。

1）采用网站、抖音、快手、电台、广播等方式刊登广告。这种方式宣传力度大，人员来源广，选择余地大，有利于找到优秀人才。

2）直接到学校招聘。这样招聘来的员工易于管理，有上进心，思想素质较高，厂规厂纪、工作职责、工作流程等可以从零开始培训，避免了从社会招聘来的人员所具有的一些不良习惯或作风。学校从自身利益出发，也很愿意与企业合作，尽量向企业提供关于学生的准确信息。

3）委托中介机构。这样做可以节省企业的人力和物力。

4）张贴海报。这种方式比较适合企业内部招聘。

5）人才市场招聘。

6）在汽车维修微信群、QQ群发布，针对性强，但容易遭到同行的攻击。

3. 员工招聘原则

1）要本着“直接选，越级聘”的原则，即选聘一岗位人员，选择权归这个岗位的直接上级，而聘用权则归其上级的上级。这样做的目的主要是建立用人方面的相互制约机制。

2）做到合理化、科学化，给所有竞聘人员提供公平竞争的机会。

4. 员工招聘程序

1）企业用人部门根据业务发展需求情况，提出需招聘岗位名称、人员基本要求。

2）人力资源部根据各部门的申请，列出招聘计划，报企业最高管理者批准。

3）发布招聘信息。注明岗位名称、人员要求。

4）人力资源部审查求职表，将一些明显不符合条件的人员筛选掉。选择标准可参考以下三个方面。

① 来企业的目的。想得到更高的工资、负更大的责任、获得更好的培训等都是正常的原因，而如果是原工作太累之类的原因，说明他工作不安心，这样的人可以去掉。

② 工作经历。如果他以前一直从事这项工作，可能在这方面积累了丰富的经验；如果工作岗位变来变去，可能专业技能就不会太强。

③ 工资要求。将他过去的工资信息和他的要求相比较，如果差距太大就没有必要再试了。

5）笔试。主要测试应聘者的基本技能，此种方法不如实践操作测试，但也可反映应聘者的基本水平。

6）面试。面试是一个费时费力的工作。面试时，面试官要根据求职表、笔试的情况选出基本符合条件的人员，与其进行面对面的交谈，客观地了解应聘者的知识水平、工作经验、求职动机、个人素养等情况。面试是双向的，企业在寻找合适的员工，员工也想了解企业，因此，面试时企业应给应聘者一个轻松的环境。

7）录用人员体检。

8）试用。新聘用人员一般需进行3个月的试用期，并签订试用合同。试用期满后，由厂方和试用者双方决定去留。

9）录用、签订劳动合同。试用期结束后，员工所在部门出具试用期表现鉴定意见，试用合格的就可签订正式劳动合同。

5. 劳动合同签订

《中华人民共和国劳动合同法》对劳动合同做了严格的规定，企业应严格执行《中华人民共和国劳动合同法》的规定。劳动合同签订的主要内容如下。

1）建立劳动关系，应当订立书面劳动合同。已建立劳动关系，但未同时订立书面劳动合同的，应当自用工之日起一个月内订立书面劳动合同。用人单位与劳动者在用工前订立劳动合同的，劳动关系应自用工之日起建立。

2）劳动合同期限三个月以上不满一年的，试用期不得超过一个月；劳动合同期限一年以上不满三年的，试用期不得超过两个月；三年以上固定期限和无固定期限的劳动合同，试用期不得超过六个月。

同一用人单位与同一劳动者只能约定一次试用期。以完成一定工作任务为期限的劳动合同或者劳动合同期限不满三个月的，不得约定试用期。试用期包含在劳动合同期限内，劳动合同仅约定试用期的，试用期不成立，该期限为劳动合同期限。

劳动者在试用期的工资不得低于本单位相同岗位最低档工资或者劳动合同约定工资的百分之八十，并不得低于用人单位所在地的最低工资标准。

3）用人单位为劳动者提供专项培训费用，对其进行专业技术培训的，可以与该劳动者订立协议，约定服务期。

劳动者违反服务期约定的，应当按照约定向用人单位支付违约金。违约金的数额不得超过用人单位提供的培训费用。用人单位要求劳动者支付的违约金不得超过服务期尚未履行部分所应分摊的培训费用。

用人单位与劳动者约定服务期的，不影响按照正常的工资调整机制提高劳动者在服务期间的劳动报酬。

4）用人单位应当按照劳动合同约定和国家规定，向劳动者及时足额支付劳动报酬。用人单位安排加班的，应当按照国家有关规定向劳动者支付加班费。

5）劳动合同的解除和终止。用人单位与劳动者协商一致，可以解除劳动合同。劳动者提前30日以书面形式通知用人单位，可以解除劳动合同。劳动者在试用期内提前3日通知用人单位，可以解除劳动合同。

三　员工培训

员工培训工作是企业持续发展的重要保证，更是实施管理的重要补充。企业对员工进行培训是一种投资行为，而不能认为是一种成本支出，员工培训既能提高员工素质，又可增强企业的竞争力。

1. 培训内容

培训主要分为岗前培训、日常培训、定向培训。

（1）岗前培训　岗前培训主要包括职业道德、厂规厂纪培训，此外还应有工作流程、工作职责培训。

（2）日常培训　根据不同岗位、工种、级别，分别进行培训。企业管理人员应培训政策法规、企业管理、市场动态及维修基础知识。维修人员的培训可分为初级工、中级工、高级工。初级工培训汽车构造、汽车维修的基本知识、通用工具的使用、安全操作规程。中级工在初级工培训的基础上，学习汽车的结构原理、汽车故障排除、常修车辆的技术参数、零配件的使用标准、专用工具专用仪器的使用。高级工在中级工培训的基础上，培训汽车零部件质量鉴定、维修质量检验、维修所用原材料的质量鉴定、金属磨损原理，以及机械制图、电路图阅读等。

（3）定向培训　维修企业根据工作的需要，选择有培养前途的员工到专业学校或同行业的优秀企业进行培训，也可安排他们参加行业管理部门组织的培训。

2. 培训形式

培训采用理论和实践相结合的形式，以调动参训人员的兴趣。

3. 考试

考试是检验培训效果的一种有效方式，可分为笔试和实践操作两种。对考试优秀者，要进行一定的物质和精神奖励，以调动全体人员的学习热情。

（1）笔试　维修人员考核基础理论、维修常识、故障排除方法等；业务接待员考核汽车构造、维修基本常识、服务规范等。

（2）实践操作　维修人员考核仪器、工具的使用，故障排除等，考试时可在车上设计几个故障，考核维修人员排除故障的能力及排除故障的思路是否正确。业务接待员考核接待规范、突发事件的处理能力等，考试时可由一人扮成客户，提出一些问题，考核业务接待员的语言、行为技巧等。

案例

丰田汽车公司创造了一整套行之有效的人力资源开发体系，这种体系是一个金字塔形的结构，由四部分组成。

1）与汽车维修职业学院合作，为丰田汽车售后服务培养后备人才。

2）对经销店的员工进行一般维修、业务接待、钣金喷漆的培训，提高员工的基本技能。

3）对经销店的服务经理进行经营管理培训，使经销店有好的效益。

4）举办技能比赛，提高员工学技术的兴趣。

四　工匠精神的培养

工匠精神的培养

“天下大事，必作于细。”在工厂车间，要弘扬工匠精神，精心打磨每一个零部件，生产优质的产品。只有打造更多的精品、优质产品，塑造更多的“中国品牌”，中国经济发展才能进入质量效益时代，中国制造业才能在做大做强中跻身世界前列。

现在汽车维修企业缺少技工人才，不少人包括汽车维修专业毕业的大学生不愿意从事汽车维修工作，企业管理者要重视这一问题，从弘扬“工匠精神”入手，培养“技术精英”。

“工匠精神”的基本内涵包括精益求精、严谨认真、专注、敬业、创新、传承等方面的内容。

一是精益求精的精神。工匠们追求完美，注重细节，为提高产品质量，不惜花费时间精力，孜孜以求；对每件产品、每道工序都凝神聚力、精益求精、追求极致。所谓精益求精，是指已经做得很好了，还要求做得更好，“即使做一颗螺钉也要做到最好”。瑞士手表得以誉满天下、畅销世界、成为经典，靠的就是制表匠们对每一个零部件、每一道工序、每一块手表都精心打磨、专心雕琢的精益精神。

二是严谨认真的精神。工匠们对细节有很高的要求，坚持标准，一丝不苟，不投机取巧，不达要求绝不轻易交货。要树立“没有最好，只有更好”的理念，高标准对待工作，扎扎实实，不放过任何一个细节，坚决拒绝马马虎虎，全力消除“差不多”现象，时时刻刻做好一名“精品工匠”。

三是专注的精神。专注就是内心笃定而着眼于细节的耐心、执着、坚持的精神，这是一切“大国工匠”所必须具备的精神特质。从中外实践经验来看，工匠精神都意味着一种执着，即一种几十年如一日的坚持与韧性。德国除了有人们耳熟能详的奔驰、宝马、奥迪、西门子等知名品牌之外，还有数以千计普通消费者没有听说过的中小企业，它们大部分“术业有专攻”，一旦选定行业，就一门心思扎根下去，心无旁骛，在一个细分产品上不断积累优势，在各自领域成为“领头羊”。

四是敬业的精神。敬业是从业者基于对职业的敬畏和热爱而产生的一种全身心投入的认认真真、尽职尽责的职业精神状态。工匠们对精品执拗地坚持，对专业执着地探索，可能几代人为一种产品不懈追求，耐心、隐忍和毅力是一切手工匠人所必须具备的特质。早在春秋时期，孔子就主张人在一生中始终要“执事敬”“事思敬”“修己以敬”。“执事敬”，是指行事要严肃认真不怠慢；“事思敬”，是指临事要专心致志不懈怠；“修己以敬”，是指加强自身修养保持恭敬谦逊的态度。宋代大思想家朱熹将敬业解释为“专心致志，以事其业”。

五是创新的精神。不断改进设计，不断提升产品和服务，绝不停止追求进步，无论是使用的材料、设计还是生产流程，都在不断完善。“工匠精神”强调执着、坚持、专注甚至是陶醉、痴迷，但绝不等同于因循守旧、拘泥一格的“匠气”，其中包括追求突破、追求革新的创新内蕴。这意味着，工匠必须把“匠心”融入生产的每个环节，既要对职业有敬畏、对质量够精准，又要富有追求突破、追求革新的创新活力。

六是传承的精神。工匠们热爱自己所做的事，不断改善自己的工艺，将自己的手艺、工艺传承下去，使手艺、工艺在传承的过程得到升华、提高。

只有在汽车维修方面培养更多具有精益求精、严谨认真、专注、敬业、创新、传承精神的汽车维修工匠，汽车维修行业才能更好地发展。

学习任务三　激励机制、绩效考核和薪酬管理

一　激励机制

企业用适当的诱因去满足员工的需要，可以激励起员工的工作积极性，提高其工作效率。激励机制包括物质激励和精神激励。

1. 物质激励

物质激励包括以下四方面的内容。

（1）员工工资　员工工资直接反映当前员工的工作绩效。

（2）奖励制度　奖励员工在某一项目或某一时间内的特殊贡献。

（3）福利　福利包括养老保险、法定假日及带薪休假等。

（4）长期激励　长期激励体现员工长期的价值，如配乘用车、分配住房等。

2. 精神激励

精神激励包括以下四方面的内容。

（1）荣誉激励　表彰员工在某一方面的特殊贡献，或表扬突出事迹。荣誉激励应及时，以便收到好的效果。

（2）感情激励　关心员工工作和生活，为员工设计职业生涯规划。

（3）参与激励　让员工参与企业管理，为企业献计献策。

（4）教育激励　提供员工受教育的机会。

二 绩效考核

1. 绩效考核的目的

1）通过绩效考核实施目标管理，保证公司整体目标的实现。

2）公正合理地评价员工的工作业绩，考核结果与绩效工资挂钩以激励员工。

2. 绩效考核的作用

绩效考核的主要作用是引导员工的行为趋向于组织的经营目标，调整员工不规范的行为，以确保既定目标的实现；打破过去某些企业中“干好干坏一个样”“干的不如站的，站的不如看的”“能干的不如能说的”等混乱的工作绩效考核。此外，绩效考核的作用还包括以下几点。

1）让员工清楚上级对他的期望和对他的真实评价。

2）为员工工资和奖金发放提供依据。

3）为员工职务升迁提供依据。

4）为领导者与员工沟通提供一个机会，领导者可及时获得员工的工作信息，为工作改进提供依据。

3. 绩效考核指标

（1）基本指标　绩效考核指标很多，基本指标主要应考虑以下几个方面。

1）工作态度，包括工作责任感、主动性、工作热情。

2）工作质量。

3）出勤率。

4）技术技能。

5）团队合作精神。

（2）服务指标　维修企业绩效考核主要服务指标如下。

1）入厂维修车辆数。

2）销售额（工时费+零部件费）。

3）服务保持率（从服务站买车的客户回本站维修和保养的比例）。

4）零部件的总销售额、内销销售额和外销销售额。

5）零部件在库总额或零部件在库月数。

6）保险车辆续保率。

7）毛利率。

维修企业可以将以上指标或部分目标作为考核指标，对于服务顾问可以考核每名服务顾问创造的销售额、毛利率、保险车辆续保率等，对于修理工可以以班组为单位考核平均每月的入厂维修车辆数、毛利率。

三 薪酬管理

科学合理的薪酬管理是一种动力，将极大地提高员工的工作效率，为服务站创造更大的效益。不良的薪酬管理将挫伤员工积极性，使员工对服务站产生不信任感，影响服务站发展。薪酬管理的基本原则是多劳多得，按劳分配。

1. 维修工人计酬方式

目前，国内汽车维修企业采用的计酬方式主要有按工时计酬、按产值计酬、工资加奖金计酬和保底工资加产值提成计酬四种方式。

（1）按工时计酬

$$月工资=月工时费收入\times提成比例$$

这种分配方式上不封顶，下不保底，员工无最低工资保障，适用于机修工、电工、钣金工，统计时不管材料费为多少，只统计工时费。

（2）按产值计酬

$$月工资=月产值\times提成比例$$

这种分配方式适用于喷漆工。喷漆工因其工种的特殊性，原材料易耗，所以采用全包干的分配方式，即喷漆用的原材料及人工费均由喷漆工承包，然后再与修理厂分成。

此种计酬方式的缺点是喷漆工为降低成本、增加收入，有时会简化工序、偷工减料，如本来应该喷三遍漆，结果只喷了两遍。因此，采用此种计酬方式应加强质量检验，加强过程控制，对因简化工序、偷工减料而造成的返工由喷漆工承担全部返修费用，并进行经济处罚。

（3）工资加奖金计酬

$$月工资=工资+补贴+奖金$$

式中　工资——根据国家规定，分成几个档次，档次要考虑技术级别、工龄等；

补贴——包括工种劳保补贴、午餐补贴等；

奖金——按服务站规定提取奖金。

此种计酬方式一般为国营服务站所采用。

（4）保底工资加产值提成计酬

$$月工资=保底工资+产值(或利润)提成$$

采用此种计酬方式的员工有最低工资保障。

以上几种分配方式的提成比例由厂方根据提供的生产条件、设备水平及当地维修市场的行情而定。

案例

某汽车维修企业工资发放早期实行按工时计酬，激励作用很大。统计工时有统一的工时定额标准，员工都愿意抢活干。但运行一段时间后发现员工愿意干保养、大修之类的活，而对疑难故障或检查异响之类的活却不愿干。为什么呢？疑难故障或检查异响要费很长时间诊断查找，找到故障后可能只紧紧螺钉或换个零部件，工时费很低，所以大家谁也不愿意干，就算逼着干也是简单应付。疑难故障排除能力是检验企业技术水平最重要的指标，员工都不愿意干势必影响服务站声誉。于是，企业重新设置了疑难故障或检查异响工时标准，按实际工作量计算，疑难故障排除根据具体情况奖励一定数量的工时。这样极大地调动了员工学习技术的热情。

2. 管理人员计酬方式

管理人员计酬方式分为按工人平均工资计酬、月度绩效考核和年薪制三种。

(1) 按工人平均工资计酬　一般管理人员按工人平均工资发放，部门负责人按工人平均工资乘以系数计酬，不同级别的管理人员可选定不同的系数。在此基础上，为提高管理人员的责任心，年底按效益情况再发放一定数额的奖金。

(2) 月度绩效考核　采用此种考核方式需要制定月度考核目标，包括收入、利润、返修率和客户满意度等。每个月根据目标完成情况发放工资。

(3) 年薪制　采用此种计酬方式的人员为企业的高层管理人员、有专门技术或较高业务水平的管理人员。

案例

案例 1：某 4S 店实行年薪制，年薪组成结构为

年薪=岗职工资+绩效考核工资+福利补贴

公司根据不同岗位和工作职务确定其岗职工资，岗职工资为按月发放的固定收入，福利补贴是公司节假日等给予管理人员的福利慰问金（或礼品），此两项不纳入管理人员绩效考核之内。年薪分阶段发放，即按月发放部分和年终发放部分，具体为

月收入=月度岗位工资+月度绩效考核工资

年终收入=年度绩效考核工资

1）公司对服务经理和服务顾问的考核以年度和季度为单位：月度未完成任务者，但完成季度总体任务，则视为完成所属季度的任务；季度未完成任务者，但完成全年总体任务，则视为完成年度任务。

2）服务经理和服务顾问设置不同的年薪档级，年薪按 12 个月平均分解，分解后的年薪由两部分组成：70%为月度绩效考核工资（月均年薪），30%为年度绩效考核工资。具体考核办法如下。

① 完成当月任务者，全额享受 70%部分；未完成当月任务者，按完成比率计算当月所得绩效考核工资。

② 未完成当月任务但完成季度任务者，全额享受本季度 70%部分；季度任务完成后的超额部分自动计入下一季度的完成额。

③ 完成年度任务者，则全额享受年薪的 30%部分；未完成年度任务者，则按完成比率计算年度绩效考核工资。

3）计算公式。

月度绩效考核工资=月度任务完成率×年薪÷12×70%

月收入=月度岗位工资+月度绩效考核工资

年度绩效考核工资=年度任务完成率×年薪×30%

年终收入=年度绩效考核工资

案例 2：下面以某汽车 4S 店售后服务的绩效考核为例，说明服务指标具体的考核方法。

售后服务设立了维修总目标，见表 3-1。

表 3-1 维修总目标

目标分解																				
人员信息			入厂台次						工时收入				零部件材料收入							总收入
序号	职位名称	姓名	一般修理	钣喷维修	保修修理	PDS	免费检查	总台次	一般工时	钣喷工时	保修工时	总工时	一般零部件	钣喷零部件	保修零部件	总零部件	一般收入	钣喷收入	保修收入	
1	前台主管																			
2	索赔员																			
3	服务顾问																			
4	服务顾问																			
5	服务顾问																			
合计																				

精品和续保总目标见表 3-2。

表 3-2 精品和续保总目标

人员信息			精品薪酬	续保薪酬	
序号	职位名称	姓名	精品值	续保数	续保值
1	前台主管				
2	保修专员				
3	服务顾问				
4	服务顾问				
5	服务顾问				
合计					

考核分为服务顾问、机修工、钣金工和喷漆工，服务顾问绩效考核见表 3-3，提成比例是台次提成的为每台次 1 元，产值提成的系数为 0.01，精品值提成的系数为 0.06，续保值提成的系数为 0.05。

表 3-3 服务顾问绩效考核

人员信息			本职业务薪酬			精品薪酬		续保薪酬			总薪酬
序号	职位名称	姓名	基本工资	台次提成	产值提成	精品值	提成	续保数	续保值	提成	
1	前台主管										
2	保修专员										
3	服务顾问										
4	服务顾问										
5	服务顾问										

机修工绩效考核见表3-4，工时提成比例为0.1，零部件提成比例为0.01。

表3-4 机修工绩效考核

班组	姓名	基本工资	完成台数	工时产值	零部件产值	总产值	工时提成	零部件提成	总提成	总工资
一班	班长									
	组员									
二班	班长									
	组员									
三班	班长									
	组员									
四班	班长									
	组员									
五班	班长									
	组员									

钣金工绩效考核见表3-5。

表3-5 钣金工绩效考核

班组	技师	基本工资	完成台数	实收工时费	绩效工资	总工资
一班						
二班						
合计						

喷漆工绩效考核见表3-6。

表3-6 喷漆工绩效考核

班组	技师	基本工资	完成台数	完成平方数量	实收工时费	材料成本	毛利	成本/m^2	绩效工资	合计
一班										
二班										
合计										

案例3：某4S店服务经理绩效考核如下。

1. 绩效考核项目内容

考核内容主要包括两部分：一部分是经营目标绩效考核；另一部分是客户满意度（CSI）绩效考核。

2. 经营目标绩效考核

根据上一年度实际值，结合本年度实际情况确定年度绩效考核目标，并将年度目标分解，考核月度经营目标。

经营目标绩效主要考核毛利目标的达成率，包括毛利目标达成绩效与毛利目标超额绩效两部分。

经营目标绩效=毛利目标达成绩效+毛利目标超额绩效=毛利目标×达成奖提成系数+(毛利实绩−毛利目标)×超额提成系数(达成奖提成系数或超额提成系数)，各个店可以根据各自单位不同情况确定。例如，某4S店的系数见表3-7。

表3-7　某4S店的系数

毛利目标达成率	0~100%	101%~109%	110%~119%	120%及以上
达成奖或超额提成系数	1.5%	2.5%	3.0%	3.5%

绩效考核必须按月发放，4S店总经理可结合店内实际情况，适当调整每月基本目标。经销店原有的其他单项考核，如续保、精品等，经销店均可正常发放或自行调整。

如果毛利目标达成率在95%~99%，经销店可先给服务经理发放毛利目标达成绩效，在下月或季度内完成总体的毛利目标，补充该月毛利达到100%后，剩余部分再按正常的绩效考核进行计算；假如下月或季度内未完成总体的毛利目标，此部分绩效在下月或下季度再扣除，如果未100%达成第1季度总体毛利目标，并且第3个月的毛利目标达成率很低或出现异常，会在第2季度绩效考核时做相应扣除。

3. 客户满意度绩效考核

每季度设定各店的客户满意度排名目标，根据经销店实际排名和提升幅度给予相应奖励。

思考题

1. 组织机构设置的原则和方法是什么？
2. 什么是人力资源规划？人力资源规划的原则和内容是什么？
3. 绩效考核的作用是什么？
4. 激励机制包括哪些内容？
5. 维修工人计酬方式有哪些？请具体说明。
6. “工匠精神”的基本内涵包括哪些方面的内容？

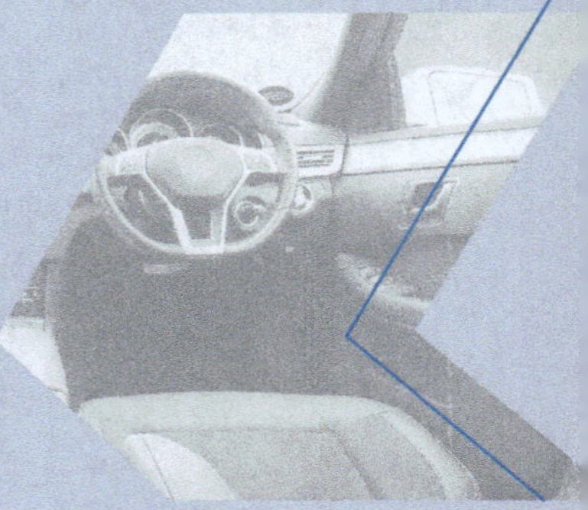

模块四 服务规范和服务流程

问题导入：

未来企业间的竞争，说到底都是服务的竞争。服务竞争将成为汽车市场新的竞争目标，追求“差异化”服务是打造竞争优势的战略选择。

中华民族素来是文明礼仪之邦，孔子说：“不学礼，无以立。”这就是说一个人要有所成就，就必须从学礼开始。做企业也是一样，要礼貌待客，规范服务。那么，汽车维修企业应有哪些服务规范和服务流程呢？

学习目标：

1. 掌握“文明用语，礼貌待客”的内容
2. 掌握服务流程
3. 掌握预约、接待、维修、质检、交车和跟踪服务的要点

素质目标：

1. 培养文明、和谐、诚实、友善的工作态度
2. 培养爱岗敬业的工匠精神

学习任务一 服务规范

一 文明用语，礼貌待客

文明用语

接待客户要文明用语，待客的整个过程要显示出热情、礼貌和文明，让客户有“宾至如归”的切身体验，感受到温暖、亲切和礼遇，高兴而来，满意而去。

汽车维修企业常见服务用语如下。

1）接电话时，首先说“您好”。

2）要求客户提供证件或询问时，要“请”字在先，结束时说“谢谢您”。

3）表示歉意时，要说“很抱歉”“对不起”。

4）客户表示谢意时，应回答“别客气”。

5）在办理业务中，因某种原因需暂时离开或暂停一下，应向客户说“对不起，请稍候”。

6）若因故离开岗位，回来后应向客户说“对不起，让您久等了”。

7）共用语：“您好”“请”“谢谢”“对不起”“请原谅”“很抱歉”“别客气”“没关

系”“欢迎光临”“请多提宝贵意见”“让您久等了”“谢谢合作”“欢迎再来”“再见”。

二 身体语言规范

服务规范

1）眼神诚实自信。

2）走路抬头挺胸。

3）手臂摆动得体自然，不做作。

4）面部肌肉放松，不紧张。

5）表情友好和善。

6）与人交谈对视时让人感到自在。

7）与客户保持合适的距离，应不远不近。

8）与客户谈话时身体略微前倾，不要双臂交叉放在胸前。

9）谈话时充满兴致。

10）移动身体自然，不别扭，不随意。

三 微笑服务规范

微笑服务是业务接待的基本服务手段。

1）与客户交谈时要保持微笑。

2）客户不满意时要保持微笑。

3）电话服务时也要微笑，让客户感觉到你在微笑。

四 仪表形象规范

1）服装整洁、得体。

2）整体修饰职业化。

3）头发长短合适，不怪异。

4）牙齿清洁、指甲干净。

5）皮鞋擦亮。

6）气味清新。

7）女工作人员要化妆得体，不浓妆艳抹。

五 电话服务规范

据说一个人对另一个人的印象取决于见面的前 3 秒，而在电话里接待员问候客户的方式决定了客户对本企业的感觉。因此，企业的电话服务规范应统一，不应一人一个样。

1. 接听电话

1）铃响三声应接听。三声之后，客户耐心就会减退，甚至对企业产生怀疑。

2）问候来电者，可用“您好”“早上好”等。

3）自报单位，也可以报上自己的名字。

4）询问客户需要什么帮助。

接听电话，可以说："您好！××汽车维修厂，我能为您做些什么？"

2. 如何让客户等候

客户询问的事情或找的人需等待时，要妥善处理。

1）告诉客户需等待的原因，如配件需查询，找的服务顾问不在等。

2）告诉客户大约需要等待的时间。

3）时间长可以稍后给客户回电话。

4）向客户表示感谢。

3. 记录电话

企业应建立电话记录，不可随意找一张纸记录，否则过后容易遗忘，不知丢到了什么地方，那样会很误事。电话记录应包括如下内容。

1）客户姓名、电话或手机号。

2）时间。

3）电话内容。

4）若需外出服务，应详细记录地址、车号、车的颜色、故障现象等。

4. 结束电话

1）重复电话记录的主要内容。

2）结束电话时，务必感谢来电或抱歉打扰，这会给客户留下良好印象。

3）让客户先挂断电话。

4）立即落实电话记录。

六 与客户交谈规范

（1）态度真诚　谈话态度应真挚、稳重、热情，不可冷淡、傲慢。

（2）精神专注　专注是对人的一种尊重，交谈时不可东张西望、心不在焉。

（3）语言得体　语言应简洁明了，不要含糊其辞或啰唆。

（4）内容适宜　谈话内容应是有益的，不要谈及对方反感的话题。

（5）谦恭适度　谈话要谦虚，适当地赞扬对方也是可以的，但不可溜须拍马，曲意逢迎。

学习任务二 服务流程

预约

服务流程包括预约、接待、维修、质量检验、交车和跟踪。

一 预约

1. 预约的好处

预约是汽车维修服务流程的第一个重要环节，因为它构成了与客户的第一次接触，从而也就提供了立即与客户建立良好关系的机会。至于是通过电话预约还是其他方式预约，形式并不重要。预约还有以下好处。

1）可以缩短客户等待时间，保证客户按约定的时间取车，从而减少客户抱怨。

2）可以非常准确地提高车间的设备利用率，减少设备空闲时间。

3）可以对接受的汽车维修订单进行时间安排，削峰填谷。

4）可以及时订购配件，减少配件库存。

2. 预约服务流程

预约服务流程如图 4-1 所示。

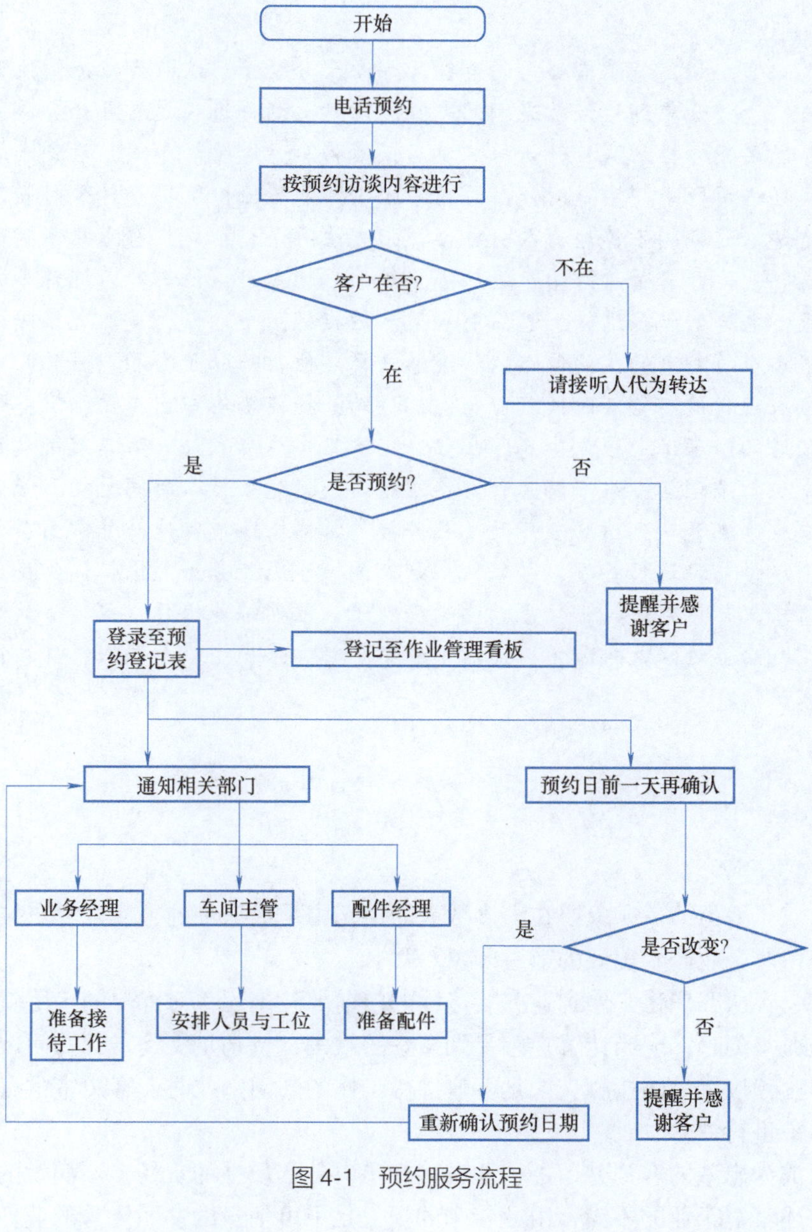

图 4-1　预约服务流程

3. 预约实施规范

1）车辆保养电话预约应在保养前一周进行，信函预约应在保养前两周进行。

2）对预约的客户应做好记录，并通知车间、配件部门。

3）对预约的客户要预留工位、配件和维修人员。

4）预约日前一天再提醒客户。

4. 预约服务应注意的问题

进行预约时一个重要的基本原则是，每天都为未预约的客户和所谓的“紧急情况”保留一定的生产能力。

案例

张先生是一家小型建筑装潢公司的老板，生意十分繁忙。这两天他感觉他开的轿车加速时有些发抖，于是开车到他经常光顾的一家维修站。刚一进门就看见业务接待桌前围了很多人，他等了半天才排上队。开好派工单后，他将车开进维修车间，看到车间里车辆满满的，车间主任告诉他来得不是时候，再有半小时才能给他检修，而什么时候能修好车间主任也说不清楚。这期间不停地有人打电话找张先生有事，张先生有点儿不耐烦了，决定不修了，就这样，他开着带故障的车返回了单位。一连几天，他都开着这辆车办事，虽然有点儿不舒服，也只好勉强这样。忽然有一天，他接到一个电话，是他曾经去过的另外一家修理厂的服务人员打来的，问他车辆状况怎么样。他把一肚子委屈一股脑儿地向服务人员倾诉，服务人员说他有空的时候可以与他们预约，提前给他留出工位，准备好可能用到的配件和手艺好的修理工。张先生想了想，决定次日早晨9点去。第二天早晨8点，服务人员就给张先生打来电话，说一切工作准备就绪，问张先生什么时间赴约，张先生说准时到达。当张先生9点开车到达修理厂时，业务接待员热情地接待他，并拿出早已准备好的维修委托书，请张先生过目签字，并领他来到车间。车间业务虽然很忙，但早已为他准备好了工位和维修工。维修工是一位很精明的小伙子，他熟练地操作仪器检查故障，最后更换了四个火花塞后，故障就排除了，前后不到半小时。张先生很是高兴，从此他成为这家修理厂的老客户。

二 接待

1. 接待的重要性

接待

因为第一印象留在大多数人的记忆中是最深刻的，所以客户接待应当使客户对企业产生美好的第一印象。

从客户将车停到业务接待厅的门前那一刻起，对客户的接待就开始了。从那一刻起，应当让客户感受到友好的氛围，特别是受到友好的问候。接下来与业务接待员的接触交谈是客户接待工作的高潮。此时，客户常常有意识或无意识地对企业形象进行评价。

客户是否成为忠诚的客户并留下，业务接待员有着实质性的责任。不满意的客户会在熟人当中到处讲述其对企业的不满，由此带来的损失是不可估量的。而优秀的业务接待员可以化解客户的不满，挽回由于客户不满而带来的损失，从而为企业创造更大的效益。

接待时应做到以下几点。

1）使客户满意的前提是与客户进行良好的交谈，其中包括认真听取客户意见、提出问题、解释关联性问题，以及为客户提供良好的、专业化的咨询。

2）业务接待员有必要与客户一起检查车辆，若需要用举升机举起车辆，业务接待员也有必要一起陪同。这样可以拉近与客户的距离，从而赢得客户的信任。永远记住，对于大多数客户来说，车辆具有很高的精神和物质价值，而且常常是其财产的重要组成部分。

3）使客户相信并理解即将进行的维修工作的必要性和重要性。因为客户在送修之前几乎总是看到缺点，如工时费用高、配件费用高、送车和取车费时，以及修车时无车可开等，而业务接待员的任务就是赢得客户的信任。

2. 接待服务流程

接待服务流程如图 4-2 所示。

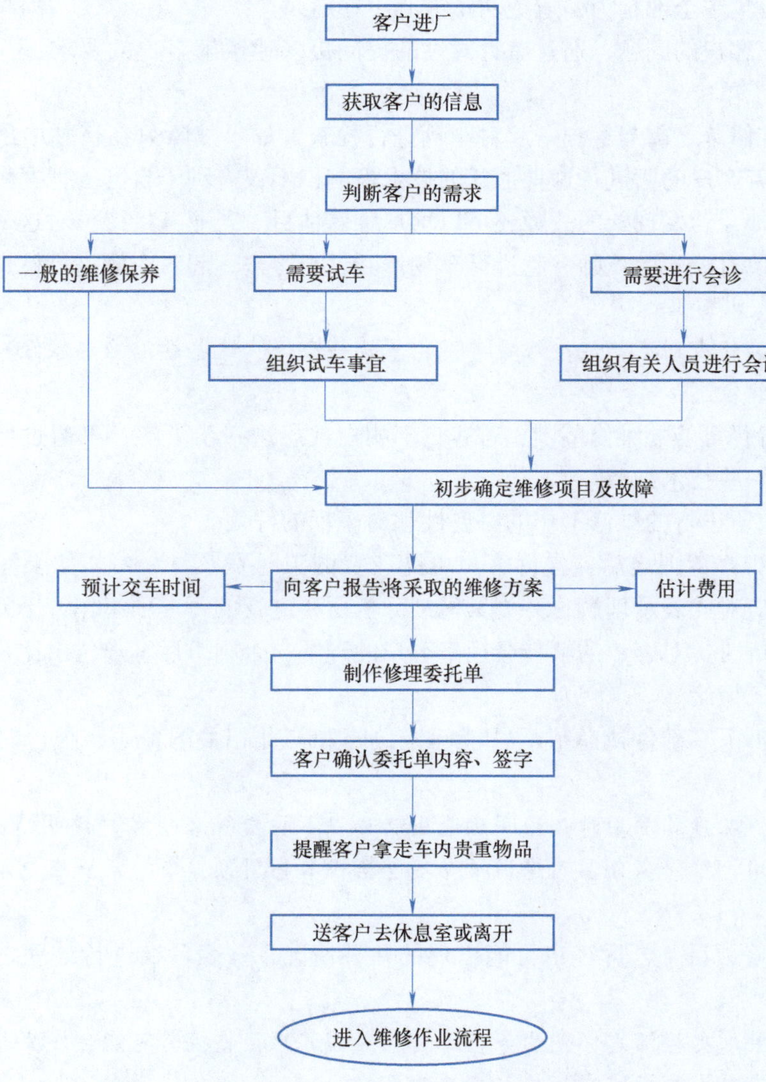

图 4-2　接待服务流程

3. 接待实施规范

1）业务接待员要亲自进行客户接待工作，不能因为工作忙，就叫其他人员（如维修人员）代替，这样会让客户感到不受重视，客户会对企业产生不信任感。

2）业务接待员需将胸牌戴在显眼的位置，以便客户知道在与谁打交道。这样有利于增加信任。

3）接待时应直接称呼客户的职务（如王经理、李老板等），这样客户感到受重视，同时也显得亲切。

4）接待的客户可分为预约客户、未预约客户。

① 预约客户。取出已准备好的维修单和客户档案，陪同客户进入维修区。这样，客户感到对他的预约十分重视，他对接待这一环节会比较满意。

② 未预约客户。仔细询问后，按接待规范进行登记。

5）接待时应集中全部精力，避免匆忙或心不在焉。

6）认真听取客户的问题，通过有针对性的提问更多地了解客户的要求，并将所有重要的信息记录在派工单中。

7）在填写维修单之前与客户一起对车辆进行检查，如果故障只在行驶中出现，应与客户一起试车。当着客户的面进行这种形式的技术检测，不仅有利于自己的把握程度，而且可避免不信任。另外，若发现新的故障还可以增加维修项目。若业务接待员对这一故障没有把握，也可以请一位有经验的技师一起进行车辆诊断。与客户一起对车辆进行检查时，还应查看车辆是否存在某些缺陷。

例如，车身某处有划痕，某个灯破碎，轮罩缺一个等，这些缺陷应在维修单上注明，避免出现不必要的纠纷。

8）向客户解释可能的维修范围，若客户不明白或想进一步了解，可通过易于理解的实例来形象地解释一些技术细节。

9）告诉客户所进行的维修工作的必要性和对车辆的好处。

10）在确定维修范围之后，告诉客户可能花费的工时费及材料费。如果客户对费用感到吃惊或不满，应对此表示理解，并为其仔细分析所要进行的每一项工作，千万不要不理睬或讽刺挖苦。接待时，对客户的解释会换来客户的理解，否则事后客户付出比预想的情况更多的钱会产生不满情绪。

如果只有在拆下零部件或总成后才能确定故障和与此相关的费用，报价时就应当特别谨慎。

这种情况下，在预算费用时必须明确地用诸如以下的措辞来向客户说明情况：“以上是大修发动机的费用，维修离合器的费用核算不包括在本费用预算中，只能在发动机拆下后才能确定。”

11）分析维修项目，告诉客户可能出现的几种情况，并表示在进行处理之前会事先征得他的同意。

例如，客户要求更换活塞环，业务接待员应提醒客户，更换时可能会发生气缸磨损。拆下缸盖后应将检查结果告诉客户，并征求其意见。

12）业务接待员要写出或打印出维修单，经与客户沟通确认能满足其要求后，请客户在维修单上签名确认。

13）提醒客户将车上的贵重物品拿走。

14）请客户到客户休息区休息或与客户道别，并向客户说一声“谢谢”“再见”。

案例

W 先生是一家外资企业的高级经理，他买了一辆帕萨特轿车。有一天，车的左前门不小心被划伤了，他开到一家修理厂进行维修。业务接待员热情地接待了他，详细记录了车的损伤情况，并且绕车仔细检查了其他部位，发现右前翼子板有道划痕，征求 W 先生的意见：是否一起修理。W 先生感到很惊奇，由于忙于工作，还没有注意到。他问业务接待员需要多少钱，业务接待员告诉他需要 100 元，W 先生愉快地接受了。优良的接待既让客户感到满意，又让企业增加了收入。

三 维修

维修

1. 维修的重要性

维修作业是维修企业的核心环节，维修企业的经营业绩和车辆维修质量主要由此环节决定，因此做好维修工作十分重要。

2. 维修工作流程

维修工作流程如图 4-3 所示。

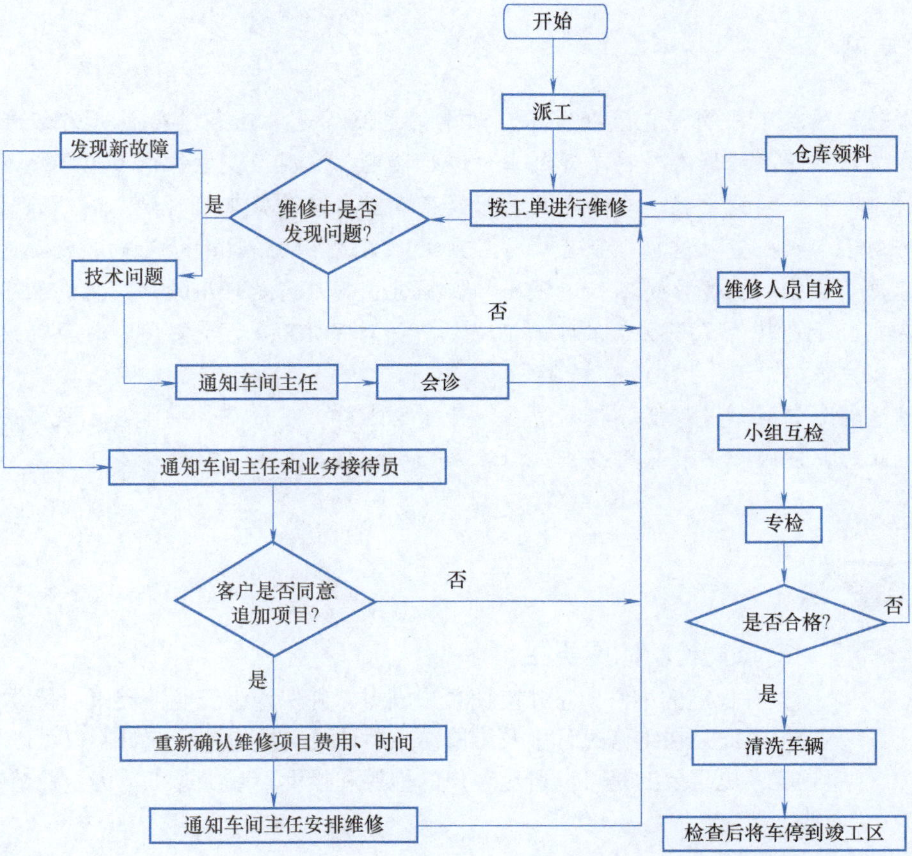

图 4-3　维修工作流程

3. 维修服务规范

1）维修人员要保持良好的职业形象，穿着统一的工作服和安全鞋。

2）作业时要使用座椅套、脚垫、翼子板保护被、转向盘套、变速杆套等必要的保护装置。

3）不可在客户车内吸烟、听音响、使用电话等与维修无关的工作。

4）作业时车辆要整齐摆放在车间。

5）时刻保持地面、工具柜、工作台、工具等整齐清洁。

6）作业时工具、油水、拆卸的部件及领用的新件不能摆放在地面上。

7）正确使用专用工具和专用仪器，不能野蛮作业。

8）在维修、保养过程中，发现新故障时，维修人员要及时报告车间主任，通知客户，并由客户签名确认。

9）维修人员要保证在预期的时间内完成，如果认为可以提前或延迟完工要报告车间主任，以便车间主任通知业务接待员与客户联系。

10）作业完毕后将车内的旧件、工具、垃圾等收拾干净。

11）将更换下来的旧件放在规定位置，以便客户带走。

12）将座椅、转向盘、后视镜等调至原来位置。如果拆卸过蓄电池电缆，收音机、电子钟等的存储就已被抹掉，应重新恢复。工作时一定要注意这些工作细节。

案例

某修理厂接收了一辆雷克萨斯轿车，该车蓄电池亏电。业务接待员开好维修作业单后，客户就离开了。维修人员将车开到工位进行检查，发现是发电机调节器损坏，打电话与客户联系，客户同意更换。车一会儿就修好了。当客户来提车的时候，向厂长反映车的音响不好用了。经检查，这辆车带音响防盗系统，从现在的情况看是音响锁死了。维修人员询问客户音响密码，客户说不知道密码，但知道音响以前是好用的。厂里的人不知道怎样解开密码，于是聘请了一位专家解开了密码，并付了1000元劳务费。由于耽误了客户的时间，客户很不满意。

总结这件事的教训是：业务接待员在断开蓄电池前，应检查音响是否已被锁死，若已锁死，应向客户反映；若没锁死，应询问客户音响密码；在无密码的情况下，不应断开蓄电池电缆。

四 质量检验

质量检验

1. 质量检验的重要性

只有稳定的维修质量才能使客户满意，并保障维修业务健康、持续、稳定的发展。因此，在维修过程中及维修结束后认真对质量进行监督不仅可以保证客户满意度，更重要的是可以避免客户的抱怨和投诉，减少返工，为企业节省时间和金钱。

2. 质量检验服务流程

质量检验服务流程如图4-4所示。

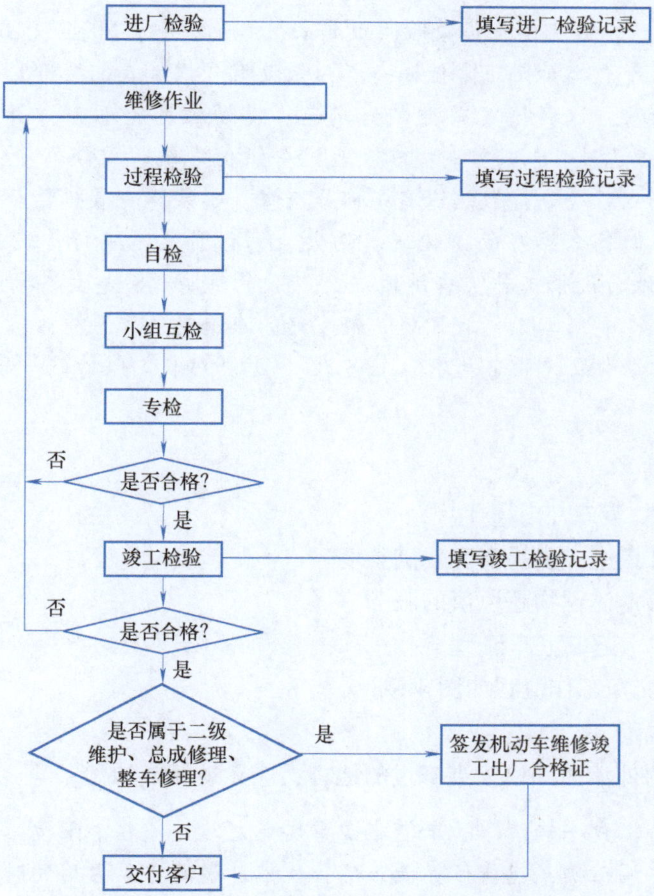

图 4-4 质量检验服务流程

3. 质量检验实施规范

1）维修质量实行自检、互检和专检相结合的质量检验制度。维修人员负责对维修质量的自检，各作业班组负责本班组维修质量的互检，专职质量检验员全面负责竣工车辆的质量把关工作，维修工作结束后专职质量检验员要对车辆性能进行终检。

2）检查维修单的所有维修项目是否均已完成，且100%达到质量要求。

3）汽车维修完毕后，自检、互检和竣工检验质量检验员应在维修单上签字确认。

4）检验不合格的维修汽车，应及时通知车间返工/返修，并填写“返工/返修记录单”。

5）质量检验应贯穿于维修的全过程，零部件在发放前应进行检验，若发现不合格品，坚决不能发放。维修人员在维修过程中如果发现不合格配件，要及时向车间主任报告，在确认不合格后，退回配件库。退回配件库的配件要做好标识、记录。

案例

S先生是一位非常急躁的人，这天他的越野车发动机“开锅”了，经检查是发动机气缸垫冲坏了。S先生下午1点还要到200km外的地方谈一笔大生意，因此他希望在这之前将车修好。现在是上午9点，更换气缸垫的时间是绰绰有余的，我们答应了S先生的要求。

S先生办其他事去了，我们马上抓紧时间干起来，一切顺利，11点20分气缸垫更换完毕。试车感觉冷却液温度表指示比正常值高一点，但没有开锅。我们经过紧张的检查，分析是散热器有小部分堵塞，这种情况若控制好车速，发动机可能不会“开锅”，但万一“开锅”呢？这时12点已过，S先生来提车，我们告诉他气缸垫更换好了，但冷却液温度表指示比正常值高一点，检查是散热器有小部分堵塞，拆装清洗散热器至少需要2h。S先生一听就急了：“你们怎么答应的，耽误我的大生意谁负责？不行，我先开车走，回来再修。”我们耐心地做着说服工作，告诉他这样行驶的危害。S先生终于同意了，并联系了另外一辆车去谈生意。第二天，我们将一辆完好的车辆交给了S先生，并再次向他表示歉意。S先生的一句“带故障的车是不能上路的”，也算对我们坚持这一原则的肯定。

五 交车

交车

1. 交车的重要性

1）进一步提高客户满意度。

2）体现物超所值的服务。

2. 交车工作流程

交车工作流程如图4-5所示。

3. 交车实施规范

1）确保车辆内外清洁，检查维修过的地方，应无损坏或油污。

注意：交付给客户一辆洁净的车辆非常重要，尤其是一些小细节，如烟灰盒里的烟灰必须倒掉，时钟要调正确，座椅位置调正确，汽车外观的保养占用的时间虽然很少，但是却事半功倍。

客户可以由此明显地感到你对他的汽车进行了处理，第一眼印象往往是最重要的，使人念念不忘。因此记住：正是那些并非为客户所期待的“额外的举手之劳”，反而常常会在很大程度上增加客户满意度。

2）检查交车时间、费用、实际维修项目是否与维修单上的项目相符。

3）确认工作单上的项目已完成。

4）业务接待员审验完维修单后，将维修单送交收款员处核算。

5）收款员检查料单和其他凭证（如外部维修加工单等）是否齐全，检查出库的材料是否与订单要求的维修范围一致。

6）在客户取车的时候，原来接车的业务接待员应尽可能亲自领客户看一下维修完毕的车辆，尽可能地使客户每次取车的经历都变成一次积极的体验，要使客户感觉到他的汽车现在又完全正常了，并使他确信选择这家维修厂进行车辆维修的决定是正确的，并尽可能说明免费为客户进行的项目。

例如：

“驻车制动器操纵杆行程太大了，可能会导致驻车制动器失效，我们已给您调整好了。”

“空调的排水管堵塞了，我们已疏通好了。若不疏通，再有一两天水就该流入驾驶室地板了。”

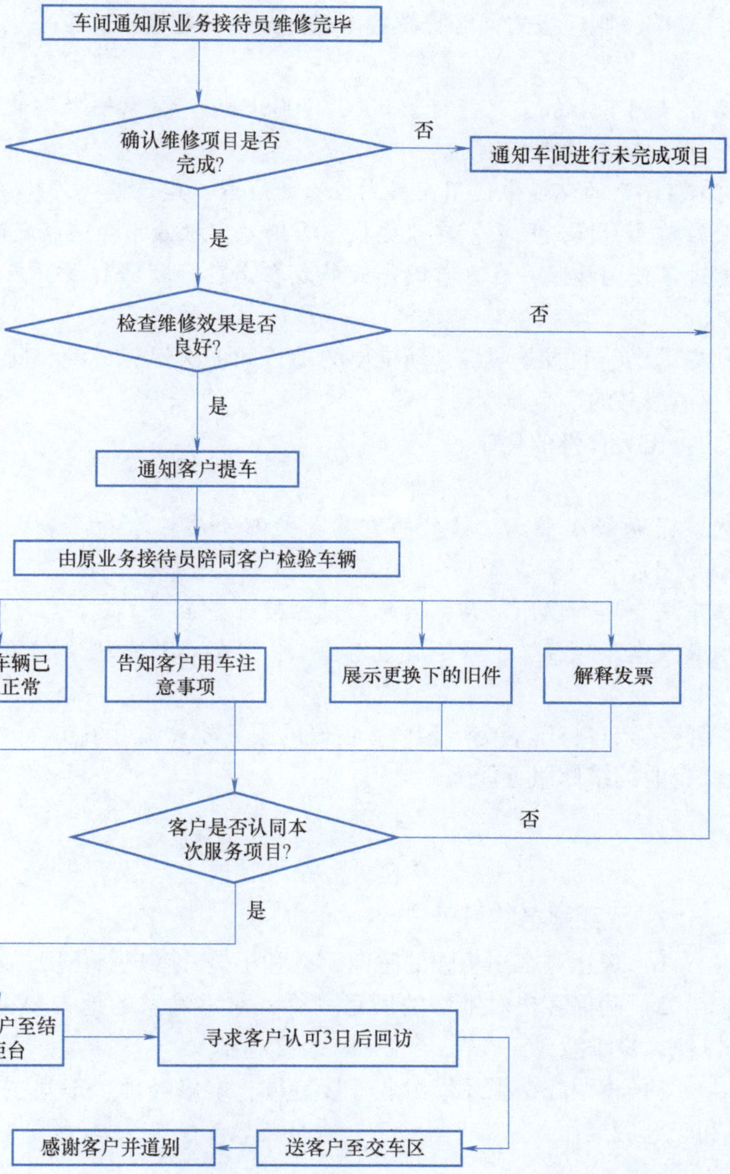

图 4-5 交车工作流程

另外，也可当面展示给客户一点额外的关怀。

例如：

给“吱吱”作响的车门铰链加油润滑。

调整玻璃清洗液喷嘴角度。

7）向客户逐项解释发票内容，以便让客户了解哪些维修是必要的。此外，借助损坏的零部件来进行说明，这样能对客户的信任产生积极影响，几乎没有比借助损坏的零部件来解释更换配件的必要性这一方式更好的办法了。这也可以避免客户认为对方提供的服务过于昂贵。

8）提醒客户维修过程中发现但未排除的故障。如果可能，还要给出报价。如果发现的故障涉及安全性缺陷，则应极力向客户解释未排除故障的危害。

例如：

“制动摩擦片只剩下4mm，只能行驶6000~7000km，一定记住及时更换，否则制动效果会降低，还会造成制动盘的磨损。”

“防冻液可在-10℃的环境中使用，若到较冷的地方，建议更换。”

“发动机曲轴前油封漏油严重，建议更换，否则缺少机油，会造成发动机损伤。”

“轮胎已超过了使用极限，在冰雪雨雾天气或在山路行驶易打滑，应特别注意，建议尽快更换。”

9）向客户提示当前的服务项目、新推出的项目和下次保养日期，此时容易被客户欣赏和接受，这是超值服务的一个体现。

10）向客户提出关怀性的建议。

例如：

“行李舱内装了两箱矿泉水，额外的重量会使燃油消耗增加，若减少这些重量，估计100km油耗会减少1L。”

“轮胎气压不足会增加燃油消耗，因此您应经常检查胎压。”

“清洗液喷嘴被车蜡堵住了，清洗液喷不出来，我们已将车蜡清除了，以后打蜡时要多注意。”

只有业务接待员亲自将车辆交给客户，良好的服务才算画上了句号。同时，这也会再次向客户展示维修企业的维修服务能力。

六 跟踪

跟踪服务

1. 跟踪服务的好处

1）表达对客户惠顾的感谢，有利于提升客户信任度。

2）确保客户对维修的满意程度，对不满意的地方要采取措施解决问题，以使客户满意。

3）将跟踪结果反馈给业务接待员、维修经理、车间主任等，找出改进工作的措施，以利于今后工作。

2. 跟踪服务流程

跟踪服务流程如图4-6所示。

3. 跟踪服务规范

1）跟踪可通过电话或信件进行，一般通过电话进行。通过电话回访询问客户对维修工作的满意程度时，应在客户取车之后1~3日内进行。电话回访这种形式是一种行之有效的跟踪服务手段。

2）及时将跟踪结果向维修经理汇报，之后维修经理可与客户联系，属服务质量问题的要将车开回进行维修，属服务态度问题的要向客户表示歉意，直至客户满意，这样从预约开始到跟踪结束，就形成了一个闭环。

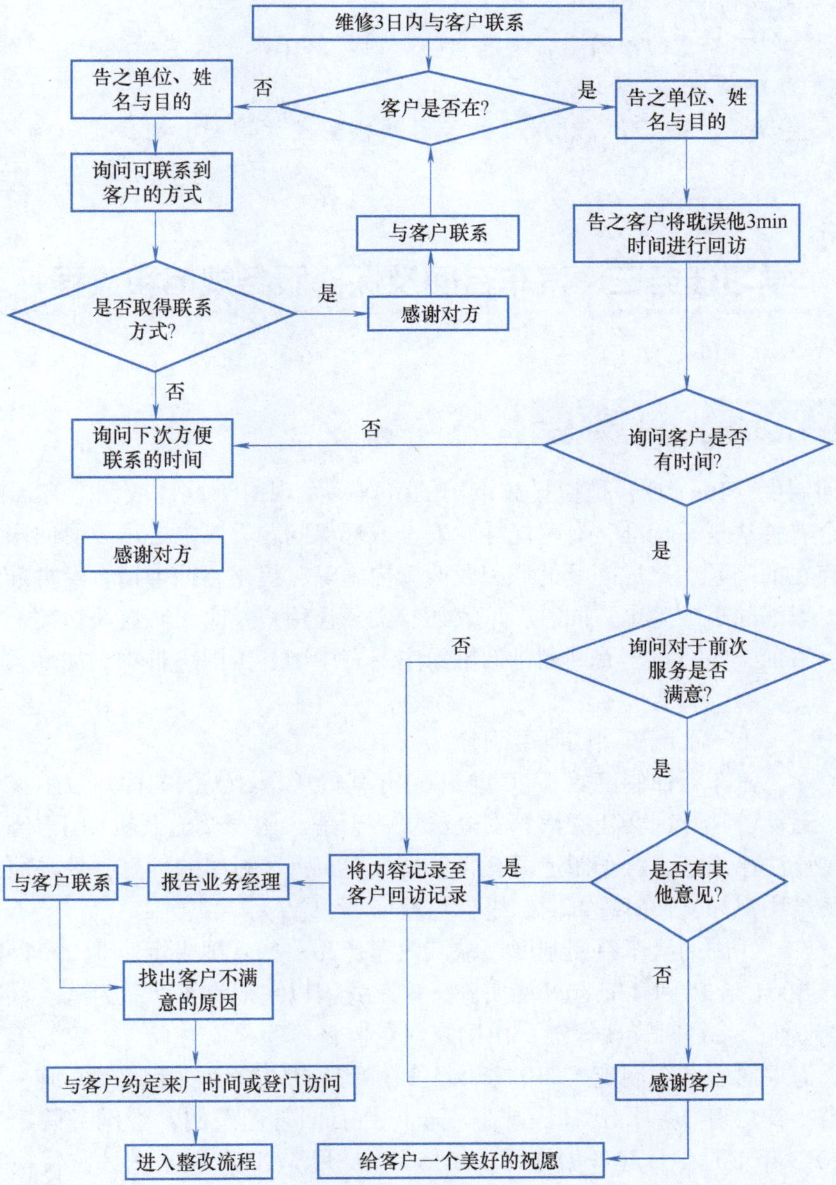

图 4-6　跟踪服务流程

案例

电话跟踪示例

1）简明的自我介绍。介绍要言简意赅，可这样说：“××先生/女士，您好！我是××修理厂的××。”

2）说明来电目的。“这次来电是为了了解您的车最近在我修理厂维修的情况。”

3）提出问题。维修服务是否满意，服务及维修人员态度如何，维修质量如何，对我们企业整体印象如何等。

4）记录客户不满意的原因。将不满意的原因记录下来，并告诉客户："我会将您的意见转告我们经理。"

5）结束谈话。"谢谢您，耽误这么长时间接受我的访问，期待您一如既往地支持我们！"

学习任务三 汽车召回及保修服务规范和流程

一 汽车召回服务规范和流程

汽车召回制度（Recall），是指投放市场的汽车，发现由于设计或制造方面的原因存在缺陷，不符合有关法规、标准，有可能导致安全或环保问题，厂家必须及时向国家有关部门报告该产品存在的问题、造成问题的原因及改善措施等，提出召回申请，经批准后对在用车辆进行改造，以消除事故隐患。同时，厂家还有义务让用户及时了解有关情况，维护消费者的合法权益。目前，实行汽车召回制度的国家主要有中国、美国、日本、加拿大、英国、澳大利亚等。

缺陷汽车产品召回管理条例实施办法

（一）汽车召回制度简介

汽车召回制度始于20世纪60年代的美国，美国的律师拉尔夫·内德发起运动，呼吁国会建立汽车安全法规，于是《国家交通及机动车安全法》诞生。该法律规定，汽车制造商有义务公开发布汽车召回的信息，且必须将情况通报给用户和交通管理部门，进行免费修理。

我国的汽车召回制度《缺陷汽车产品召回管理规定》于2004年3月15日正式发布，自2004年10月1日起开始实施。这是我国以缺陷汽车产品为试点首次实施召回制度，《缺陷汽车产品召回管理规定》由国家质量监督检验检疫总局、国家发展和改革委员会、商务部、海关总署联合制定发布。《缺陷汽车产品召回管理规定》的实施，维护了消费者的合法权益。2012年10月10日《缺陷汽车产品召回管理条例》经国务院第219次常务会议通过，2013年1月1日起开始施行。2015年11月27日，国家质量监督检验检疫总局根据《缺陷汽车产品召回管理条例》公布了《缺陷汽车产品召回管理条例实施办法》，该《办法》于2016年1月1日起正式实施。2020年10月23日国家市场监督管理总局令第31号公布，国家市场监督管理总局对《缺陷汽车产品召回管理条例实施办法》进行了修订。

（二）国内外汽车召回的情况介绍

1. 国外汽车召回的情况介绍

汽车召回在美国、欧洲、日本、韩国等国家和地区早已不是一件新鲜事。其中，美国的召回历史最长，相关的管理程序也最严密。美国早在1966年就开始对有缺陷的汽车进行召回，在40多年的时间里美国总计召回了2亿多辆整车、2400多万条轮胎。涉及的车型有轿车、货车、大客车、摩托车等多种，全球几乎所有汽车制造厂在美国都曾经历过召回案例。日本从1969年开始实施汽车召回制度，1994年将召回写进《公路运输车辆法》，并在2002

年做了进一步修改和完善。截至 2001 年日本共召回缺陷车辆 3483 万辆，仅 2001 年就召回 329 万辆。其中，大多数是由企业依法自主召回。

2. 国内汽车召回的情况介绍

我国的缺陷汽车产品召回起步较晚，2004 年 3 月 15 日发布《缺陷汽车产品召回管理规定》，并于 2004 年 10 月 1 日起开始实施，这是我国以缺陷汽车产品为试点首次实施召回制度。召回制度颁布后，对于解决汽车缺陷召回问题，有了明确的制度保障。

2012 年 10 月 10 日，《缺陷汽车产品召回管理条例》经国务院第 219 次常务会议通过，并于 2013 年 1 月 1 日起开始施行。《缺陷汽车产品召回管理条例》对隐瞒汽车产品缺陷、不实施召回等违法行为加大了处罚力度。

2015 年我国召回涉及缺陷汽车 554. 85 万辆，召回次数同期增长 29%，召回数量同期增长 17%，创历史新高。

我国缺陷汽车产品召回制度的成功实施可以最大限度地消除缺陷汽车存在的安全隐患，从而避免汽车缺陷进一步发生及所带来的更多人身、财产损害，维护了公众利益，有利于汽车制造企业健康发展。

（三）汽车召回流程

（1）消费者提交缺陷报告　消费者登录国家市场监督管理总局缺陷产品管理中心网络平台，提交缺陷报告。

（2）专家认定

1）专家初步判断。国家市场监督管理总局缺陷产品管理中心的专家初步判断消费者的报告，对于批量问题，通报汽车产品生产者（以下简称生产者）。

2）生产者提供证明材料。生产者若不认可产品存在缺陷，需要提供相关证明材料。

3）专家技术认定。专家审查证明材料，做出是否召回的认定。

（3）指令召回

1）指令生产者召回。对认定为缺陷产品的，国家市场监督管理总局缺陷产品管理中心指令生产者召回。

在实际操作过程中，政府很少通过发布政令的方式来进行强制性的汽车召回，而是鼓励生产者自行进行汽车召回。当有缺陷的汽车对消费者构成严重威胁，或生产者对存在的安全问题没有给予应有的重视时，才会通过法律手段强制生产者实行召回。

2）生产者提交召回计划。生产者提交召回汽车数量等信息。

3）国家市场监督管理总局下达通知。国家市场监督管理总局根据生产者提供的信息下达召回通知。例如，××汽车贸易有限公司召回部分进口××汽车，召回通知如下：

日前，××汽车贸易有限公司根据《缺陷汽车产品召回管理条例》和《缺陷汽车产品召回管理条例实施办法》的要求，向国家市场监督管理总局备案了召回计划。自 2022 年 9 月 23 日起，召回生产日期从 2018 年 12 月 11 日到 2021 年 12 月 14 日的部分进口××汽车，共计 115 台。

本次召回范围内车辆的第三排座椅锁止机构的压力弹簧可能未安装或者未全部卡在槽内。在车辆发生事故的情况下或者大力制动时，若行李舱中货物滑动，可能将第三排座椅椅背推倒，存在安全隐患。

××汽车贸易有限公司将免费为召回范围内的车辆检查第三排座椅锁止机构的压力弹簧，

并在必要时重新安装压力弹簧，以消除安全隐患。

二 保修服务规范和流程

车辆保修的意义在于维护消费者合法权益与保护企业的自身利益。汽车销售商必须在交付车辆的同时，向客户说明其保修制度及适用条件。因为即使是处于保修期限内的车辆，也可能出现不能享受保修的情况，例如，某些由于用户使用或保养方法不当而造成的问题。因此，保修制度不仅是能否免费修理车辆的问题，更具有促使用户安全、正确使用车辆的重要意义。

（一）保修、保修期的定义

1. 保修的定义

对于生产者和经销商而言，保修是指产品（或元件、系统）的生产者与经销商根据保修条款，为确保产品在正常使用的情况下，一定时期内性能充分满足所规定的要求，而做出的一种承诺。它要求生产者与经销商在规定的条件下，于一定时期内，必须对产品出现的故障向客户进行补偿。这些条件根据产品的不同而不同，属于对制造过程的一种补充费用。它可以看作买卖双方之间的一种契约协议，自产品出售之日起生效。

对于消费者而言，保修是指消费者向厂商购买商品（车辆）的同时，从厂商处得到的一种服务。该服务是指厂商针对该车辆在一定期限内因产品质量问题而出现的故障提供免费维修及保养的服务。

2. 保修期的定义

保修期是指厂商向消费者卖出商品（车辆）时，所承诺的对该商品因质量问题而出现的故障提供免费维修及保养的时间段。一般在消费者与商家完成交易的同时，商家随产品为消费者办理保修卡作为保修凭证。保修凭证上一般会明确消费者信息、购买日期、产品型号、出厂日期、保修期限和范围、维修记录等。保修分为有一定期限的保修和终身保修两种。

各国家或地区的保修条件及保修期均有所不同，但同一国家或地区内的所有经销店遵循相同的保修条件及保修期。

（二）保修的任务

1. 恢复并保持客户的信任

售出产品出现问题，将会危害客户对公司的信任与信心，但是通过适当的保修，可使客户恢复对公司的信任，而且如果做得好，还将会提高客户满意度。确保客户满意程度及持久的信任，必然会带动车辆销售额的增长。

2. 收集市场的技术反馈信息

从市场收集全部的技术反馈，以不断地提高产品的品质，增强企业的市场竞争力。其中的保修申请数据是得到这种“提高车辆品质的技术反馈”非常有效的途径之一。

（三）保修规定

1. 保修申请

特殊条件下，经销店可以根据具体情况向总公司提出保修申请，但此类申请是有权限的。公司不会对所有的保修申请做出支付其费用的保证。某些情况下，如没有准确地表述信息、采用不正当的修理方法或申请流程不符合标准等，即使在开始修理之前已经误得批准，公司仍保留不受理该申请的权利。

案例

广汽本田所需要的事先批准的保修申请项目：发动机整机更换、用户的额外赔偿要求、不适用标准保修政策的项目（PDI项目、保养项目等）、超过保修期限的修理（根据广告进行特别服务活动以及改进保修产品除外）、使用非纯正广汽本田零部件、有关锈蚀的全部修理、超过2000元的修理（包括工时费和零部件费用）等。

在进行需要事先得到批准的保修时，应首先填写保修申请单，递交广汽本田保修负责人进行登记，广汽本田保修负责人批准后，将批准意见再传送给特约销售服务店。特约销售服务店接到批准的答复后，开始修理，修理结束后将保修申请单全部填写好，并将此保修信息填到保修汇总表中。每月按规定的日期提交给广汽本田汽车有限公司售后服务科。

2. 不予保修的项目

经销店必须对由制造缺陷引起的问题予以保修。然而，经销店无须对不属于生产者责任的问题予以保修。

案例

一汽丰田针对下列情况，并不进行产品的保修：①任何由非一汽丰田采取的维修、改装；②使用非正品一汽丰田零部件；③由事故、错误使用、滥用及环境造成的损坏；④正常的噪声、振动、损坏或磨损；⑤交货前不当存储及不定期保养；⑥非保修的零部件或材料及偶然或间接的损失等。

3. 有限保修条款

在正确使用条件下，有限保修期间内，公司对所有被诊断为含材料和工艺缺陷的产品或产品的硬件组成部分进行免费维修。

案例

一汽丰田规定，轮胎、蓄电池、无线电接收装置及其他有限保修项目通常包括在其供应商各自的保修范围内，可以在一汽丰田发布的保修政策及程序手册上确认保修期限及申请方法。

4. 服务零部件保修

在特定的条件下，由经销店（包括保修、免费或客户付款的维修）更换零部件引起的故障可包括在服务零部件保修内。经销店可以咨询公司，以获得关于此种保修条件的详细情况。如果产品在保修期限内，且问题是由保修包括的零部件更换引起的，则维修费用将包括在产品保修内。

5. 特殊维修业务

当生产者预见到一个可能发生的重大缺陷时，可对指定的零部件以保修的形式进行检查、维修或更换。经销店应迅速地依照生产者的指示进行这些维修。

6. 其他保修制度

除了以上保修业务，可能还存在其他一些需由生产者或经销店提供的保修。当存在这种情况时，服务经理应全面了解相关制度，明确保修条款和客户付费的扩展保修。

（四）保修流程

1. 基本流程

保修的基本流程如下：判断保修适用性、准备保修申请单、存放与发送换下的保修零部件、保留保修记录。一汽丰田4S店保修的基本流程如图4-7所示。

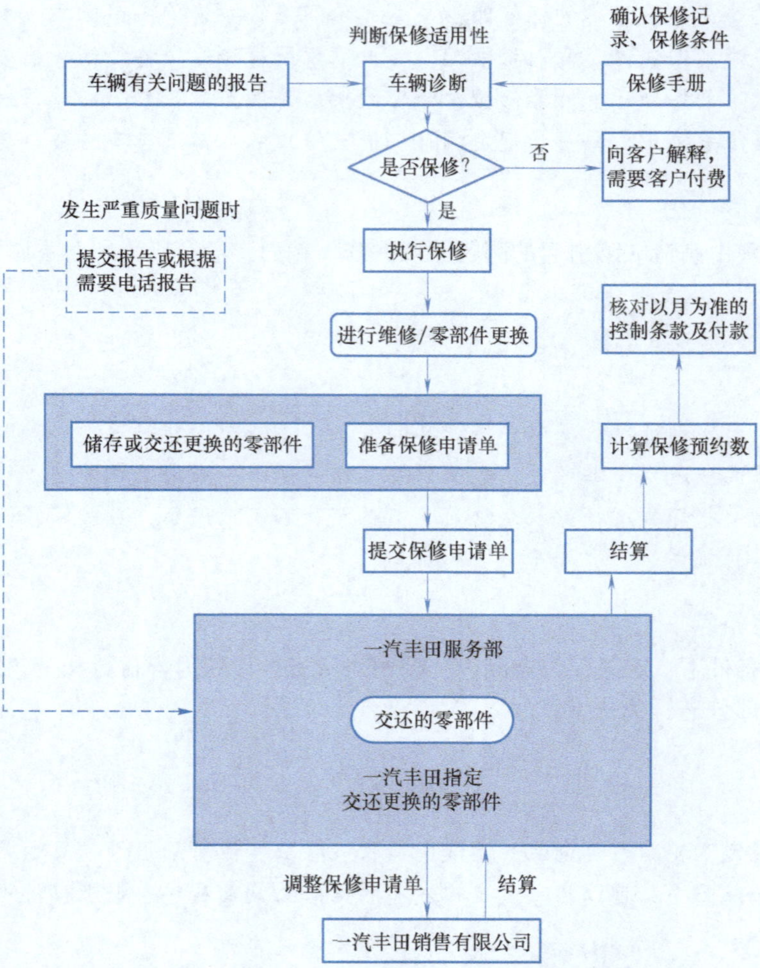

图4-7　一汽丰田4S店保修的基本流程

值得注意的是，必须保留保修记录，更换零件时必须由专门的维修业务员负责。

2. 判断保修适用性

当客户提出一个需要维修的项目时，服务顾问首先判断该项目是否属于保修范围，如果是，则迅速进行保修。如果服务顾问判断有误，维修之后才发现不在保修范围之内，此时想说服客户为维修付款是非常困难的。因此，必须尽可能正确地判断保修的适用性，避免此类问题的发生。

（1）保修适用性的基本政策

1）在客户要求的基础上进行保修。

2）保修对以下情况不适用：保修期限已到；保修所不包括的项目；由客户的错误使用或缺乏适当的保养而引起的问题等。

（2）方法及重点

1）认真听取客户的反馈。询问问题是如何发生的，并参照客户档案、保修手册等，核实维修记录和保养情况。

2）核实车辆的问题。如果有必要，保修专员或服务顾问与客户一起对产品进行测试，并得出相关诊断结果。

3）判断车辆是否在保修范围。根据诊断结果，咨询保修专员做出决定：当车辆不属于保修范围时，详细说明理由，以便客户理解并接受；在符合保修政策的条件下，即便产品是在公司的另一个经销店购买的，服务站也应对产品予以保修。

3. 准备保修申请单

（1）相关人员　保修专员、技术员或服务顾问。

（2）书面程序　根据生产者提供的保修政策及程序手册上的指示，在指定的表格中填写维修菜单的细节。

（3）向生产者提交保修申请单　在填写完保修申请单及获得服务经理的批准后，负责人必须及时并定期将表格上交至生产者的服务部门。

（4）生产者的决定　保修回复将由来自生产者服务部门的指定员工详细检查，并做出全部、部分或不予以保修的决定。在此回复的基础上，经销店可对部分或不予以保修的决定做必要的修改，并再次向生产者提交保修申请单。

4. 存放与发送换下的保修零部件

按照之前提到的保修政策及程序手册，每个被换下的保修零部件都必须贴上保修申请标签后进行存放。预先指定的标准零部件必须定期送回至生产者。其他零部件必须在预先确定时间结束后（如维修进行后 90 日）恰当地处理。

（1）回收零部件的存放

1）保修换下的零部件必须保持拆下时的状态，不能清洗、拆解或挪作他用。

2）零部件必须储存在适当的仓库内，不能让零部件质量退化。

（2）回收零部件的发送　销售服务店必须在规定的时间内，将更换下来的零部件随同质量信息报告发往公司售后服务科。特约店要选择值得信赖的托运商，保证将这些零部件按时送抵公司，并保持原样。

案例

广汽本田回收零部件处理流程如图 4-8 所示。

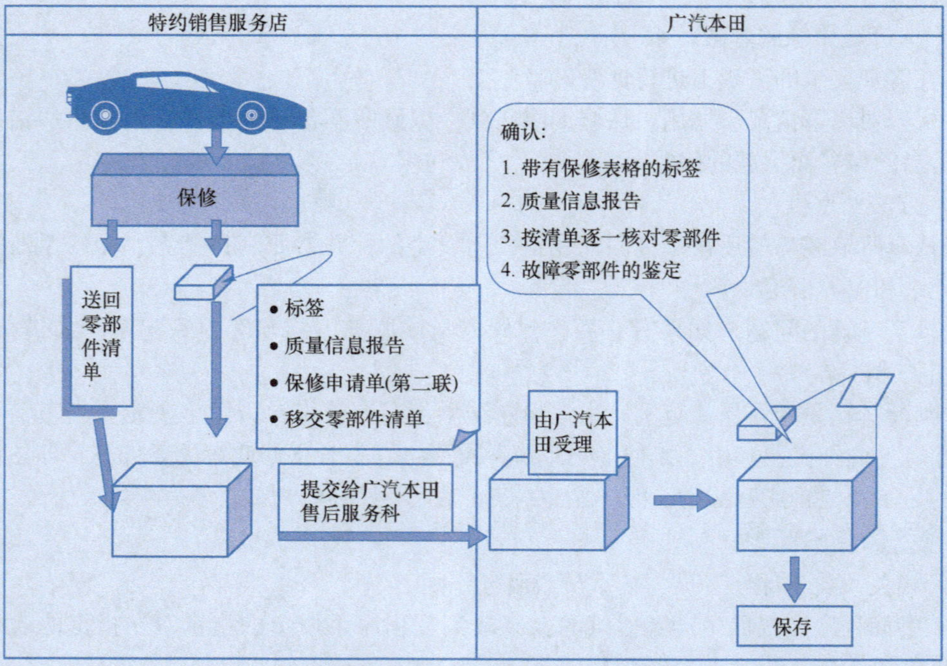

图 4-8 广汽本田回收零部件处理流程

5. 保留保修记录

依照生产者的要求，保修记录必须在经销店处保留一定时间，该时间长度由生产者提供的保修政策及程序手册上的说明确定。

通常需要保存如下文件。

1）特约销售服务店有关保修的文件。

2）特约销售服务店为保修工作向生产者索取修理费用而提交文件的复印件。

3）文件清单和电子编辑的保修文件目录。

4）质量信息报告。

关于需要保存的保修记录，不同的生产者也许还会有不同的要求，要具体情况具体对待。

思考题

1. 电话服务规范包括哪些内容？
2. 服务流程包括哪些内容？
3. 预约的好处有哪些？
4. 接待时有哪些注意事项？
5. 跟踪服务的好处是什么？
6. 简述接待、维修、质检、交车和跟踪的服务流程。

模块五
客户满意与客户投诉管理

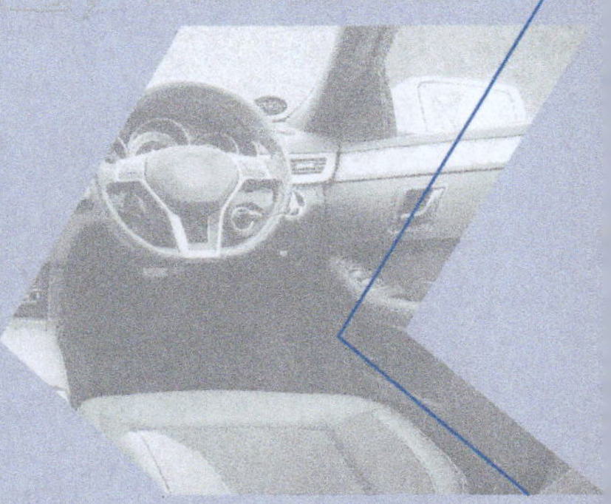

问题导入：

“客户不是一切，但没有客户一切都是空谈！”汽车维修企业管理者应该如何实现客户满意并进行客户关怀呢？

客户满意“三定律”：客户满意第一定律叫作杠杆比24倍，就是一个客户抱怨的背后代表着有24个相同的抱怨声音。客户满意第二定律叫作扩散比12倍，一个不满意的客户对企业造成的损失需要12个满意的客户创造出的利润才能平衡。客户满意第三定律叫作成本比6倍，就是吸引一个新客户的成本是维护老客户的6倍。作为汽车维修企业的管理者，你将如何预防客户投诉，正确处理客户投诉呢？

学习目标：

1. 掌握客户关怀的基本原则
2. 掌握客户关怀的实施要点
3. 掌握处理客户投诉的原则

素质目标：

1. 培养与客户和谐共处、乐于吃苦的敬业精神
2. 培养善于化解矛盾与客户和谐共处的能力
3. 培养诚实守信、尊重他人、严于律己、宽以待人的工作态度

学习任务一　客户满意与客户关怀

一　客户满意分析

客户满意是客户对其要求已被满足的程度的感受。这里有两个问题需要注意：

1）客户抱怨是一种满足程度低的最常见的表达方式，但没有抱怨并不一定表明客户很满意。

2）即使规定的要求符合客户的愿望并使其得到满足，也不能确保客户很满意。

著名学者诺曼（Earl Naumann）引用赫茨伯格的理论来解释客户内心的期望。他将影响客户内心期望的因素分为保健因子和满意因子。

（1）保健因子　做到保健因子，只能降低客户不满，不能提升客户的满意。在汽车维修中，保健因子如下。

1）将车辆的故障排除。

2）在预定交车的时间内交车。

3）正确地判断故障。

4）维修质量。

（2）满意因子　满意因子代表着客户内心所期望能获得产品或服务的情境。在汽车维修中，满意因子如下。

1）被理解。

2）感到受欢迎。

3）感到自己很重要。

4）感到舒适。

调查表明，大多数客户在送修之前几乎总是看到维修企业的缺点，例如，工时费用高、配件费用高、送车和取车费时，以及修车时无车可开等。所有这一切原则上都是客户满意度的负面条件。因此，维修服务的目的就是要增加满意因子，赢得客户的信任，让客户满意。

案例

季节和温差的变化，使汽车使用环境也会相应地发生很多的变化，一汽丰田每逢换季时节便会举办服务节活动，不但有助于汽车保持良好的性能，更有利于维护车辆的整体品质和长远使用价值。每年一汽丰田会举行夏季、秋季、冬季3次服务节，免费为客户进行全车检查，在换季及长假来临时，为客户提供全车免费检查，增加了客户出行的安全感。

二 客户满意因素

客户满意因素如图5-1所示。Q代表品质（Quality），V代表价值（Value），S代表服务（Service），所以全球的企业家都告诉我们客户满意是品质、价值、服务三个因素的函数。客户满意（CS）可以表示为

$$CS=f(Q,V,S)$$

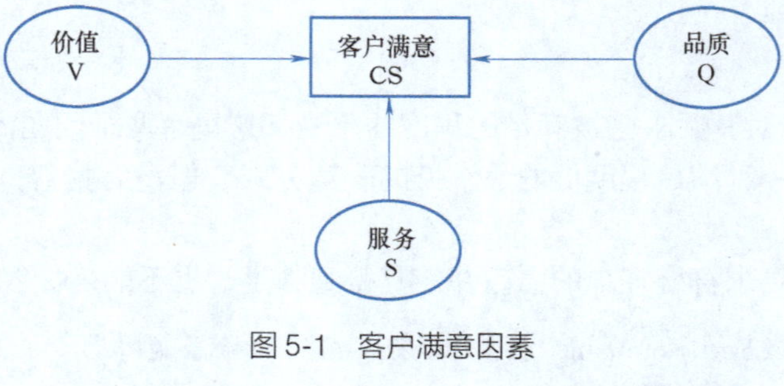

图5-1　客户满意因素

企业竞争优势要在品质、价值、服务上体现。

1. 品质

品质因素如图 5-2 所示。

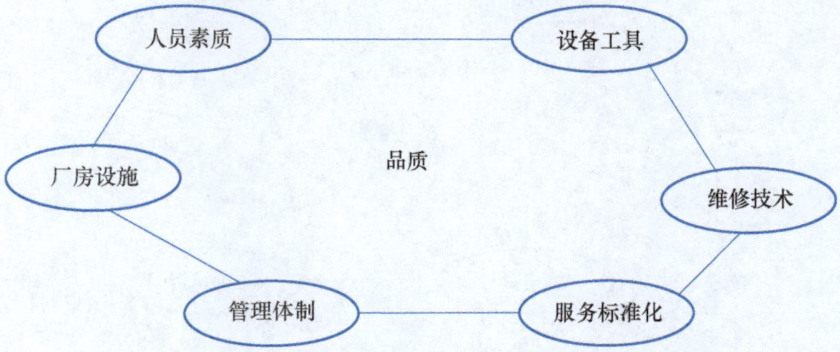

图 5-2 品质因素

（1）人员素质　人员素质包括基本素质、职业道德、工作经验、教育背景、观念、态度、技能等。

（2）设备工具　设备工具包括完不完善、会不会用、愿不愿用。

（3）维修技术　维修技术包括一次修复合格率、质量、疑难故障的排除能力。

（4）服务标准化　服务标准化包括接待、维修、交车、跟踪。

（5）管理体制　管理体制包括质量检验、进度掌控、监督机制。

（6）厂房设施　厂房设施包括是否顺畅、安全、高效。

2. 价值

价值因素如图 5-3 所示。

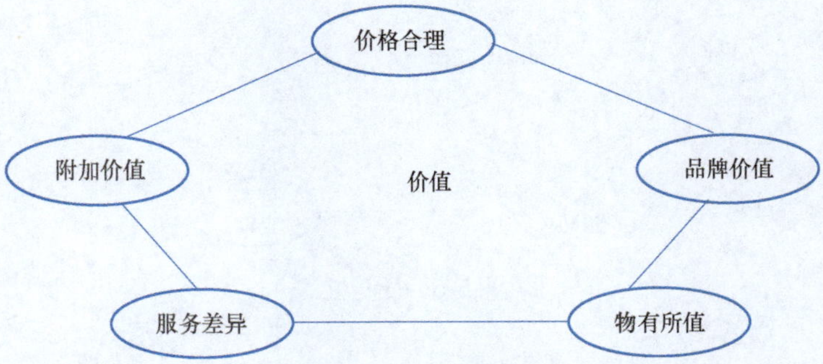

图 5-3 价值因素

（1）价格合理　价格合理包括工时费、配件价格合理。

（2）品牌价值　品牌价值包括知名度、忠诚度。

（3）物有所值　物有所值包括方便、舒适、安全、干净。

（4）服务差异　服务差异是指服务品质与其他企业的差别。

（5）附加价值　附加价值包括免费检测、赠送小礼品。

3. 服务

服务包括信任要素和便利性等要素。

(1) 信任要素(见图 5-4)

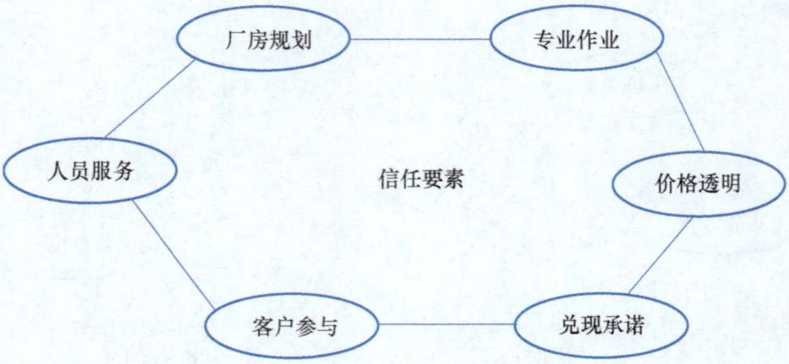

图 5-4 信任要素

1) 厂房规划，如企业形象、区域划分、指示牌。

2) 专业作业，如标准程序、看板管理、专业人员负责、7S 管理、专业分工。

3) 价格透明，如常用零部件价格、收费标准。

4) 兑现承诺，如交车时间、维修时间、配件发货、解决问题。

5) 客户参与，如寻求客户认同，需求分析，报告维修进度，告知追加项目，交车过程，车主讲座。

6) 人员服务，如语言专业，热忱、亲切。

(2) 便利性 便利性(见图 5-5)主要考虑地点、时间、付款等要素。

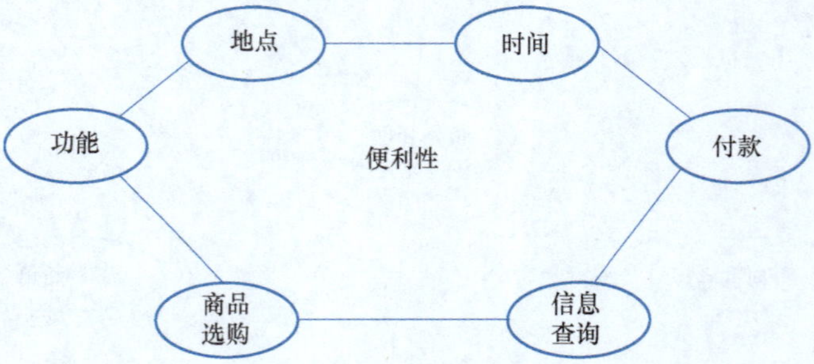

图 5-5 便利性

1) 地点，如与客户居住地的距离、客户进厂的路线、天然阻隔、接送车服务、指示牌。

2) 时间，如营业时间、假日值班、24 小时救援、等待时间。

3) 付款，如付款方式、有人指引或陪同、结账时间、单据的整理。

4) 信息查询，如维修记录、费用、车辆信息、配件、工时费。

5) 商品选购，如百货等的选购。

6) 功能，如保险、四位一体(销售、维修、配件、信息反馈)、紧急救援、车辆年审、汽车俱乐部、接送车服务。

案例

某维修企业发现，在到厂维修的客户中不少都带着小孩，由于厂区内没有可以玩耍的地方，小孩待一会儿就又哭又闹，嚷着要离开，弄得大人心情不好。针对这种情况，这家企业在客户休息室内专设了儿童游乐区，设置滑梯、积木、蹦蹦床等娱乐用品。这一招还真灵，来厂维修的车主可以安心地等待，再也不会因为孩子着急离开而心烦意乱了。另外，一些车主听说了此事，很愿意带孩子来玩，这样既修了车，又让孩子有了玩的地方。

三　客户关怀的基本原则

客户关怀的基本原则

1）客户满意第一。
2）关怀要发自内心。
3）把客户当成自己，换位思考。
4）主动式的关怀，在客户困难时伸出援助之手。
5）帮助客户降低服务成本，赢得客户的信任。
6）不要表现出明显的商业行为。
7）在客户满意和公司利益之间寻找最佳平衡点。

案例

案例 1：一天，一位来修车的客户告诉我们，A 先生的轿车前几天翻入沟内，A 先生也受了轻伤。我们很想让这辆车来厂维修，但感觉若唐突访问，会让客户很反感，我们先让业务接待员以电话回访的方式与 A 先生联系。“A 先生您好，我是××厂的信息员，冒昧打扰，请问您的车最近行驶得好吗?”A 先生无奈地说他的车发生事故了，电话跟踪员马上表示慰问。接下来，我们厂的业务经理买了一束鲜花亲自登门看望 A 先生，对他表示慰问，A 先生很是感激，与我们谈起了事故经过，谈起他的车辆情况。我们抓住时机与他谈论车辆的维修，谈如何能保证恢复车辆原有状况，A 先生对此很感兴趣，我们建议将车辆放到我厂维修，并给出了我们的承诺。A 先生欣然同意，我们成功地承揽了一笔生意。

案例 2：B 先生的轿车已行驶了 16 万 km，烧机油严重，B 先生想将发动机大修一下，到我厂咨询所需费用。听了 B 先生的介绍，我们给 B 先生做了一下测算，要解决烧机油问题有三种可能的方案：更换气门油封；更换气门油封和活塞环；镗缸，更换活塞、活塞环、气门油封。就 B 先生轿车的情况来看，采用前两个方案即可解决问题，费用在 2000~3000 元。而 B 先生提出的发动机大修费用就高了，为 1 万元左右。听了我们的分析，B 先生很高兴，当即决定将车放在我厂维修。我们拆下缸盖，更换了气门油封和活塞环，该车就不烧机油了。通过这件事，B 先生与我们建立了深厚的感情，从此他成为我们的忠实客户。

四 客户关怀的实施要点

1. 新车提醒

若客户购买新车，应做到以下几点。

1）新车交车的 3 周至 4 周内，使用信函或电话询问新车的使用情况。

2）主动告知服务站地点、营业时间、客户需要带的文件，并进行预约。

3）提醒首次保养的里程与日期。

2. 维修回访

1）维修时事前与客户讨论好回访的方式与时间。

2）维修后 3 日内进行回访。

3）对客户提出的意见要有反馈。

3. 关怀函、祝贺函

1）信函种类。客户生日送关怀函，节日送祝贺函。

2）内容着重于关怀，切勿出现明显的商业行为。

4. 久未回厂联系

1）久未回厂联系前应先了解客户前次的服务内容与客户是否对服务满意。

2）若客户有不满，应表示歉意，并征求客户意见，请客户来厂或登门访问。

5. 定期保养通知

1）在保养日前 2 周发出通知函或前 1 周电话通知。

2）主动进行预约。

3）主动告知保养内容与时间。

6. 季节性关怀活动

1）主动告知客户季节用车注意事项。

2）提醒客户免费检测内容。

7. 车主交流会

1）交流会内容可包括正确用车方式、服务流程讲解、简易维修处理程序、紧急事故处理等。

2）人数 10~15 人为宜，时间一般不要超过 2h。

3）请客户代表发言。

4）赠送小礼品。

5）进行客户满意度调研。

8. 信息提供

提供的信息应与客户利益相关，包括：

1）客户从事产业的相关信息。

2）新的汽车或道路法规。

3）路况信息。

4）客户感兴趣的相关信息。

案例

案例 1：上海通用“Buick Care 别克关怀”活动

2020 年 11 月 16 日上汽通用汽车别克品牌旗下服务品牌——“别克关怀”正式迎来 18 周年庆！作为中国第一个汽车服务品牌，“别克关怀”18 年来始终如一地贯彻“比你更关心你”的品牌主张，以主动、专业、高效、尊崇的优质服务赢得了超过 1100 万别克车主的信赖和口碑，树立起中国汽车服务行业的标杆。

自 2002 年 11 月诞生以来，“别克关怀”率先将汽车售后服务从“被动式维修”带入了“主动式关怀”的新时代。“别克关怀”最受人瞩目的是其全新的“关怀式售后理念”，及在此基础上推出的 6 项标准化“关心服务”。“别克关怀”的推出，突破了售后服务在形象上从属于销售的现状，更将汽车售后服务从传统的被动式维修服务带进主动关怀的新时代，同时这也将加强别克品牌的市场竞争力。“别克关怀”以“比你更关心你”为核心，强调售后服务的主动性，要求售后服务人员比你更关心你的车，主动担当你的义务汽车保养顾问，并重视你在体验整个服务过程中的心理感受。当年的“别克关怀”包括：

1）主动提醒问候服务，主动关心。

2）一对一顾问式服务，贴身关心。

3）快速保养通道服务，效率关心。

4）配件价格、工时透明管理，诚信关心。

5）专业技术维修认证服务，专业关心。

6）2 年或 4 万 km 质量担保，品质关心。

此后，“别克关怀”始终聚焦消费者的时代需求，并不断引领国内汽车售后服务新潮流：从 Avenir 艾维亚高端子品牌的私人定制化服务，到别克新能源的创新服务体验；从别克售后服务网络在全国范围内的全方位覆盖，到依托互联网智能发展所打造的 iBuick App 一站式汽车服务，再到官方车主俱乐部“别客汇”的车友生态圈建设。

上海通用踏踏实实地对客户的爱车倾注无微不至的关怀，“别克关怀”不但是中国第一个售后服务品牌，还致力于打造中国第一的售后服务品牌。

案例 2：荣威送电服务

在电量不足、影响出行时，客户通过荣威 App 下单特别定制的荣威电量补给车（eRX5 送电服务车），将在 40min 内到达，让客户获得上门的电量补给服务。

- 送电服务旨在解决用户的燃眉之急，为一项应急服务，建议在仪表出现电量低报警或电量显示低于 50% 时使用。
- 移动送电服务车（eRX5）送电一次，提供 10min 的充电服务，充电后约可支持继续行驶 50km 以上（受环境温度影响，相同充电时间条件下续驶里程会有差异）。
- 送电服务的地点范围不包括交通特殊管制地段，如高速公路、高架道路、隧道隧桥（包括与其连接的大桥路段）、封闭式道路、有禁停标志的路段等，在下单前请务必确认送电车辆可正常停靠并提供送电服务。

案例 3：某地突降大雪，一维修厂给用户发了一条短信：尊敬的车主朋友，冰雪天气开车请慢行，不要突然加减速，不要急转弯，起步时要慢抬离合器踏板，缓踩加速踏板。

有问题，请拨打服务热线×××××××。这条短信既体现了对用户的关心，又教给了用户正确的驾驶方法，在寒冷的冬天给用户送上了一丝暖意。

案例4：2020年，吉利官方针对售后服务疫情防控推出了“4大关爱12项举措”活动，让用户足不出户放心购车用车。

1. 线上服务，减少接触

微信预约维保、在线远程服务、上门服务、在线业务办理。

2. 守护升“吉”

健康守护、救援守护。

3. 首保、整车质保延期

首保延期、质保延期、白衣勇者[㊀]。

4. 安全升“吉”

环境安全、人员安全、健康公示。

五 正确处理客户与企业的关系

在服务行业，以往人们习惯把客户称为“上帝”，而在汽车维修行业中，我们认为将客户当成朋友更为合适。由于汽车结构复杂、维修难度大及相关知识的多样性，客户也愿意与企业交朋友。因此，在维修服务中处理好企业（员工，特别是业务接待员）与客户的人际关系，不论在任何时候、任何地方都十分重要。处理人际关系要相互尊重，从而达到互相满意，这就是“双胜无败”原则。从客户与企业的关系来看，大致可出现四种状况。

第一种状况：客户的行为与员工的行为都正确。使客户得到最想得到与应该得到的利益，员工也得到最想得到与应该得到的利益，大家的需求都得到了满足，在人际关系的处理上大家都赢得了胜利。这是处理人际关系的最高境界与最好结局。作为企业，客户与员工能处成这种最高境界的人际关系，则客户就会成为“常客”“回头客”，员工也能满足其心理需求，企业能宾客盈门，获得良好的经济效益与社会效益。

第二种状况：客户的行为与员工的行为都不正确。客户没得到应有的利益，从此不但不再光临，而且造成很差的口碑效应，而员工的不正确行为将导致企业门庭冷落，最终被激烈的市场竞争无情地淘汰，员工与企业也将最终丧失自己应该获得的利益。这种“双败无胜”的结局是最差的境界、最坏的结局。客户与员工都不希望出现这种情况，并都想努力避免这种结局。

第三种状况：客户的行为正确，员工的行为不正确。从客户的角度来分析，他们付了钱，要求获得优质服务是正确的、应该的，而且他的实际行为也符合客人的身份。但由于企业与员工一方的种种原因，客人获得利益受阻，造成心理失望。出现这种状况的原因有以下几点。

1）主观上的原因。员工表现在工作态度上对客人冷漠、消沉或者焦躁、粗暴；在工作过程中懒散、马虎，敷衍塞责，得过且过；在言语上使用不文明、不文雅、过于随便的言语与不恰当的体态语；在服务技能上生疏、笨拙、毛手毛脚；在工作效率上动作缓慢、反应迟

㊀ 医护人员专属延保礼包，敬给最美“逆行者”，感谢你们挺身而出。

钝、等待时间长；在对客交际上，忽视文化差异，冒犯客人忌讳；在服务质量上标准太低等。

2）客观上的原因，如服务项目太少，为客户服务的设施老化、不完善，质量低劣，不能发挥正常的服务功能，或者客我交际过程中出现的一些误会等。服务有缺陷，客户肯定不满意。从功能上说，没解决实际问题，没把事情办好；从经济上说，没得到想要的享受，有“吃了亏”的感觉；从心理上说，没得到尊重。功能、经济、心理三方面原因会引起失望，客户就会以种种形式表现出“逃避反应”行为或“攻击反应”行为。客户的“逃避反应”行为似乎是不采取任何公开行为，至多摇头叹气、自认倒霉，这样，企业不知不晓，似乎很幸运，逃过了客人的投诉与索赔，实际上掩盖了企业管理与服务上的问题，失去了一次发现问题、改进产品质量的良机。客人选择“攻击反应”行为来发泄心中不满，这种“攻击反应”可以是非公开的行动，采取“暗中报复”手段。他们不仅会决定本人从此不再光临，还会在亲朋好友中宣传自己不愉快的经历，使企业的形象与声誉受损。这种行动也可以是公开行动，最常见的是投诉，填写意见书，或向大众媒体投诉。这种情况是企业最不愿看到的。

第四种状况：客户的行为不正确，员工的行为正确。既然是人对人服务，那么由于利益、认识差异等原因，客户与员工之间发生矛盾甚至冲突就在所难免，而在那些矛盾与冲突中，员工选择了极力满足客户的期望或正确劝导客户的无理要求。员工全心投入的工作，可能会让客户满意，也可能会让客户不满意。但员工的努力会将客户的不满意度降到最低点，企业可设立“委屈奖”，以安慰和鼓励员工。

综上所述，现代维修企业与客户之间应该争取“双胜无败”的最好结局，避免出现“双败无胜”的局面。

案例

我厂维修了一辆面包车的变速器，更换了二轴轴承，车辆出厂约两个月，接到车主救援电话，说变速器异响严重，已无法正常行驶。我们将车拖回厂，检查变速器只剩下一点齿轮油。将变速器解体，发现里面的轴承全都烧坏，还有两个变速齿轮和两个同步器也烧坏了，估计损失的配件价格约2000元。我们分析是由于变速器后油封损坏，将齿轮油几乎漏光，导致内部的部件烧坏。而车主说，车辆刚刚更换了二轴轴承，是因为二轴轴承质量不好，引起变速器高温，造成变速器损坏。双方各执一词，争执不下。车主是我厂的一个大客户，共有五辆车在我厂维修，他说车辆再也不到我厂维修了，而且要找质量监督局和消费者协会，对这件事进行鉴定。为防止事态扩大，厂长亲自出面与车主商谈，厂长首先从技术角度分析了事故原因，然后说二轴轴承在这次事故中也损坏了，是否是二轴轴承质量不好，这是一个疑问，不过我们愿意为此次事故承担一定费用，我们负责变速器轴承的费用，因为这些部件缺油容易烧坏，而齿轮和同步器只在较长时间缺油的情况下才能造成损坏，驾驶人在驾驶过程中应能听到因变速器缺油而产生的异响，但他没停车检查而使损失进一步扩大，这部分费用应由车主负担。车主对这个提议比较满意，因为他减少了自己的损失，而对企业来讲，也挽留了一个大客户。可以说，经过这件事，我们双方达到了双赢的目的。

学习任务二　客户投诉及预防

一 投诉分析

在汽车维修企业，难免会出现客户投诉，企业要培养员工善于化解矛盾与客户和谐共处的工作能力，培养员工诚实守信、尊重他人、严于律己、宽以待人的工作态度，对投诉认真分析并迅速处理，避免产生负面影响。

1. 客户投诉的种类

（1）服务质量　服务客户时，服务态度不良或与客户沟通不够。

（2）维修技术　因维修技术欠佳，故障一次或多次未能修好。

（3）维修价格　客户认为维修价格与其期望相差太大。

（4）配件质量　由于配件质量差或没通知客户而使用了进口件或副厂件。进口件价格太高，客户接受不了；用副厂件，客户会认为你在欺骗他。

（5）维修不及时　在维修过程中，未能及时供应车辆所需配件或维修不熟练，或对维修工作量估计不足又没和客户沟通。

（6）产品质量　由于设计、制造或装配不良所产生的质量缺陷，与客户沟通不够。这种情况一般发生在特约维修服务的3S店、4S店。

2. 投诉的方式

（1）一般投诉

1）面对面表示不满。这种客户会将不满直接发泄给接待他的人，如业务接待员、结算员、生活接待员等。

2）投诉至维修企业领导处。采用方式一般为电话投诉或直接投诉。

3）投诉厂家。这种情况一般发生在特约维修服务的3S店、4S店，由于对服务网点的处理不满意，而投诉厂家。

（2）严重投诉或危机

1）向行业主管部门投诉。此种投诉一般为产品质量问题。

2）向消费者协会投诉。希望消费者协会能帮助他们解决问题。

3）通过电视、广播、报纸等新闻媒体曝光他们的问题。

4）由汽车俱乐部或车主俱乐部出面协商处理。

5）在互联网上发布信息。此目的一是希望引起社会人士的关注，给厂家施加压力；二是如果不能解决问题，希望此举能给厂家造成负面影响。

6）通过律师打官司。通过法律手段解决其投诉问题。

二 处理投诉的基本要求

1. 明确处理客户投诉的负责人

处理客户投诉的主要负责人一般是业务接待员、业务经理或服务经理，遇到严重投诉时，企业主要负责人应出面处理。除了上述负责人，企业的其他人员均有责任将客户抱怨反映给相关负责人，并由客户投诉的负责人处理客户抱怨。一般工作人员，如维修人员、配件保管、后勤人员等，不宜直接处理客户投诉。

最适合担任投诉处理的人员是与客户关系良好、思维敏锐的人员，所以负责客户投诉的负责人日常就要与客户建立良好的关系。

2. 明确客户的需要

在处理客户投诉或抱怨之前，要再次明确客户进厂维修的需求。

1）实质需要又称理性需求，具体包括产品质量、价格合理和按时交车。

2）精神需要又称感性需求，具体包括感到受欢迎、舒适、被理解和自己很重要。

明确客户的需求可以帮助我们了解是哪些原因造成客户的不满，并学会主动引导客户心情。

3. 明确客户投诉的主因

1）不被尊重。客户感觉没有受到应有的尊重，或没有受到与其他人一样的尊重。

2）与期望相差太大。此种情况一是由于客户有过去的经验做比较，主要是价格上的，使其感觉受到了不平等的待遇；二是由于与客户沟通不够，随意增加了维修项目且不和客户沟通等。

3）多次不满的积累。累计多次不满而产生抱怨，最终就会使客户投诉。

4）受骗的感觉。由于维修厂有意欺瞒而导致客户的不满。

4. 明确客户投诉的心理

1）求发泄。

2）求尊重。

3）求赔偿。

5. 注意仪容仪表

处理投诉的人员的仪容仪表容易影响客户心情，因此应引起注意。

1）外表：穿着、精神面貌。

2）身体语言：眼神、脸部表情、肢体动作。

3）情绪上的表现：语音、语调。

6. 需要专业知识

处理客户投诉或抱怨时，一定要具备专业知识，否则处理问题时就会说一些外行话，可能将矛盾进一步激化。

7. 运用法治思维和法治方式

党的二十大报告提出了“坚持全面依法治国，推进法治中国建设”的目标要求，处理客户投诉的人员要按照法治思维和法治方式想问题、做决策、办事情，在处理客户投诉时尊重法律、敬畏法律、崇尚法律，形成主动性和自觉性。

在纷繁复杂的现实面前，企业管理者必须具有较高的法治素养。不学法、不懂法的管理者很容易行差踏错，只顾自身利益，忽视客户利益。管理者只有学法懂法，成为“法律明白人”，才能带领职工增强学法意识，自觉守法用法。牢记法律法规制度是处理客户投诉工作的基本要求和重要保证，坚持谋划工作运用法治思维，处理问题运用法治方式，在企业形成解决问题用法、化解矛盾靠法的法治环境，确实处理好客户投诉。

三 处理投诉的原则

1. 基本原则

1）先处理心情，再处理事情。

2）不回避。

3）第一时间处理。

4）了解客户背景。

5）找出原因，界定控制范围。

6）必要时让上级参与，运用团队解决问题。

2. 谈判原则

1）寻求双方认可的服务范围。

2）不做过度的承诺。

3）争取双赢。

4）在法律法规的范围内，必要时，坚持原则。

四 处理投诉的技巧

处理投诉的技巧

1. 运用身体语言的技巧

（1）正面的信息

1）表情自然放松。

2）微笑，表示关怀。

3）交谈或倾听时保持眼神交流。

4）认真倾听客户的抱怨。

5）自我情绪控制。

6）体验客户的心情。

（2）负面的信息

1）表情紧张、严肃。

2）交谈或倾听时避免眼神交谈。

3）动作紧张、匆忙。

4）忽略客户的感觉。

5）抢答、语调激动。

2. 稳定客户情绪的技巧

1）单独交谈。将情绪不稳定的客户与其他客户隔离，将其请到单独的房间交谈。这样可以稳定客户情绪，因为有些人越是在人多的地方情绪可能就越激动。另外，将其与其他客户隔离也可避免造成负面影响。

2）表示歉意。

3）让客户放松。例如，可以让客户坐下，给客户倒上茶。

4）不争辩。应该明白，客户不满意说明维修厂的工作有不完善之处，如果在客户情绪不稳定时还与其争辩，就收不到好效果。这时，更不能将自己的想法强加于客户。

5）暂时转移话题。例如，谈一些轻松的话题等。

3. 与客户交谈的技巧

1）认真倾听，并表示关怀，让客户感觉你确实想为他解决问题。

2）确认投诉的主要内容。

3）善用提问，以便发掘客户的不满。

4）要认同客户的情感，对其抱怨表示理解。

4. 与客户谈判的技巧

1）转移法：不做正面答复，以反问的方式提醒客户双方的责任。

2）递延法：以请示上级为由，争取时间。

3）否认法：当客户所陈述的事实有明显差异的，应予以否认。

4）预防法：在预估事情可能要发生时，先予以提醒。

5. 投诉人行为及应对方式

（1）消极型　消极型投诉人行为及应对方式见表5-1。

表5-1　消极型投诉人行为及应对方式

具体表现	应对方式
● 态度消极、冷漠 ● 使用简单的语言 ● “回头率（二次来厂率）”不高	● 表示深切的关怀 ● 主动告知如何处理 ● 挖掘抱怨的原因

（2）善言型　善言型投诉人行为及应对方式见表5-2。

表5-2　善言型投诉人行为及应对方式

具体表现	应对方式
● 把遭遇告诉别人 ● 坚持己见 ● 容易把问题复杂化	● 隔离群众 ● 先行认同 ● 弄清抱怨主因

（3）愤怒型　愤怒型投诉人行为及应对方式见表5-3。

表5-3　愤怒型投诉人行为及应对方式

具体表现	应对方式
● 主动告诉他人不满之处 ● 语言、语调等肢体语言夸大 ● 要求更高层次与其交谈	● 隔离群众 ● 倾听意见，带有同情心 ● 告知上级其意见

（4）危险型　危险型投诉人行为及应对方式见表5-4。

表5-4　危险型投诉人行为及应对方式

具体表现	应对方式
● 语带威胁 ● 明确要求赔偿条件 ● 可能有其他行动	● 隔离群众 ● 提供两三个解决方案 ● 追踪观察

6. 投诉处理结果

（1）结果公平　投诉处理的结果符合投诉者的期望。

（2）程序公平　投诉处理程序符合国家有关法律、法规。

（3）互动式公平　投诉处理的结果与投诉者的期望不相符，但让客户感觉自己已经受到了尊重和理解。

五 投诉的预防

投诉的预防

1. 首问责任制

谁接待的客户就由谁负责到底，也称为“一票到底的服务”。

2. 自行抽检

企业从接待、维修、质检到电话跟踪实行抽检，对发现的问题，要及时查找原因，制定对策。一些汽车生产厂家对特约服务站实行的“飞行检查”值得借鉴。

“飞行检查”就是生产厂家的检查人员在不通知特约服务站的情况下，在某一客户的车辆上设计几个故障，然后由客户开车到服务站检查维护，通过服务站检查维护的效果来考察服务站的服务规范、服务水平及故障排除能力。生产厂家的检查人员有时也会假设一个需救援的车辆，打电话让服务站前去救援，以考察服务站的反应和救援能力。

3. 预警制度

对一些挑剔、易怒的客户，提前通知各部门，让每个人都认真负责，按照标准的服务规范和服务流程进行服务。

4. 标准工作流程的落实

企业有了标准工作流程，就要抓好落实，只要人人都按照工作流程行事，就会堵塞漏洞，避免或减少客户投诉。

5. 员工培训

在进行培训员工时要让员工知道，客户抱怨是一份礼物，它可以不断改进企业的服务系统，优化企业的工作流程，完善企业评价体系，了解客户需求。

员工不能有如下错误行为：

1）同客户争吵、争辩。

2）打断客户讲话，不了解客户关键需求。

3）批评、讽刺客户，不尊重客户。

4）强调自己是正确的，不承认错误。

5）在不了解客户需求前，随意答复客户要求。

6）员工之间不团结，表达给客户的意见不一致。

案例

一客户将轿车开到F厂，要求更换车轮轮毂轴承，业务接待员告诉客户轴承价格是600元，工时80元，共计680元。等车辆维修完毕后，业务接待员很抱歉地对客户说，轴承价格应为800元，要求客户支付880元。客户拒付这多出来的200元，并说：“假如我知道轴承800元，我就不换了。”业务接待员说：“如果不换，我给你拆下来。”客户说：“给我拆下来耽误时间怎么办？”双方僵持不下。最后找到维修厂厂长，厂长考虑了一下，同意按680元收客户的钱，并对客户表示歉意。有些员工对此事不理解，问厂长原因，厂长给他们讲了这样一个故事：在巴黎的一家时装店，有位太太看中了一套高档服装，价格为100法郎，她马上掏钱买下了这套服装。当她要离开时营业员告诉她："十分抱歉，这套衣服本应付1000法郎，由于疏忽标成了100法郎。"这位太太对此很不满意，她认为这件衣服就应以她看到的价格购买。营业员向老板反映了此问题，老板同意太太拿走衣服，并表示抱歉。第二天，这件事出现在巴黎的某家报刊上，引起轰动。这件事等于给这家服装店做了一次广告，接下来很多客户光临这家服装店，所带来的收入远远高于1000法郎。

学习任务三　客户满意和客户投诉管理实务

一　客户满意度调查及分析改进实务

（一）客户满意度调查

客户满意度是衡量企业客户对服务水平的满意程度的综合性指标，通过对满意度调查可以估计和了解客户在整个关键问题上对企业表现的看法。

1. 客户满意度的调查方法

1）选定一家独立的第三方商业咨询机构或企业成立专门组织负责调查。

2）确定在一个时间段内来企业接受服务的客户。

3）制定调查方法，如电话询问、发放调查问卷、登门拜访等。

4）制作调查问卷，并对问卷内容的不同项目设定加权值。

5）进行问卷调查。

6）对问卷结果分析整理。

7）计算客户满意度值。

8）分析企业的服务状况和潜在风险。

2. 调查应注意的问题

1）在抽取调查样本时，被调查的对象必须是亲身经历了服务过程的消费者本人。

2）样本的数量应能代表企业的实际工作状况，一般不低于服务客户数量的5%。

3）样本的个体应采取随机抽取的方法。

4）在确定加权系数时对核心项目的加权值设定应稍高。

3. 客户满意度调查表

客户满意度调查内容如下。

（1）维修质量（加权系数设为0.3）

1）正确诊断车辆故障能力。

2）车辆一次修复率。

3）按照客户要求提供服务的水平。

（2）待客（加权系数设为 0.25）

1）乐于满足客户要求。

2）为客户提供中肯的建议和信息。

3）电话回访。

4）服务流程。

5）重视客户抱怨。

（3）价格（加权系数设为 0.20）

1）维修费用合理。

2）事先说明维修费用。

3）解释维修过程。

4）解释维修费用。

（4）配件（加权系数设为 0.15）

1）配件是否缺货。

2）配件质量。

（5）时效性（加权系数设为 0.10）

1）快速登记来厂车辆。

2）遵守维修时间。

3）接待人员准确估算时间。

4）遵守预约服务。

（二）客户满意度分析

某企业根据客户满意度调查统计出客户不满意项，客户不满意项统计见表 5-5。

表 5-5 客户不满意项统计

序号	客户不满意项	项次	百分比	序号	客户不满意项	项次	百分比
1	维修质量	60	36.6%	4	配件	15	9.1%
2	待客	50	30.5%	5	时效性	10	6.1%
3	价格	29	17.7%				

（三）改进

提高客户满意度可采取以下措施。

1. 经常开展服务问卷活动

企业可制定一些与企业服务有关的信息调查表，以适当的方式让客户加以评论，通过对客户意见的分析对服务加以改进。

2. 设立投诉电话和投诉信箱

服务过程中客户的投诉不可避免，如果处理不当，客户就可能转向其他企业；如果处理得当，不仅对改进服务大有帮助，而且投诉客户可以成为忠诚客户。企业设立投诉电话和投诉信箱，建立投诉流程，处理好每一件投诉事件。注意：企业应及时将投诉处理结果告诉客户，并表示感谢。

3. 飞行检查或神秘检查

为真实评价企业内部服务质量情况，企业可委托第三方在内部人员不知道的情况下，扮成客户参与维修，感受服务情况，对企业的服务情况进行评估，以利于企业改进工作。

案例

某品牌汽车特约服务站在客户满意度调查中发现，客户不满意项中有53%是反映服务站不允许客户进车间，客户对维修情况缺乏了解，从而产生不信任感。

针对此情况，服务站采取了以下措施。

1）在客户休息室宣传栏里宣传客户不进车间的好处。

2）对有抱怨的客户，由业务接待员进行解释。

3）请示总公司在客户休息室设立可视电视，让客户在休息室就可看到车辆的维修情况。

宣传并向客户解释不进车间的好处。

一是为了您的安全。维修车间有很多潜在的危险，维修人员经过专门培训有防范意识，而您对车间整体情况不了解，不知道哪些地方不能停留，哪些物品不能接触。车间里的燃油、电解液、飞溅的铁屑可能伤害您的眼睛或皮肤，坠落的重物可能对您的身体造成伤害。

二是为了您车上物品的安全。维修人员在维修车辆时，车门是不上锁的，若客户都进入车间，难免有个别不法分子趁乱盗窃财物。

三是为了提高工作效率。车间人员太多，势必影响维修人员的工作，也会影响您爱车的完工时间。

经过宣传和解释工作，客户对服务站不允许客户进车间有了新的认识。后来，服务站在客户休息室设立可视电视，两月后的客户满意度调查中，客户不满意项中反映服务站不允许客户进车间的抱怨，由53%下降到20%。

二　汽车三包管理实务

家用汽车产品修理更换退货责任规定

2021年3月18日国家市场监督管理总局第4次局务会议通过的《家用汽车产品修理更换退货责任规定》（简称三包规定），于2022年1月1日起施行。三包规定进一步加大了消费者合法权益的保护力度，对经营者提出了更加严格的三包责任要求。

在汽车销售商售后服务中，由于汽车三包引起的客户投诉占了很大比例，这些投诉有些是客户对汽车三包政策不理解造成的，有些是维修企业对三包政策不理解造成的，有些是个别维修企业推诿扯皮造成的，不管是哪种类型的客户投诉，我们都应该认真对待。

作为汽车销售商的售后服务，在汽车三包的过程中，要培养与客户和谐共处、乐于吃苦的敬业精神，养成诚实守信、尊重他人、严于律己、宽以待人的工作态度，实现客户和企业双赢。

（一）三包规定主要内容

1. 明确责任

家用汽车产品，指消费者为生活消费需要而购买和使用的乘用车和皮卡车。质量问题，指家用汽车产品质量不符合法律、法规、强制性国家标准以及企业明示采用的标准或者明示的质量状况，或者存在影响正常使用的其他情形。严重安全性能故障，指家用汽车产品存在的危及人身、财产安全，致使无法安全使用的质量问题，包括安全装置不能起到应有的保护作用或者存在起火等危险的情形。

三包责任由销售者依法承担。销售者依照三包规定承担三包责任后，属于生产者责任或者其他经营者责任的，销售者有权向生产者、其他经营者追偿。

2. 履行义务

1）销售者应当向消费者交付合格的家用汽车产品，并履行下列规定：

① 与消费者共同查验家用汽车产品的外观、内饰等可以现场查验的质量状况。

② 向消费者交付随车文件以及购车发票。

③ 按照随车物品清单向消费者交付随车工具、附件等物品。

④ 对照随车文件，告知消费者家用汽车产品的三包条款、包修期、三包有效期、使用补偿系数、修理者网点信息的查询方式。

⑤ 提醒消费者阅读安全注意事项并按照产品使用说明书的要求使用、维护、保养家用汽车产品。

2）包修期内家用汽车产品因质量问题不能安全行驶的，修理者应当提供免费修理咨询服务；咨询服务无法解决的，应当开展现场服务，并承担必要的车辆拖运费用。

3）包修期内修理者用于修理的零部件应当是生产者提供或者认可的合格零部件，并且其质量不得低于原车配置的零部件质量。

4）修理者应当建立修理记录存档制度。修理记录保存期限不得低于 6 年。

修理记录应当包括送修时间、行驶里程、消费者质量问题陈述、检查结果、修理项目、更换的零部件名称和编号、材料费、工时及工时费、车辆拖运费用、提供备用车或者交通费用补偿的情况、交车时间、修理者和消费者签名或者盖章等信息，并提供给消费者一份。

3. 三包责任

1）家用汽车产品的三包有效期不得低于 2 年或者行驶里程 50000km，以先到者为准；包修期不得低于 3 年或者行驶里程 60000km，以先到者为准。

三包有效期和包修期自销售者开具购车发票之日起计算；开具购车发票日期与交付家用汽车产品日期不一致的，自交付之日起计算。

2）家用汽车产品在包修期内出现质量问题或者易损耗零部件在其质量保证期内出现质量问题的，消费者可以凭三包凭证选择修理者免费修理（包括免除工时费和材料费）。

修理者能够通过查询相关信息系统等方式核实购买信息的，应当免除消费者提供三包凭证的义务。

3）家用汽车产品自三包有效期起算之日起 60 日内或者行驶里程 3000km 之内（以先到者为准），因发动机、变速器、动力蓄电池、行驶驱动电机的主要零部件出现质量问题的，消费者可以凭三包凭证选择更换发动机、变速器、动力蓄电池、行驶驱动电机。修理者应当免费更换。

4）家用汽车产品在包修期内因质量问题单次修理时间超过 5 日（包括等待修理零部件时间）的，修理者应当自第 6 日起为消费者提供备用车，或者向消费者支付合理的交通费用补偿。经营者与消费者另有约定的，按照约定的方式予以补偿。

5）家用汽车产品自三包有效期起算之日起 7 日内，因质量问题需要更换发动机、变速器、动力蓄电池、行驶驱动电机或者其主要零部件的，消费者可以凭购车发票、三包凭证选择更换家用汽车产品或者退货。销售者应当免费更换或者退货。

6）家用汽车产品自三包有效期起算之日起 60 日内或者行驶里程 3000km 之内（以先到者为准），因质量问题出现转向系统失效、制动系统失效、车身开裂、燃油泄漏或者动力蓄电池起火的，消费者可以凭购车发票、三包凭证选择更换家用汽车产品或者退货。销售者应当免费更换或者退货。

7）家用汽车产品在三包有效期内出现下列情形之一，消费者凭购车发票、三包凭证选择更换家用汽车产品或者退货的，销售者应当更换或者退货：

① 因严重安全性能故障累计进行 2 次修理，但仍未排除该故障或者出现新的严重安全性能故障的。

② 发动机、变速器、动力蓄电池、行驶驱动电机因其质量问题累计更换 2 次，仍不能正常使用的。

③ 发动机、变速器、动力蓄电池、行驶驱动电机、转向系统、制动系统、悬架系统、传动系统、污染控制装置、车身的同一主要零部件因其质量问题累计更换 2 次，仍不能正常使用的。

④ 因质量问题累计修理时间超过 30 日，或者因同一质量问题累计修理超过 4 次的。

发动机、变速器、动力蓄电池、行驶驱动电机的更换次数与其主要零部件的更换次数不重复计算。

8）包修期内家用汽车产品有下列情形之一的，可以免除经营者对下列质量问题承担的三包责任：

① 消费者购买时已经被书面告知家用汽车产品存在不违反法律、法规或者强制性国家标准的瑕疵。

② 消费者未按照使用说明书或者三包凭证要求，使用、维护、保养家用汽车产品而造成的损坏。

③ 使用说明书明示不得对家用汽车产品进行改装、调整、拆卸，但消费者仍然改装、调整、拆卸而造成的损坏。

④ 发生质量问题，消费者自行处置不当而造成的损坏。

⑤ 因不可抗力造成的损坏。

（二）三包中容易引起消费者投诉的案例

1. 未在 4S 店保养，可否享受三包

三包规定：经营者不得限制消费者自主选择对家用汽车产品维护、保养的企业，并将其作为拒绝承担三包责任的理由。

【案情简介】

消费者购买的一辆合资品牌的越野车，带自动变速器，该车目前已使用了 1 年 5 个月，行驶了 15000 多 km。最近车辆在行驶中出现不能升档的故障现象，到经销商处检查发现是自动变速器的电磁阀损坏，需要更换。经销商表示该车只在经销商处做了首次保养，其余更换机油等保养项目都是在其他维修企业进行的，故拒绝承担三包责任，要消费者自费维修，消费者不认可。

【相关规定】

《家用汽车产品修理更换退货责任规定》第三十二条规定，经营者不得限制消费者自主选择对家用汽车产品维护、保养的企业，并将其作为拒绝承担三包责任的理由。

【处理意见】

消费者更换机油等保养项目所在维修企业具有汽车二类维修资质，经销商不得限制消费者自主选择对家用汽车产品维护、保养的企业，且该车进行的保养项目不涉及自动变速器，因此经销商应承担该车的三包责任。

2. 修理次数如何统计

三包规定：同一质量问题累计修理超过 4 次的，消费者凭购车发票、三包凭证选择更换家用汽车产品或者退货的，销售者应当更换或者退货。

在维修实践中，修理一次没有找到故障，让消费者先跑跑看或删除故障码等算修理次数吗？

【案情简介】

消费者购买的一辆进口混合动力轿车，在使用 17 个月、行驶里程达到 28000km 时，仪表盘上的混合动力故障警告灯亮起。

消费者到经销商处检测，经销商的维修人员认为是车辆误报故障码，删除了故障码。一个月后，仪表故障警告灯又亮起，经销商维修人员检测是同一故障码，再次删除了故障码。车辆行驶一个月，相同的故障码第 3 次出现时，经销商为车辆更换了新的行驶驱动电机。更换行驶驱动电机后一个月内，相同的故障码又出现，经销商的维修人员做了删除故障码处理。此后的一个月内相同的故障码多次出现，经销商的维修人员均只做了删除故障码处理。消费者认为车辆有严重安全隐患，要求全额退购车款或更换新车。经销商则认为已遵照生产厂家操作手册进行维修，自己没有过错，不同意消费者的要求。

【相关规定】

《家用汽车产品修理更换退货责任规定》第二十四条规定，家用汽车产品在三包有效期内，因质量问题累计修理时间超过 30 日，或者因同一质量问题累计修理超过 4 次的，消费者凭购车发票、三包凭证选择更换家用汽车产品或者退货的，销售者应当更换或者退货。

【处理意见】

因产品质量问题引起车辆出现故障码，经销商采取的使车辆暂时恢复正常的修理均计入修理次数和修理时间。本案中，经销商通过删除故障码对车辆进行维修，应计入修理次数和修理时间。当前车辆同一产品质量问题的修理次数已超过 4 次，消费者可以要求更换车辆。

3. 更换后部件的质保期如何计算

三包期内部件出现故障更换后，是否就没有质保期呢？按三包规定，这些做法是违规的。

【案情简介】

消费者购买了一辆合资品牌轿车，装备双离合变速器，该车在质保期内（该车的质保期为 10 年 16 万 km）因行驶中失去动力的故障，在经销商处更换了变速器的机电控制单元。更换变速器的机电控制单元三个月后，相同故障再次发生，经销商维修人员检测认为是变速器的机电控制单元又损坏了，需要再次更换，并且表示因机电控制单元已经更换一次，更换后的零部件没有保修，要消费者自费更换。

消费者认为更换变速器的机电控制单元后，未超过车辆 10 年 16 万 km 的质保期，要求经销商更换机电控制单元，但经销商拒绝了消费者的要求。

【相关规定】

《家用汽车产品修理更换退货责任规定》第十九条规定，家用汽车产品在包修期内出现质量问题或者易损耗零部件在其质量保证期内出现质量问题的，消费者可以凭三包凭证选择修理者免费修理（包括免除工时费和材料费）。第二十九条规定，按照本规定更换的家用汽车产品，其三包有效期和包修期自更换之日起重新计算。

【处理意见】

消费者的车辆在包修期内，因质量问题由经销商更换零部件的，更换后的零部件仍享受质保，如出现质量问题，经销商仍需对其承担包修责任。

4. 包修期内出现的质量问题，在包修期外可以免费修理吗

在三包期内没有给消费者解决问题，出了三包期是否可以不免费呢？三包规定是不可以的。这也要求售后服务一定要认真负责，及时解决汽车故障。

【案情简介】

消费者购买的一辆 SUV，在包修期内液晶屏幕出现了轻微闪屏的故障，到经销商处检查后被告知需要更换液晶屏面板，但经销商处没有配件，因此告知消费者该故障对车辆使用影响不大，先继续使用，等后续有配件的时候可再到店维修。

在车辆继续使用一年后，消费者在一次进店保养时再次要求经销商对液晶屏幕进行维修，但经销商表示车辆已经超出包修期 6 个月，需自费维修。

【相关规定】

《家用汽车产品修理更换退货责任规定》第十九条规定，家用汽车产品在包修期内出现质量问题或者易损耗零部件在其质量保证期内出现质量问题的，消费者可以凭三包凭证选择修理者免费修理（包括免除工时费和材料费）。

【处理意见】

虽然车辆超出了包修期，但是在包修期内消费者已经向经销商反映了产品质量问题，由于经销商自身原因，没有及时对车辆进行维修，因此即使车辆超出包修期，经销商仍需继续履行相应的三包责任。

思 考 题

1. 客户满意的表达式是什么？
2. 客户关怀的基本原则是什么？
3. 客户关怀的实施要点有哪些？
4. 处理投诉的原则是什么？
5. 三包规定主要内容有哪些？

模块六
汽车维修质量管理

问题导入：

产品质量有个十倍原则：一个不合格品，如果在生产中被发现，需花费 10 元，如果在出厂检验时被发现，则需花费 100 元，而如果被客户发现，就需花费 1000 元。那么，汽车维修企业应该如何抓好汽车维修质量管理呢？

学习目标：

1. 掌握全面质量管理的含义和基本特点
2. 掌握汽车维修质量检验内容和检验方法
3. 掌握汽车维修质量保证体系

素质目标：

1. 培养爱岗敬业、精益求精、一丝不苟的工匠精神
2. 培养质量意识、安全意识和法治意识

学习任务一　认识汽车维修质量管理

一　汽车维修质量的概念

所谓质量，是指产品或工作的优劣程度。汽车维修是为了维持或恢复汽车完好技术状况和工作能力而进行的作业，它属于一项服务性的技术工作。因此，汽车维修质量包括维修的技术质量和服务质量两个方面。从技术角度讲，汽车维修质量是指汽车维修作业对汽车完好技术状况和工作能力维持或恢复的程度；从服务角度讲，汽车维修质量是指用户对维修服务的态度、水平、及时性、周到性以及收费等方面的满意程度。

本部分主要从技术方面讨论汽车维修质量管理问题。

二　汽车维修质量管理的任务

汽车维修质量的优劣是由许许多多相关的因素决定的，它既取决于汽车维修企业内部各个方面、各个部门和全体人员的工作质量，也与社会的经营环境、管理环境等外部条件相关。因此，为了保证和提高汽车维修质量，必须对影响汽车维修质量的相关因素实施系统的管理。

汽车维修质量管理是汽车维修企业为了保证和提高汽车维修质量而进行的计划、组织、

协调和控制活动。

汽车维修质量管理是汽车维修企业管理的重要内容之一。汽车维修质量是对汽车本身质量的维持和保障，汽车维修质量的好坏决定着汽车能否保持良好的技术状态并安全地行驶。因此，汽车维修企业必须高度重视汽车维修质量管理，采取严格的技术手段和管理措施，保证和提高汽车维修质量，保障人们的生命和财产安全。

汽车维修质量管理的任务主要有以下四个方面。

1）加强质量管理教育，提高全体员工的质量意识，牢固树立“质量第一”的观念，做到人人重视质量，处处保证质量。

2）制定企业的质量方针和目标，对企业的质量管理活动进行策划，使企业的质量管理工作有方向、有目标、有计划地进行。

3）严格执行汽车维修质量检验制度，对维修车辆从进厂到出厂的维修全过程，以及维修过程中的每一道工序，都要实施严格的质量监督和质量控制。

4）积极推行全面质量管理等科学、先进的质量管理方法，建立健全汽车维修质量保证体系，从组织、制度和日常工作管理等方面，对汽车维修质量实施系统的管理和保证。

三 全面质量管理

在长期的质量管理实践中，人们探索、总结出许多质量管理的科学理论和方法。全面质量管理是科学的、先进的质量管理方法之一，因此，长期以来在国外许多国家和我国各类企业中得到广泛的应用。

全面质量管理

1. 全面质量管理的含义和基本特点

全面质量管理是指企业以提高产品（或服务）的质量为目的，组织企业的所有部门、全体员工共同参与，从产品设计、生产制造到产品售后服务的全过程，对影响产品质量的专业技术、生产条件、经营业务、工作流程以至员工的思想与技术素质等各个方面的因素，进行系统的、全面的管理。

全面质量管理的核心是管理的全员性、全过程性和全方位性，即“三全管理”。

1）全员管理就是企业全体员工都参与质量管理。

2）全过程管理就是对产品设计、生产制造到产品售后服务的全过程都进行质量控制。

3）全方位管理就是对影响产品质量的方方面面的因素进行全方位的管理。

全面质量管理的基本特点是从过去的事后检验、把关为主，转变为以预防、改进为主；从管结果变为管因素，把影响质量的各种因素查出来，发动全员，针对主要矛盾，依靠科学的管理程序和方法，使生产经营的全过程处于受控状态。全面质量管理既注重对机械、材料、方法和环境等工程质量因素的管理，也注重对人的工作质量的管理。

全面质量管理要求建立健全完善的质量保证体系，通过一定的组织机构、规章制度、工作程序，把质量管理活动系统化、标准化、制度化。

2. 全面质量管理的工作程序

全面质量管理强调科学的管理工作程序，通过计划（Plan）、执行（Do）、检查（Check）、处理（Action）循环式的工作方式，即PDCA工作循环，分阶段、按步骤开展质量管理活动，促进质量管理工作循环不断提高。

PDCA 工作循环包括四个阶段，共分为八个工作步骤。

1）计划阶段（P）分为四个步骤，即

第一步，分析质量现状，找出质量问题。

第二步，分析产生质量问题的原因。

第三步，从各种原因中找出影响质量的关键原因。

第四步，制订工作计划和措施。

2）执行阶段（D）包括一个步骤，即

第五步，执行计划，落实措施。

3）检查阶段（C）也包括一个步骤，即

第六步，检查计划执行的情况和措施实施的效果。

4）处理阶段（A）分为两个步骤，即

第七步，把有效措施纳入各种标准或规程中加以巩固，无效措施不再实施。

第八步，将遗留问题转入下一个循环继续进行。

PDCA 工作循环具有如下特点。

1）每一个阶段本身也是按 PDCA 方式运转并循环的，即所谓“大循环套小循环”。

2）整个企业、各个科室、车间、班组和个人都有自己的 PDCA 工作循环，并且相互协调、相互促进。

3）工作循环的四个阶段之间是紧密衔接的，不能间断。

4）工作循环的四个阶段是周而复始的，不能停顿。

5）每一个循环结束后，下一轮循环又在更高的水平上进行，即每转动一圈就上升一步，实现一个新的目标。如此反复循环，质量问题不断地得到解决，就会使管理水平、工作质量和产品质量步步提高。

四 汽车修理质量检查评定

《汽车修理质量检查评定方法》（GB/T 15746—2011）规定了汽车修理质量的评定内容、评定要求和评定规则。

1. 评定内容

汽车修理质量检查评定包括汽车整车修理质量评定、汽车发动机修理质量评定和汽车车身修理质量评定。

（1）汽车整车修理质量评定　汽车整车修理质量评定是对汽车整车修理竣工质量和汽车整车修理过程中维修档案完善程度的综合评价。

（2）汽车发动机修理质量评定　汽车发动机修理质量评定是对汽车发动机修理竣工质量和汽车发动机修理过程中维修档案完善程度的综合评价。

（3）汽车车身修理质量评定　汽车车身修理质量评定是对汽车车身修理竣工质量和汽车车身修理过程中维修档案完善程度的综合评价。

2. 评定要求

（1）汽车整车修理质量

1）维修档案评定。汽车整车修理维修档案的评定应包括核查维修合同，汽车整车修理进厂检验单、过程检验单和竣工检验单，机动车维修竣工出厂合格证，维修工时费和材料费结算清单6个核查项目。

2）竣工质量评定。汽车整车修理竣工质量的评定应包括整车外观及装配检查、总成机构检查及主要技术性能测试等方面的50个核查项目。

（2）汽车发动机修理质量

1）维修档案评定。汽车发动机修理维修档案的评定应包括核查维修合同，汽车发动机修理进厂检验单、过程检验单和竣工检验单，机动车维修竣工出厂合格证，维修工时费和材料费结算清单6个核查项目。

2）竣工质量评定。汽车发动机修理竣工质量的评定应包括发动机外观及装备检查，起动性能、运转性能检查，动力性、经济性、排放性能检测等。其中，汽油发动机和柴油发动机各16个核查项目。

（3）汽车车身修理质量

1）维修档案评定。汽车车身修理维修档案的评定应包括核查维修合同，汽车车身修理进厂检验单、过程检验单和竣工检验单，机动车维修竣工出厂合格证，维修工时费和材料费结算清单6个核查项目。

2）竣工质量评定。汽车车身修理竣工质量的评定应包括外观尺寸、内外蒙皮及油漆的外光检查，货箱、行李舱、门窗、座椅及附件的检查等。其中，客车和货车各18个核查项目。

3. 评定规则

1）汽车修理质量评定结果用综合项次合格率表示，分为优良、合格、不合格3个等级。

2）每个核查项目的内容全部符合技术要求，即可判定该项目为合格，否则判定为不合格。

3）核查项目按其重要程度分为“关键项”和“一般项”。“关键项”中出现一项不合格的，即可判定该汽车修理质量为不合格。

4）“关键项”均合格时，综合项次合格率按下式计算：

$$\beta_0=\left(k_1\frac{n_1}{m_1}+k_2\frac{n_2}{m_2}\right)\times 100\%$$

式中 β_0——综合项次合格率；

n_1——汽车维修档案核查合格项目数之和；

n_2——汽车修理竣工质量核查合格项目数之和；

m_1——汽车维修档案应核查项目数之和；

m_2——汽车修理竣工质量应核查项目数之和；

k_1——汽车维修档案核查的权重系数，取 $k_1=0.2$；

k_2——汽车修理竣工质量核查的权重系数，取 $k_2=0.8$。

5）汽车修理质量的综合判定标准见表6-1。

表6-1 汽车修理质量的综合判定标准

等级	综合判定标准
优良	“关键项”均合格，且 $\beta_0\geqslant 95\%$（大型营运货车为 $\beta_0\geqslant 90\%$）
合格	“关键项”均合格，$85\%\leqslant\beta_0<95\%$（大型营运货车为 $80\%\leqslant\beta_0<90\%$）
不合格	“关键项”出现一项不合格，$\beta_0<85\%$（大型营运货车为 $\beta_0<80\%$）

注：大型营运货车指最大允许总质量大于或等于25000kg的营运货车。

案例

某汽修厂对质量有这样的承诺：

1. 假一赔十承诺

使用假冒伪劣零配件，应更换的零配件而不给客户更换。

2. 返工和超时赔500元承诺

有下列问题之一的，赔偿用户500元现金：①维修项目在出厂3个月内出现质量问题导致返修，且返修时间超过2h。②因公司的责任导致不能准时交车的（未定项目或追加项目除外）。

汽车维修质量检验

学习任务二　汽车维修质量检验

一　汽车维修质量检验的任务

汽车维修质量检验就是通过一定的技术手段对维修的整车、总成、零部件等的质量特性进行测定，并将测定的结果与规定的汽车维修技术标准相比较，判断其是否合格。

在汽车维修企业中，维修质量检验工作的基本任务包括以下三个方面。

1）测定维修的整车、总成、零部件等的质量特性。

2）对汽车维修过程实施质量监督与控制。

3）对汽车（包括整车、总成、零部件）维修质量进行评定。

二　汽车维修质量检验的工作内容和步骤

1. 掌握标准

根据汽车维修技术标准和规范，明确检验项目、质量特性及参数，掌握检验规则和数据处理方法。

2. 进行测定

按规定的检测方法对检测对象进行测定，得出维修质量的各种特性值。

3. 数据比较

将所测得的维修质量特性数据与汽车维修技术标准进行分析比较，判断其是否符合汽车维修质量要求。

4. 做出判定

根据分析比较的结果，判定本项维修作业质量合格或不合格。

5. 结果处理

对维修质量合格的维修作业项目签署合格意见；对汽车维修竣工出厂检验合格的车辆，签发维修合格证；对维修质量不合格的车辆提出返工处理意见。

三 汽车维修质量检验的类别及检验内容

汽车维修质量检验是贯穿于整个汽车维修过程的一项重要工作，按照其工艺程序可分为进厂检验、汽车维修过程检验和汽车维修竣工出厂检验三类。

1. 进厂检验

进厂检验是对送修车辆的装备和技术状况进行检查鉴定，以便确定维修方案。进厂检验的主要内容和步骤如下。

1）车辆外观检视。

2）车辆装备情况检查。

3）车辆技术状况检查，并听取驾驶人或车主的情况反映。

4）填写车辆进厂检验单。

5）查阅车辆技术档案和上次维修技术资料。

6）判断车辆技术状况，确定维修方案。

7）签订维修合同，办理交接车手续。

2. 汽车维修过程检验

汽车维修过程检验是指在汽车维修过程中，对每一道工序的加工质量、零部件质量、装配质量等进行的检验。汽车维修过程检验有以下主要内容。

（1）零部件分类检验　零部件分类检验是在汽车或总成解体并进行清洗后，按照零部件损伤程度将其确定为可用件、需修件和报废件三类。零部件分类检验之后，将可用件留用，需修件送修，报废件送入废品库。

零部件分类检验的主要依据是汽车维修技术标准，凡零部件磨损量和几何公差在标准允许范围内的，即为可用件；凡零部件磨损量和几何公差超过标准允许范围，但还可修复使用的，为需修件；凡零部件损伤严重且无法修复使用的则为报废件。

零部件分类检验是汽车维修过程检验重要的检验内容，对汽车维修质量和汽车维修成本都有着直接的影响。

（2）零部件修理加工质量检验　对就车修理的零部件，在修理加工之后，应依据汽车维修技术标准进行检验，检验合格的才允许装车使用。

（3）各总成装配及调试的过程检验　汽车维修过程检验是汽车维修质量控制的关键。对影响重要质量特性的关键工序或项目，应作为重要的质量控制点进行检验，以确保汽车维修关键项目的质量稳定；对在汽车维修过程中，故障发生率高、合格率低的工序或项目以及对下一道工序影响大的工序，应多设几个质量控制点，加强检验，使影响工序质量的多种因素都能得到控制。

汽车维修过程检验一般采用岗位工人自检、工人互检和专职检验员检验相结合的检验方式。因此，汽车维修企业必须建立严格的检验责任制度，明确检验标准、检验方法和分工，做好检验记录，严格把握过程检验质量关，凡不合格的零部件、装配不合格的总成都必须返工，不得流入下一道工序。

3. 汽车维修竣工出厂检验

汽车维修竣工出厂检验是在汽车维修竣工后、出厂前，对汽车维修总体质量进行的全面验收检查，检验合格的可签发机动车维修合格证。

汽车维修竣工出厂检验的主要内容和步骤如下。

1）整车外观技术状况检查。

2）整车及各主要总成的装备和附属装置情况检查。

3）发动机运行状况及性能检验。

4）汽车运行状况及性能检验。可通过路试或汽车综合性能检测线进行检验。

5）对检验合格的车辆进行最后验收，并填写汽车维修竣工出厂检验记录单。

6）对维修质量合格的车辆签发机动车维修合格证。

7）办理汽车维修竣工出厂交接手续。

汽车维修竣工出厂检验是对汽车维修质量的最后把关，并由汽车维修专职检验员进行检验。检验人员必须依据汽车维修技术标准逐项地、全面地进行检查。对验收检查中发现的缺陷和不合格的项目，必须立即进行处理，不允许有缺陷的车辆出厂。只有所有的项目都达到汽车维修技术标准的要求，维修质量检验人员才能够签发维修合格证。

《中华人民共和国道路运输条例》明确规定："机动车维修经营者对机动车进行二级维护、总成修理或者整车修理的，应当进行维修质量检验。检验合格的，维修质量检验人员应当签发机动车维修合格证。"因此，汽车维修质量检验是汽车进行二级维护、总成修理或者整车修理过程中的法定程序，汽车维修企业必须严格执行。

四 汽车维修质量检验的方法

根据检验对象的不同，汽车维修质量检验通常可采用人工检视诊断法和仪器设备检测诊断法两种方法。

1. 人工检视诊断法

人工检视诊断法就是汽车维修质量检验人员通过眼看、耳听、手摸等方法，或借助简单的工具，在汽车不解体或局部解体的情况下，对车辆的外观技术状况和可以直接看到、听到或触摸到的外在技术特性进行检查，并在一定的理论知识指导下根据经验对检查的结果进行分析，判断其是否合格。

人工检视诊断法主要用于检验车辆的外观清洁、车身的密封和面漆状况、灯光仪表状况、各润滑部位的润滑情况，以及各螺栓连接部位的紧固情况等。

2. 仪器设备检测诊断法

仪器设备检测诊断法是在汽车不解体的情况下，利用汽车检测诊断仪器设备直接检测出汽车的性能和技术状态参数值、曲线或波形图，然后将其与标准的参数值、曲线或波形图进行比较分析，判断其是否合格。有的检测诊断仪器设备还可以直接显示判断结果。

仪器设备检测诊断法是现代汽车维修质量最主要、最基本的检验方法，汽车大修、总成大修和二级维护等作业中的主要检测项目都必须采用仪器设备检测诊断法进行检验。

五 汽车维修质量检验的标准

汽车维修标准和技术规范是进行汽车维修质量检验的依据。汽车维修企业和汽车维修质量检验人员必须认真贯彻执行国家法律和交通运输部颁布的汽车维修有关技术标准与技术规范以及相关的地方标准，并严格按照标准和技术规范指导汽车维修作业与汽车维修质量检验，保证汽车维修质量。有条件的企业还应当依据国家标准、行业标准和地方标准的要求制定企业技术标准，不断提高汽车维修质量。

其他相关标准还有交通运输部和相关部门发布的各项汽车修理技术条件、机动车运行安全技术条件、机动车排放标准和测量方法、机动车允许噪声及测量方法等。

案例

某运输企业的一辆空调大客车在进行二级维护时，维修人员忽视了转向横拉杆球形节的检修工作，检验人员也没有检查横直拉杆及球形节状况，结果汽车在跑长途的途中，因球形节紧固螺栓锈蚀、松旷、螺纹拉损，从而切断安全销，球形节脱落，致使汽车方向失控而翻车，造成了严重的人身伤亡事故。

学习任务三　汽车维修质量保证体系和一次修复率提高

质量是生命，质量不仅是企业的生命，也关系到客户的生命安全。为了保证汽车维修质量不断提高，汽车维修企业应当树立科学的全面质量管理观念，建立健全企业内部质量保证体系，调动企业全员的积极性，全面加强质量管理。

汽车维修质量保证体系是指汽车维修企业以保证和提高汽车维修质量为目标，把与汽车维修质量管理紧密相关的各种要素、各个环节、各个部门统一组织起来，形成一套目标一致、相互协调的综合性质量管理工作系统，以促进汽车维修质量管理工作系统化、规范化、制度化、经常化。

一　明确的质量方针和目标

企业的质量方针和目标是企业制定的质量管理行为宗旨及所要达到的标准，是企业质量管理工作的纲领和方向。质量方针和目标的制定与实施，是汽车维修质量的重要保证之一。

汽车维修是一项服务性技术工作，汽车维修企业应当以为客户提供优质服务、保证用户满意、确保车辆无故障安全运行为基础，制定质量方针和目标，指导企业的质量管理活动，还应根据企业的条件，制定出切实可行的且具有一定先进性的质量方针和目标体系，并将质量目标体系逐项、逐级地分解到各个质量控制岗位，确保质量目标的实施。同时，随着汽车维修市场的不断发展，企业应当根据市场的变化情况，及时制定企业的质量方针和目标。

二　专职质量管理机构

各类汽车维修企业应当建立与其维修类别相适应的质量管理组织机构。质量管理机构的组织形式可根据企业规模的大小而定。一般一、二类维修企业应建立质量管理领导小组，其成员由企业技术负责人、专职总检验员及质量管理部门和其他有关部门的负责人组成，并且还应单独设立质量检验科室等质量管理的具体办事机构，负责日常具体的质量管理工作。三类维修业户应有明确的质量负责人，负责日常的质量管理工作。

汽车维修企业的质量管理机构和质量管理人员的主要职责如下。

1）认真贯彻执行国家的质量管理法律、法规。

2）贯彻执行国家法律和交通运输部颁布的有关汽车维修技术标准，以及有关汽车维修的地方标准。

3）制定汽车维修工艺和操作规程。

4）依据国家标准、行业标准、地方标准的要求，制定汽车维修企业技术标准。

5）建立健全汽车维修企业内部质量保证体系，加强质量检验，掌握质量动态，进行质量分析，推行全面质量管理。

6）开展质量评优与奖惩工作。

各类汽车维修企业还必须设有质量检验员。质量检验员必须经过当地汽车维修行业管理部门培训、考核并取得汽车维修质量检验员证书。

三 严格的汽车维修质量管理制度

汽车维修企业必须严格执行国家和当地维修行业主管部门制定的有关汽车维修质量管理制度与法规，并且要建立健全企业内部相关的质量管理制度，并认真遵守和执行。

1. 汽车维修质量检验制度

汽车维修企业必须按规定配备质量检验员。对汽车进行二级维护、总成修理或整车修理都应当进行质量检验。车辆进厂时、维修过程中以及竣工出厂时，必须由专职检验人员负责检验，并认真填写维修检验单。在汽车维修过程中，每道工序的检验，可以采用自检、互检和专职检验相结合的方法，做到层层把关，严格检验。

2. 汽车维修合格证制度

对于进行整车大修、总成大修和二级维护作业的车辆，在维修竣工出厂时，经检验合格的，维修质量检验人员应当签发“机动车辆维修合格证”。维修出厂合格证由各省维修行业主管部门统一印制。它是车辆维修合格的标志，是制约维修企业质量保证的重要手段。维修企业及质量检验人员必须严格对待出厂合格证的签发，加强出厂质量检验，保证做到不合格的车辆绝对不能签发合格证；对于经检验合格的车辆，一经签发合格证，就要由厂方和检验人员负责。

3. 维修质量保证期制度

机动车维修实行竣工出厂质量保证期制度。汽车和危险货物运输车辆整车修理或总成修理质量保证期为车辆行驶 20000km 或者 100 日；二级维护质量保证期为车辆行驶 5000km 或者 30 日；一级维护、小修及专项修理质量保证期为车辆行驶 2000km 或者 10 日。

在质量保证期中，行驶里程和日期指标以先达到者为准。机动车维修质量保证期，从维修竣工出厂之日起计算。

在质量保证期和承诺的质量保证期内，因维修质量原因造成机动车无法正常使用，且承修方在 3 日内不能或者无法提供因非维修原因而造成机动车无法使用的相关证据的，机动车维修经营者应当及时无偿返修，不得故意拖延或者无理拒绝。

4. 质量管理岗位责任制度

为了增强每个职工的质量意识，确保每个岗位的工作质量，维修企业必须根据每个岗位的质量目标、业务标准和工作程序，制定严格的岗位责任制度，把实现质量目标的相关规定、要求和注意事项等具体落实到每个岗位的每个职工身上，使每个职工都有明确的方向和职责，都能够自觉地按照规定和要求对各自岗位的质量管理工作负责。此外，维修企业还要有严格的奖励和惩罚制度，对每个岗位的质量管理水平都要进行严格考核和奖惩。

四 实行质量管理业务标准化和质量管理流程程序化

汽车维修质量的好坏是由维修企业中每个岗位的工作人员的工作质量所决定的。因此，维修企业内部必须根据总的质量方针和目标的要求，明确规定每个岗位的质量管理的具体目标和要求，明确每个岗位实现质量目标的工作标准和技术标准，使每个岗位的工作都有标准执行，并且都能够按照标准执行。同时，维修企业对每个岗位的工作程序以及各个岗位之间工作的相互联系与衔接，都要制定明确的管理流程，使各项工作都能按程序进行。

质量管理业务标准化，就是针对维修企业中重复出现的质量管理业务工作制定标准，并作为制度执行；管理流程程序化，就是将维修企业中形成的合理的质量管理业务工作流程规范起来，形成固定的程序，并将其用图表标示出来以指导执行。

五 开展质量管理小组活动

质量管理小组简称 QC 小组，是以保证和提高产品质量、工作质量、服务质量为目的，围绕生产和工作现场存在的问题，由生产班组或科室人员自愿组织、主动开展质量管理活动的小组。建立 QC 小组、开展 QC 小组活动是企业开展全面质量管理、提高质量水平的有效的质量保证形式。

QC 小组的任务是在小组范围内控制质量，一般以工作质量为主，其职能是实现质量点控制，即选择那些对质量有重大影响的关键环节、关键点实施控制。对于汽车维修质量，重点应当控制车辆进厂检验、维修作业过程检验、维修竣工检验以及汽车零部件选用与检验等关键环节。在汽车维修企业中，应重点扶持这些关键岗位的 QC 小组的活动，以点带面，形成整个企业的全面质量控制网络。

六 加强汽车维修配件及原材料质量管理

现代汽车维修越来越多地采用换件维修的方式，汽车维修配件质量是影响汽车维修质量的关键因素之一。因此，维修企业首先应当严把维修原材料及配件采购供应关，坚决杜绝采购假冒伪劣的产品，要建立原材料和配件采购进厂入库检验制度和采购人员责任制度，在采购进厂入库前必须由专人逐件进行检验查收，并由采购人员和管理人员签字。在维修作业领用材料时，要认真填写“领料单”，注明规格、型号、材质、产地、数量，并由领发人员分别签字。在维修作业过程中，检验人员应对原材料再次进行检验，严防不合格原材料和配件装车使用。

七 做好汽车维修质量管理的基础工作

汽车维修质量管理的基础工作主要包括以下内容。

1）建立健全质量管理制度。

2）建立健全车辆维修技术档案并认真填写和保存。

3）认真执行汽车维修技术国家标准、行业标准和企业标准，具有完整的汽车维修技术资料。

4）具有完善的进厂检验单、过程检验单、竣工检验单、维修合同文本和维修出厂合格证等技术文件。

5）具有维修计量器具和检测仪器与设备使用管理制度，并对维修设备定期进行精度和性能检查。

八 建立汽车维修质量信息反馈系统

汽车维修质量信息反馈系统的作用是迅速、及时、准确地将汽车维修过程中的质量信息反馈到企业维修质量管理系统中，以便随时掌握维修质量情况；对于汽车维修过程中出现的维修质量问题，要能够及时查明原因，找到问题的关键点，并通过企业维修质量管理系统及时进行质量控制和改进。

汽车维修质量信息反馈包括汽车维修企业内部质量信息反馈和企业外部质量信息反馈。汽车维修企业内部质量信息反馈主要有进厂检验、维修过程检验、维修竣工出厂检验的质量信息反馈等，并由专职汽车维修质量检验人员组成信息反馈网络。企业内部质量信息反馈系统的主要信息形式是各种维修检验记录单和技术档案。汽车维修企业外部质量信息反馈主要由客户质量信息反馈、汽车维修质量监督检验站质量信息反馈、道路运政管理机构质量信息反馈等组成。企业外部质量信息反馈系统的主要信息形式是客户质量信息调查、客户质量投诉、汽车维修质量监督检验报告、行业管理统计与考核报表等。

汽车维修质量信息反馈系统可以由人工通过各种单证、报表、书面报告等信息载体形式进行管理。目前在汽车维修企业中，利用计算机对汽车维修信息进行管理已经越来越广泛地应用于汽车维修质量信息反馈系统。

案例

案例 1： 某维修企业的一个业务接待员辞职了，于是老板让车间唯一的检验员接替，虽然有很多人提出反对意见，老板却总是摇摇头，说让修理工加强责任心就行了。此后陆续有零星返工发生，老板也没在意，直到有一天维修工在更换某轿车机油滤芯时，由于用力过猛，造成滤芯表面变形，当时没有人发现。后来，车辆在高速公路上行驶时，滤芯表面变形处破裂，机油漏出，造成发动机烧瓦，该维修企业损失了一万多元。

案例 2： A 维修厂维修了一台严重损坏的事故车，由于作业班组责任心不强，技术水平不高，车辆勉强出厂后，三天两头回厂返工，不是今天这儿爆漆，就是明天那儿异响，更让车主恼火的是车架校正不好，车辆跑偏。车主找到厂长讨要说法，厂长组织有关人员讨论，大家提出了很多意见，厂长给大家讲了海尔质量管理“三部曲”：第一步提出质量观念，“有缺陷的产品就是废品”；第二步推出“砸冰箱”事件；第三步构造“零缺陷”管理机制；引起员工心灵上的震撼，将质量理念渗透到每一位员工的心里。

厂长要求按海尔质量管理理念来处理客户投诉，他们首先组织了现场会分析返工的原因，对责任者进行了处罚。然后对车辆进行全面返工，将发动机吊下，重新校正车架，全车重新烤漆，最终使客户达到满意。最后，A维修厂以此案例为契机，制定了预防返工措施和回厂返工处理流程。

通过这次返工的处理，A维修厂的质量管理水平也因此上了一个新台阶。

九 一次修复率管理实务

$$一次修复率=1-\frac{当期返修台次}{当期进厂台次}$$

（一）一次修复率分析

说到一次修复率，可能有人会想到传统的考核指标——返修率，从公式上看，好像是

$$一次修复率=1-返修率$$

其实，一次修复率与传统的考核指标返修率中的返修台次是不一样的，两者之间有较大的差别。

传统的考核指标返修率对“返修台次”的定义是：在统计期内竣工出厂的车辆在一定里程内，由于维修工艺或材料配件质量不符合要求等原因回厂再次进行修理的台次数。从一次修复率定义来看，引起返修的原因如下。

1）维修工艺不符合要求。

2）材料配件质量不符合要求。

3）配件缺货或发运来的配件规格、型号不符。

4）误诊断。一些普通的问题，如轮胎噪声，由于不能准确判断故障而让客户三番两次地进厂检修。

5）采取临时方案。对一些偶发故障，由于没有确定的方案，只是临时采取一个方案让客户试试看，而导致客户返修。

通过一次修复率与传统的考核指标返修率中返修台次的对比，可以发现一次修复率更能体现以客户满意为中心的思想。

通过一次修复率的月份趋势曲线图，可以找出一次修复率降低的原因。

某企业上年度一次修复率统计见表6-2。

表6-2 某企业上年度一次修复率统计

月份	一次修复率	月份	一次修复率
1月	98.70%	7月	98.50%
2月	98.50%	8月	98.00%
3月	98.10%	9月	97.80%
4月	98.10%	10月	98.80%
5月	99.10%	11月	98.90%
6月	98.60%	12月	98.50%

该企业一次修复率的月份趋势曲线图如图 6-1 所示。

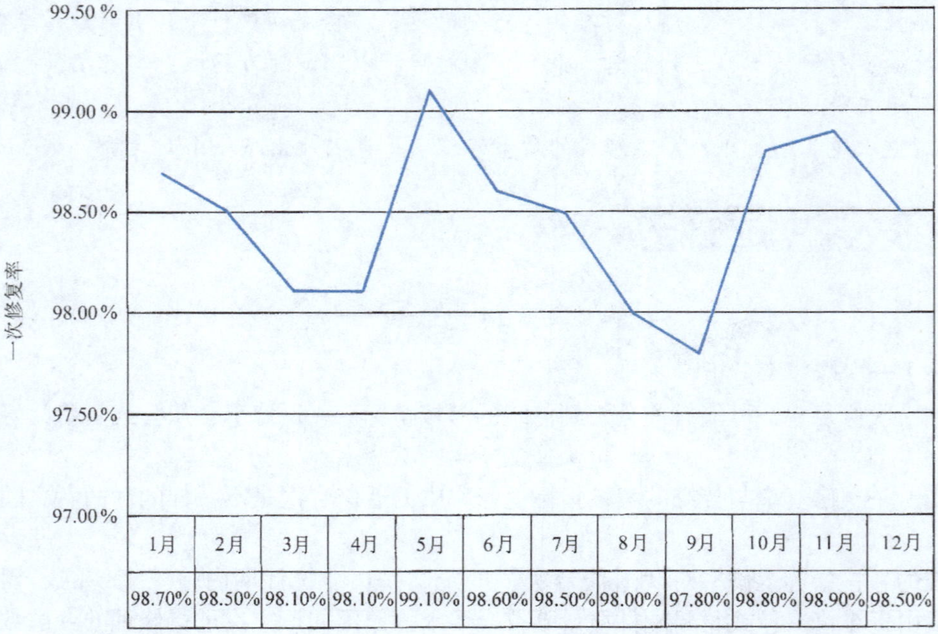

图 6-1　该企业一次修复率月份趋势曲线图

对年度返修台次进一步分析，在 258 台次的返修中，维修工艺 84 台次，占 32.56%；配件质量 66 台次，占 25.78%；配件缺货 76 台次，占 29.46%；其他 32 台次，占 12.40%。对维修工艺引起的返工进一步分析，维修工艺返工情况见表 6-3，维修工艺返工分析如图 6-2 所示。

表 6-3　维修工艺返工情况

序　号	项　目	频　次	频　率	累计频率
1	调整不当	26	30.95%	30.95%
2	装配失误	23	27.38%	58.33%
3	紧固不当	19	22.62%	80.95%
4	作业漏项	11	13.10%	94.05%
5	其他	5	5.95%	100.00%
6	合计	84	100%	100%

（二）一次修复率的控制

一次修复率的控制应贯穿于整个维修过程中。

1. 接车

1）必须充分记录客户关心的问题重点与要求，业务接待员详细记录客户车辆问题是修复成功的第一步。

2）接车时业务接待员应详细询问用户车辆故障发生时的现象、车辆日常使用条件、故障发生频率及条件等重要信息，并做好相应记录。

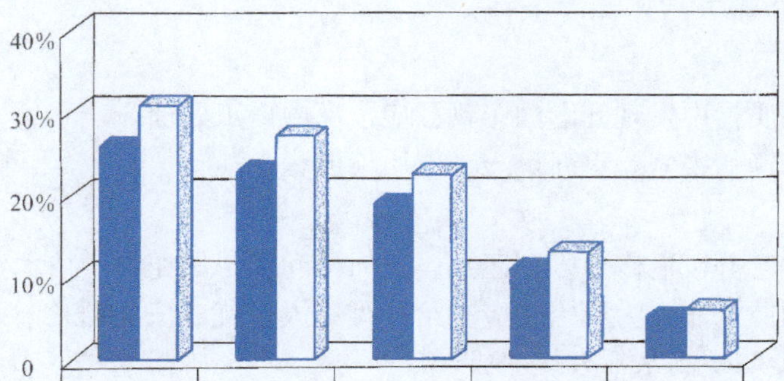

	调整	装配	紧固	作业	其他
频次	26	23	19	11	5
频率	30.95%	27.38%	22.62%	13.10%	5.95%

图 6-2　维修工艺返工分析

2. 诊断

1）对于可重现的车辆故障，业务接待员应陪同客户实车检查，以便了解实际情况分析故障原因，制定维修方案。

2）对于较难重现的故障或暂时难以准确判断的故障，业务接待员应查阅维修档案、维修技术资料，仔细分析可能的故障原因。对新问题、疑难杂症或暂时难以准确判断的故障，应组成专家小组共同会诊分析故障原因，制定维修方案。

3. 维修

1）维修施工前，维修人员应全面了解车辆故障信息（故障内容、故障发生的条件等）。

2）维修施工中，应做到以下几点。

① 维修人员应严格按照维修技术规范完成维修工作。

② 维修人员应重视维修的质量，树立质量第一的思想，争取在第一时间将客户的车修好。

③ 维修中必须采用上下道工序互相检验的方式，如有多工种维修，在本人负责项目结束后，应完成与下道工序的交接。

④ 维修工作应在预计时间内完成。

⑤ 不能用其他工具代替专用工具，以免造成车辆部件的变形或损坏。

⑥ 不能擅自改变技术资料规定的拆装顺序和拧紧力矩。

⑦ 在维修过程中如发现维修方案有偏差或有其他的故障隐患，应及时和车间主管联系，以便及时纠正错误方案，以及对未被发现的隐患进行及时修理。

⑧ 在完成每一步维修作业后，需对该维修部位进行检查。

4. 质检

1）在维修过程中应严格执行“三检”制度，即自检、互检、专检。

2）对疑难杂症的车辆及一次未能修复的车辆，除了按照正常的质检规范进行，车间主管还应组织专家小组对车辆进行最终检验，确保车辆完全修复。

3）车间应建立抽验制度，由车间主管对各种完工车辆进行抽验，加强维修质量的监督。

5. 厂内返工

1）对于在质检中发现问题的车辆，应按厂内返工处理。

2）返工车辆的维修要重新进入维修质检流程。

6. 返修

1）车间主管分析返修原因，区别属于何种问题，如配件、技术生产质量或工作态度。

2）返修如属于非人为原因，应交给原维修人员优先安排维修；如属于人为原因，则应将此维修工作交与更高水平人员完成。

3）返修车辆应优先安排维修，完成后，经严格检查没有问题了才可交车。

（三）一次修复率控制的工作改进

1）返修车处理记录表应存档，内容包括车辆信息、故障现象、故障原因、返修的原因、改进措施等。

2）厂长应定期与车间主管/技术主管共同分析返修原因及采取的对策。

3）车间主管应及时召集相关人员对未能一次修复的案例进行专项技术交流，逐步提高员工的维修技术水平和工作责任心，避免类似事故重复发生。

4）厂长应每月召集所有员工开会，讨论一次修复与准时完工的绩效、管理、返修及改善的措施。

5）设置一次修复率的月份趋势曲线图，公告一次修复率情况。

6）车辆一次修复率应作为管理人员考核的重要依据，奖励维修质量优良的维修人员，处罚造成返修的员工。

案例

A地一家一汽大众服务站在电话回访中发现一辆捷达车客户连续四次抱怨他的空调不好用。查阅返修记录中没有该车的情况，后经调查得知情况是这样的：

顾客购置的捷达轿车，行驶了30000km。该车打开空调连续行驶1~2h后，出风口的冷风变成了自然风。这时关闭空调开关，2~3min后再打开空调，出风口又吹出冷风。维修人员曾检查过制冷系统压力、膨胀阀、干燥器等，但每次都没解决问题。

实际上，此问题是由于空调低压管、蒸发器结霜引起的。此类空调压缩机为可变排量压缩机，空调控制系统中无恒温开关。当打开空调，鼓风机开关在1档，内外循环开关在内循环位置，车辆连续行驶1~2h后，可能会出现此故障。出现此故障时，客户可将鼓风机开关调在2档，内外循环开关调在外循环位置工作一会儿，就不会出现上述故障了。这样解释大多数客户能接受，对小部分不能接受的客户，也可在蒸发器上加装恒温开关解决这一问题。

后来，应客户要求加装了恒温开关，问题解决了。

在讨论该车应不应该计为返修车辆时，有人认为按传统考核指标，此类车有此问题，不应作为返修。因为它不是在统计期内竣工出厂的车辆在一定里程内由于维修工艺或材料配件质量不符合要求等回厂再次进行修理的。也有人认为按照现代一次修复率的概念，此车辆应为返修，由于误诊断和没有合理的解释，而让客户三番两次进厂检修，会引起客户抱怨。讨论的结果是该车应计为返修，最后厂长决定，按照现代一次修复率的概念统计返修。

在年底的客户满意度统计时，企业管理者发现客户满意度比上年度提高了，而主要原因是误诊断和没有合理的解释等造成的二次进厂减少了。

思考题

1. 什么是汽车维修质量？汽车维修质量管理的任务是什么？
2. 全面质量管理的含义和基本特点是什么？
3. PDCA 工作循环的四个阶段和八个步骤是什么？
4. 汽车维修质量管理制度有哪些？

模块七
汽车维修营销管理

问题导入：

数字化转型在全球范围内已成大势所趋。现在企业利用抖音等平台持续开展营销，从零基础起步，通过自建直播平台、培养直播团队、自行直播带货，在线上市场走出一条新路；打造直销自主品牌平台，积累私域流量，形成流量资产。那么，汽车维修企业在产品同质化严重、竞争激烈的今天，如何跳出传统思维，通过先进的营销管理赢得客户，实现盈利呢？

学习目标：

1. 掌握客户价值的含义和客户价值的构成
2. 掌握服务营销要素和营销策略
3. 掌握客户成本策略的原则和要点
4. 了解广告宣传和服务促销
5. 了解营销技巧

素质目标：

1. 培养创新创业精神
2. 培养团队意识、服务意识和创新意识

学习任务一　认识客户价值和营销策略

一　客户价值概述

客户价值是企业价值实现的前提和基础，客户价值最大化是企业利润的来源。如果没有良好的客户服务就不能实现客户价值最大化。相应的，没有客户价值最大化就没有利润的来源。而没有了利润，企业就没有了存在的基础。因此，企业经营的根本是通过客户服务为客户创造价值。

1. 客户价值的含义

客户价值是指客户购买某一种产品与服务所期望获得的所有利益。客户总成本是指客户为获得某一产品所花费的时间、精力以及支付的货币等。

从营销学的意义上说，客户价值是客户在获得、拥有和使用的总成本最低的情况下对其需求的满意与满足。现在人们通常所说的“客户价值”已扩展为核心产品的附加内容，如服务、客户培训与指导、付款政策等，以及企业所提供的与出售产品或提供服务相关的培训、质量、信誉、可靠性、响应性等经济性和非经济性因素。

客户价值包括四种含义。

1）价值就是价格，一些客户将价值等同于价格，表明其价值感知中所要付出的货币是最为重要的。

2）价值就是自己在产品或服务中所需要的东西。

例如，客户如果要更换轮胎，那么他关心的主要是安全性和可靠性，而金钱则是次要的。

3）价值就是自己的付出所能获得的质量。

例如，客户的发动机进行了大修，他就希望发动机的动力性、燃油经济性和使用寿命恢复到或接近于新车水平。

4）价值就是自己的全部付出所能得到的全部回报，因此，客户价值也可以说是客户基于其所获得和付出而对产品或服务效用的总体评价。

例如，客户的发动机进行了大修，动力性、燃油经济性必须恢复到或接近于新车，客户还需要业务接待员有良好的服务态度，车辆维修要及时，对质量的承诺、维修后的跟踪服务甚至赠送的小礼品等都是客户能得到的。

对客户来说，客户价值就是企业所提供的使其满意的价值。由于在购买产品时，客户总希望把有关成本降到最大限度，而同时又希望从中获得最多的利益，以使自己的需要得到最大限度的满足。因此，他们往往会将价值与成本两个方面进行比较分析，并选择对自己来说价值最大的产品或服务。

2. 客户价值是一种相对价值

客户价值是一种相对价值。对于某一产品的期望价值不仅在不同客户间会不同，而且同一客户在不同时间也会不同。

1）客户在购买产品和服务时会将付出的成本与得到的价值进行比较，如果付出的成本越小，得到的价值越大，客户就会越满意。

2）客户在得到某种产品和服务时，还会将这种产品和服务与其他商家提供的产品和服务进行比较，如果他们认为自己得到的产品和服务比别的商家提供的好，他们就会感到满意；否则，他们就会认为“不值得”，甚至觉得自己“上当受骗”了。

3）在产品技术品质相同的情况下，客户会更关注附加值和服务质量高的产品。

4）商家也会根据其收益指标来权衡客户价值。一般来说，客户的价值就是商家的成本构成因素，客户的成本就是商家的价值构成因素。因此，商家在评估客户价值时，既会考虑产品和服务本身的成本与价值因素，也会考虑商家与客户之间的平衡因素。

总之，商家为客户创造的实物价值和服务效用的价值一定要超过客户总成本。

二　客户价值的构成

客户在购买产品和服务时会对成本与价值进行比较，客户价值的大小由客户总价值与客户总成本两个因素决定。

1. 客户总价值构成

（1）产品价值　产品价值由产品的功能、特性、技术含量、品质、品牌与样式等组成。

产品价值是构成客户总价值的第一要素，如果客户不需要你的产品，笑容再灿烂也无济于事；如果客户不需要你的产品，你连为他们服务的机会都没有。总而言之，产品是客户给予你的服务机会和通行证。

（2）服务价值　服务价值是指企业伴随实体产品的出售或者单独地向客户提供的各种服务所体现的价值。服务价值是与产品相关但又可独立评价的附加价值，评价它的标准只有一个，即是否满意。客户的评价不是“满意”就是“不满意”，因此，服务比产品更应“投其所好”。

（3）人员价值　对于客户来说，人员价值主要表现为语言、行为、服饰、服务态度、专业知识和服务支持等。在服务终端，一线员工的价值就是要让客户满意，因此，企业更应该聘请那些客户喜欢的员工。

（4）形象价值　以品牌为基础的形象价值是客户价值日益重要的驱动因素。对客户来说，品牌可以帮助客户解释、加工、整理和储存有关产品或服务的识别信息，使其简化购买决策；良好的品牌形象有助于降低客户的购买风险，使其增强购买信心；个性鲜明的品牌可以使客户获得超出产品功能之外的社会和心理利益，从而影响客户的选择和偏好。对服务业来说，企业品牌形象远比门店形象更有影响，强势品牌可以帮助客户对无形服务产品做出有形化理解，从而增进客户对无形购买的信任感，降低客户购买前难以估测的金钱、社会和安全的感知风险，甚至让客户认为，感知的价值就是企业品牌本身。

2. 客户总成本构成

（1）货币成本　一般情况下，客户首先会考虑货币成本的大小，因为货币成本是可以精确计算的。在货币成本相同或差别不大的情况下，客户还会考虑购买时所花费的时间、精力等因素。

（2）时间成本　时间成本越低，客户购买的总成本就越小，客户价值也就越大。例如，客户在业务接待处常常需要等候一段时间，特别是在营业高峰期更是如此。因此，在服务质量相同的情况下，客户购买该项服务的时间越长，所花费的时间就越长，购买的总成本也就会增加。同时，等候时间越长，越容易引起客户对企业的不满，从而使其中途放弃购买的可能性增大。

（3）精力成本　精力成本是指客户在购买产品及服务时，在精神、体力等方面的耗费与支出。企业若能为客户提供良好的服务，如上门送车、备用车等，就会减少客户为此消耗的精神和体力。

良好的服务应当最大限度地降低客户的时间成本和精力成本，这是任何企业都不能回避的。企业为客户考虑得越仔细，客户的时间成本和精力成本就越低，因此从企业的角度讲，客户的时间成本和精力成本与企业的服务质量应当成反比。

三 客户的终身价值

一个喜欢开凯迪拉克的人，一生会为此车购置、保养、维修、美容、洗车、年审、保险、加油等花费不少的费用。其中，保养、维修、美容、洗车的费用对维修企业来说就是客户的终身价值。

你的一个忠诚客户，一生不管开什么品牌的车，不管是新车还是二手车，都愿意把钱花在你的企业，这也是客户的终身价值。

如果你失去了一个客户，就意味着你失去了一个客户的终身价值。若以后再想把他拉回来，成本就太高了。

维修服务的最高境界是现实客户向满意客户转变，满意客户向忠实客户转变，忠实客户向终身客户转变。

那么，怎样才能实现客户的终身价值呢？客户通过高价值服务而得到了满意，你才能真正掌握这个客户，才能得到这个客户的忠诚，你不是在用价格而是用服务把客户的终身价值创造出来，并传达给客户真正的满足，这才是绩效真正的表现。也就是说，在竞争的环境下，要做到让客户因为喜欢你的服务而忠诚，不是让竞争来驱动，而是让客户自己来驱动，由客户来影响你。因此，为了实现客户的终身价值需要让客户满意，其实，从成本与收益来讲，这样做是一本万利的。

第一，可以降低客户对价格的敏感度，使客户不会因为价格的高低而转移。

第二，降低企业在推销产品和服务过程中的营销成本，可以收到事半功倍的效果。

第三，降低员工的流动率，增加其成就感和满足感。

第四，降低企业为获得竞争优势，采取与同行拼价格而付出的成本。

第五，也是最重要的一点，就是这样做能提高企业的信誉和社会地位。

四 营销策略

汽车维修企业要做好营销工作，必须树立一种理念，即一切以客户满意为中心。著名的营销理论专家罗伯特·劳特伯恩（Robert Lauterborn）以客户满意为中心提出了服务营销四要素，即4C：客户（Customer）、成本（Cost）、便利（Convenience）、沟通（Communication）。服务营销工作做得好的企业必然是经济方便地满足客户需要，同时和客户保持有效沟通的企业。

有很多专家提出了类似的理论，不管哪种理论，都是要求一切以客户满意为中心的，很多汽车生产厂商提出了不少先进的营销理论。

案例

1995年3月，丰田汽车公司引入了“丰田售后服务营销计划”（T-SMP）。

在T-SMP理念之下，经销店的服务和零部件部门联合制定战略，进行适合当地市场的营销活动。丰田汽车公司的营销活动建立在客户满意度（CS）的基础上，它的营销理论叫作5P理论。所谓5P，就是理念、商品、定价、生产率和促销，这五点的英文单词首字母都是P。具体内容如下。

1）理念：丰田的业务以客户满意度为目标。

2）商品：提供高质量和有竞争力的服务以吸引客户。

3）定价：通过有竞争力的价格吸引客户。

4）生产率：基于丰田生产系统实现高效的零部件生产和服务业务开展。

5）促销：促销“丰田售后服务”。

营销不仅是车辆的销售，也是服务的销售。服务站既销售零配件，也销售维修工时。如果经销店有20个技工，每个技工一天提供8个工时，一天共160个工时，经销店要想办法把这160个工时销售出去。所以，服务也需要营销。

用5P理论指导服务营销工作，具体步骤如下。

1）树立理念，即以客户满意度为目标。在这个理念的引导下给客户提供高品质的服务产品，也就是要提供高质量和有竞争力的服务来吸引客户。当然，提供的服务必须要有一个合理的定价。定价不能过高，也不能过低，有竞争力的价格才能够吸引客户。

2）提高生产率。生产率提高了，服务价格就能比其他品牌或经销店更有竞争力，服务工作效率才能得到提高。

3）把商品促销出去，主要方法是树立服务品牌形象，如一汽丰田树立了“诚信服务”的品牌形象。让服务品牌形象落实到实处，可以提振消费者信心。树立服务品牌形象的途径很多，如服务促销活动，通过每年定期的服务周、答谢客户活动，促使客户入厂，也可以通过媒体进行公关和广告传播，这也是普遍而有效的宣传方法。

（一）满足客户需要策略

客户关心的是服务产品、价格、服务生产率和服务促销。在一切以客户满意为中心这一理念的引导下，要给客户提供高品质的服务，通过高质量和有竞争力的服务来吸引客户，并满足客户需求。

1. 提供有竞争力的服务

服务部门必须充分了解哪些服务具有吸引力，并且把它们提供给客户。一种方法是根据淡旺季的变化提供不同的服务，或者专注于某个特定市场，而不是全年都提供同样的服务。常见的服务如下。

（1）对客户具有吸引力的成套服务

1）维修后的美容装潢。车辆维修后要进行清洗，若发现车辆漆面不好，可建议客户抛光打蜡或封釉，并适时推销美容产品。

2）养护产品的推销。维修过程中若发现了问题应及时告知客户，并适时推出养护产品。例如，发现放出的机油很脏，就可以建议客户清洗润滑系统；发现冷却液变质了，就可以建议客户清洗冷却系统。保持润滑系统和冷却系统的良好状况是客户的需求，这样不仅更换了机油和防冻液，而且推销了润滑系统和冷却系统清洗剂，客户和企业达到了双赢的目的。

3）附加服务。除了按客户需求修好车，还可利用汽车俱乐部为客户提供附加服务，如为客户代办车辆保险，提供保健用品的服务及销售等。

（2）季节性服务　利用季节特点进行销售，既方便了客户，又增加了收入。例如，夏季空调检测活动、冬季检测活动、雨季检测活动等。

案例

2022年国庆节期间，某品牌汽车维修企业在提供汽车免费检测服务的同时推出了营销方案：“匠心品质，畅享驰行——国庆中秋黄金周免费检测活动”，给车主的爱车做一次全面检测，解决车主的一大困扰。

活动时间：2022 年 9 月 19 日—10 月 19 日，活动包括底盘体检活动、动力养护礼、续保礼等，其中底盘体检活动包括：

1）27 项安全免费检测活动。

2）成本价更换轮胎 2 条免动平衡工时费，成本价更换轮胎 3 条免四轮定位费。

3）更换底盘配件 9 折。

（3）免费检测　免费检测的真正目的是获得和客户见面的机会，有了客户才有向客户营销的机会。免费检测主要选在维修淡季或五一、国庆长假期间，维修淡季可以获得和客户见面的机会，以便进一步促销产品；五一、国庆长假期间不仅体现出对客户的关怀，还可以增加客户满意度。

1）免费检测的项目。免费检测的项目主要有空气滤清器、汽油滤清器、机油及机油滤清器、正时带、冷却系统、蓄电池、制动系统、转向系统、变速器、轮胎、悬架系统、离合器、发动机、排气系统、车门、空调、灯光、刮水器等。

2）发现问题的处理。

① 服务顾问发现问题的处理。服务顾问在接待时通过档案查询可以发现空气滤清器、汽油滤清器、机油及机油滤清器是否需要更换，正时带是否需要更换，冷却系统防冻液是否需要更换，制动液是否需要更换，转向系统液是否需要更换，变速器油是否需要更换等。若需要更换，则建议客户更换。

② 维修人员发现问题的处理。

a. 若蓄电池液面低，则建议客户添加补充液。

b. 若制动片磨损到极限，则建议客户更换。

c. 若轮胎缺气则补充；若轮胎“吃胎”，则建议客户进行四轮定位；若轮胎磨损到极限，则建议客户更换。

d. 若减振器漏油或损坏，则建议客户更换。

e. 对车门铰链进行润滑。

f. 检查空调制冷能力。若制冷能力不足，则建议客户检修空调系统。检查空气滤清器，若脏则清洗，若过脏则建议客户更换。

g. 检查灯光，若有灯泡不亮则检修。检查前照灯灯光高度，若不合适则调整。

h. 检查传动带，若磨损则建议客户更换。

i. 检查刮水器，若损坏则建议客户更换。

案例

2021 年 10 月 30 日—12 月 24 日，沃尔沃举办了售后秋季服务活动，目的是锁定车主回厂和吸引流失车主回厂，他们针对不同客户推出了秋服换芯礼、秋服重逢礼和秋服老友礼。

秋服换芯礼的目标是所有车主，活动内容是：

1）在沃世界支付 199 元，可获得空气滤清器。

2）答题有礼：购买人数达到2000人时，所有购买者可参与答题游戏，赢取奖品。

秋服重逢礼的目标是吸引流失车主回厂，活动内容是：

1）沃世界向流失车主（18个月未回厂保养）发放卡券。

2）经销商做电话招揽。

秋服老友礼的目标是3年以上车主，活动内容是：

1）车主在沃世界上领取“秋服老友礼券”。

2）凭此券有权到经销商处65折购买两次建议零售价1600元（含税）的常规高级机油保养套餐。

3）限量2000份。

2. 差异化服务

差异化服务战略是指汽车维修企业充分发挥自身优势，突出产品和服务的某一方面特色、个性和风格，以独具特色的经营来吸引客户。

差异化服务战略的关键是能够表现出独特的差异性，这要求企业充分发挥自身优势，扬长避短，闯出一条独特的经营之路。只有这样，企业才能够在竞争激烈的市场中立于不败之地。

差异化是服务营销的重点。不同档次的客户对服务的要求不同，不同区域的客户对服务的要求也不同。汽车维修企业要从服务的多样性出发，用5P理论指导服务营销工作，把客户的需求当成自己的使命来完成，在客户心中建立良好的、长久的服务品牌形象，这样既满足了客户的需求，又获得了利益。

案例

利用客户俱乐部活动来推行差异化服务也是一种良好的营销手段。一汽丰田针对高端客户推出了“LAND CRUISER客户俱乐部”，俱乐部以LAND CRUISER汽车为载体，搭建起客户与客户、一汽丰田与客户之间的沟通交流平台，并为会员提供相关服务，组织开展相关活动。同时，一汽丰田给广大客户提供了结识朋友和展示自我的机会，形成了特有的品牌文化。他们以俱乐部网站为载体，为会员提供品牌和俱乐部活动的相关信息。一汽丰田发行俱乐部会刊并免费邮寄给会员，定期举办全国性的活动。一汽丰田在全国各地的服务站为会员提供维修优惠服务，也定期为俱乐部客户举办活动，吸引客户进厂维修。

3. 紧急救援

实践证明，良好运转的紧急救援服务对提高客户满意度和客户忠诚度、增加企业收入具有巨大作用。

要求救援的客户一般是在最困难的时候，向企业发出救援信号。得到救援帮助的客户将非常感激企业，并对企业乐于助人的印象深刻。既没有汽车维修企业的信息又没有得到帮助的客户，或长时间等待的客户，会非常生气甚至恼怒。客户将对企业的业务能力和信誉产生怀疑并失去信心。

汽车维修企业要实行良好的紧急救援应具有以下条件。

1）成立紧急救援小组。

2）建立 24h 值班制度。

3）设立救援电话，并让客户知道救援电话。

4）配备紧急救援车辆。

案例

案例 1：某汽车维修企业与市公安局“110”配套联动，成为当地的一大新闻。它们配备了 5 辆事故抢修专用车、7 人组成“110”抢修队，并设立专用服务热线电话，向社会做出承诺：“当您的车辆出现故障时，请拨打我们的热线电话，其余的事情由我们来做。”这样不仅使客户满意，而且为企业带来了效益。

案例 2：德国大众的救援服务不只等待被用户呼叫，经销商还会主动外出救援，如遇重大节日或活动，会有很多客户驾车前往某个地区，此时便有潜在的车辆发生故障的可能，经销商会专门派出服务车在该地区附近待命，以备及时、快速地前去救援。

4. 流动服务

流动服务与平时紧急救援不同：紧急救援是客户遇到难题时给你打电话，然后你才出动，流动服务则是要定期巡回登门拜访、主动提供保养和维修服务，是一种长期的、固定的服务形式。

案例

某品牌汽车在一个地级城市 A 有三家服务站，而该城市的十几个县级城市却没有服务站，其中有两个县级城市距离地级城市 A 有 200km 的路程。该品牌汽车不允许新车跨地区销售，这两个县级城市有从地级城市 A 的三家服务站销售的 600 多辆车。这 600 多辆车的客户因为到地级城市 A 远就选择到距离近的地级城市 B 的服务站进行维修保养。这样地级城市 A 就失去了 600 多个客户。在地级城市 A 的三家服务站中有一家开展了流动服务活动，每个月抽出 2 天时间到县级城市进行跟踪保养维修，极大地方便了这两个县级城市的客户，得到了客户的称赞，同时也取得了良好的效益。

（二）客户成本策略

有了高品质的服务，也必须有一个合理的价格。合理的价格是指定价不能过高也不能过低。合理的价格应该是有竞争力的价格，是能够吸引客户的价格。

在当今的汽车市场，服务定价相当重要，通过制定具有竞争力的价格以提升入厂量，增加营业收入。

1. 客户成本策略的原则

客户成本策略的一个主要内容是服务价格。价格在市场策略中扮演着一个独特的角色。在合理的价格之上提供优质的服务是关键要素。定价中较重要的两个原则是公平和适应市场环境。

（1）公平　重复收费或收取超额的费用以获得不正常的高额利润会影响客户对公司的信心，并损害已建立起来的信任关系。

（2）适应市场环境　根据当地的价格，对比竞争对手经销店和其他 4S 店的服务类价格，确定合适的服务价格。

2. 客户成本策略的要点

（1）保持竞争价格的每日更新

1）设法得到竞争对手的服务价格，通过分析竞争对手的价格，制定有竞争力的价格，并时刻保持价格的更新。

2）注意零部件价格，当生产者提供的零部件或市场上的零部件价格发生变化时，一定要做出调整。

3）注意竞争对手利用季节性服务推出的打折服务，要根据竞争对手情况做出相应的调整。

（2）迅速适应竞争对手的价格

1）培训几个相对低酬劳的技术人员专用于竞争激烈的项目，这类技术人员越是多产，单位工作的成本就越低。

2）逐渐形成能加强经销商竞争力的多级定价和平均化零部件价格的策略。

3）批量订购零部件以获得更低的价格。

4）为常规保养项目提供快速服务通道。

（3）公开服务价格　在客户易于看到的地方，如接待室、客户休息室的墙上，展示工时和零部件价格。

3. 确定服务价格

确定服务价格是一个服务站面临的复杂问题，价格是客户选择服务站最重要的标准之一。服务价格不能千篇一律，每个地区有每个地区的具体情况，确定服务价格可参考以下方法进行。

（1）定价策略　价格制定必须慎重。当客户去服务站维修车辆时，质量和价格都是重要的考虑因素。只有当客户认定价格和服务质量都信得过的时候，客户才会选择你。在汽车维修市场上，所有的服务站都特别关注竞争对手的价格。如果某个服务站降低了价格，其他的服务站也会跟着降价。因此，降价通常会引起来自竞争对手的反应，有时可能导致恶性价格竞争，所以通常要避免价格战，应在质量、品牌形象和服务方面下功夫，来提高客户满意度，而不是利用价格优势来吸引客户。

（2）影响价格结构的因素　定价策略中最重要的因素是价格的制定。影响价格结构的主要因素如下。

1）服务成本。服务成本包括零部件和工人工作的基本成本、促销活动和广告成本。

2）客户类型。不同类型的客户对价格的要求是不一样的，不同型号的汽车确定的价格也是不一样的。

3）市场情况。根据市场大小、地理环境、服务消费频率和服务消费习惯等来定价。

（3）定价方法

1）成本累加方法。通过考虑零部件和人力资源的直接成本加上间接员工的工资和设备折旧等间接成本来计算总成本，然后在总成本上加上一定的利润收益，即

$$\text{价格}=\text{成本}\times(1+\text{利润率})$$

或

$$\text{价格}=\text{成本}+\text{利润}$$

这个方法的优点是，当成本容易计算时易于理解，不需要因需求的变动和竞争而调整。

若利润收益率合理，对企业和客户来说都是一种公平的定价方式。

这个方法也有一些缺点，例如，没有为需求的变动或竞争提供准备，过于注重成本和利润而忽略了市场环境。成本计算依赖于以往的数据，而没有对未来成本的考虑。

2）针对需求和竞争的方法

① 可调节的定价。价格随着客户、地点和时间而变化，价格不是不变的，不同的客户价格不一样，不同的地点价格不一样，不同的时间价格也不一样。企业举办服务促销时也会对价格做相应的调整。

② 按习惯定价。对于某些服务，有一些业务是依照习惯而设立的。由于这种方法给客户一种稳定的感觉，因此许多车间通过调整利润收益来适应客户的心理预期价格。

③ 名声定价。客户在某些时候会根据商品的价格来评估其质量。特别是，高附加值的服务项目，更高的定价能满足客户的高贵感。

④ 心理定价。从客户的心理出发，类似 9. 8 元或 39 元这样的价格显得更便宜。

面向竞争的方法是一种通过考察研究竞争对手的定价来制定价格的方法，特别是当竞争对手也提供同种类型服务的时候。这通常称为复制定价法，即以相似于其他公司的价格来制定自己的价格。然而，这种方法带来了脱离已有需求的价格的危险。同时，这种方法缺乏对一些与价格竞争不相关的因素的考虑，如提供服务的内容、促销活动或品牌忠诚度的效力。这种方法的另一个缺点是产生的利润收益相当有限。

3）面向市场的方法。这是一种多步骤定价方法，充分考虑了个体的因素，如成本、需求和竞争，并且从市场的角度来确定其价格。这种方法又称多步骤定价法，因为它包含以下步骤。

① 选择市场目标。一项业务的出发点是选择市场目标，其焦点是分析客户的需要和他们对价格的反应。

② 选择品牌形象。品牌形象是商业运作的结果，如服务内容、服务接待、促销、广告和定价。良好的形象能提升客户的好感并给客户留下好的印象。

③ 营销混合布局。在此方法之下，对服务内容、服务促销和价格的限制将被预先设定，并且需要决定是否为客户提供优势价格或其他特色服务。

④ 选择价格政策。通过对价格所承担的角色的阐释来决定价格政策。

⑤ 决定定价策略。必须在最大化利润或最小化损失的过程中充分考虑竞争对手的定价策略。

⑥ 确定详细价格。经过以上所有步骤之后，即能确定最终的价格。

4）与市场变化相适应的定价策略。中国的汽车维修市场环境处于不断的变化之中，因此制定的价格和服务内容要有相应的变化。

（三）便利策略

1. 提高生产率

有了优质的服务和合理的价格，下一步要做的就是提高生产率。生产率提高了，成本降低了，服务价格就能比其他品牌汽车或汽车维修企业更有竞争力。同时，客户可以在最短的时间内取到放心满意的车辆。提高了劳动生产率，客户在规定的时间取到了车，实际上也就是给客户提供了便利。如果在规定的时间内不能交车，客户就要等待，好多事情就要推后，甚至要租车或打车外出办事。

要使服务的运转更加高效，首先必须采用标准的工作流程来进行工作，其次将工具和零部件箱放置在方便的位置，以避免多余动作。零部件的定购、入库和供给制度也应得到改善。服务管理必须予以重视，以确保其建立的制度平稳运行。

2. 便捷的服务

维修服务同人与人交往一样，在朋友需要的时候伸出援助之手，给朋友提供方便，朋友会感激你。维修服务时，若能提供便捷服务，同样会提高客户满意度和对品牌的忠诚度。在一些地广人稀的中小城市，汽车拥有量小，不足以建立4S店，日常保养、车辆有了故障随便找个修理厂修理，只有大的故障才会长途跋涉前往4S店维修，这样车辆的安全性和使用寿命受到挑战。

针对这一情况，一些4S店开展了远程服务活动——上门服务，既提高了客户满意度，又增加了收入。

案例

在国内大多数远程服务尚停留在电话服务、定点维修阶段时，一汽丰田突破了这一局面，配备专用维修车辆和设备到新疆、甘肃、青海等偏远地区定期上门服务。从2006年4月开始，一汽丰田在西部地区开展远程巡回服务。2007年有更多的地区开展此项服务。现在一汽丰田继续完善网络建设，拓展服务范围，收到了很好的效果。

例如，在新疆，路况恶劣，客户在行驶时不顾路程和路况，有时连续行驶1000km以上，加上偏远地区客户定期保养的观念还未形成，导致车况非常不好。一汽丰田的定期巡回服务加强了他们的日常保养意识，保证纯正零部件的供应，并延长了偏远地区汽车的使用寿命，深受广大客户的欢迎。

3. 上门取车和送车服务

在竞争日益激烈的汽车维修业务中，“上门取车和送车服务”越来越被证明是一种更好地展示企业服务能力和赢得新老客户青睐的机会。

客户将车辆送到服务站要进行下列耗时耗力的事情：

1）开车去服务站。

2）安排回程（无车）。

3）安排按时取车时间及交通。

4）开车回家。

因此，有必要向客户推荐“上门取车和送车服务”：在约定的时间和地点取车，在完成约定的维修工作后，再将车送回去。好处是提高了老客户的满意度，增加了赢得新客户的机会，使服务更具吸引力，改善了企业的形象。

实践证明，很多客户愿意享受这种服务，并把“上门取车和送车服务”看作维修的超值服务。

4. 备用车

备用车是为将车放在服务站几小时到几天的客户准备的一种自驾型出租车辆。这些客户在这段时间里可以使用备用车处理一些紧急业务或私人事宜。

备用车不是免费提供给客户的，可以收取一定的费用，至少应当收回成本。当然，当备用车的利用率超过一定界限时，可以获得部分利润，但这不是提供备用车的本意，设立备用车服务的目的在于为客户提供便捷服务，对客户更有吸引力。

（四）沟通策略

沟通是一种良好的营销策略，可以使企业产生良好的效益。常用的沟通策略有爱车养护课堂、服务感恩活动、汽车俱乐部等。

1. 爱车养护课堂

近年来，随着轿车加快进入家庭，“速成驾驶人”不断涌现，越来越多的客户只懂得如何开车，不知如何把车用好、养好，服务站可利用“爱车养护课堂”给客户提供一个学习养护车辆的渠道。客户购车后除了车辆说明书，以及买车时销售人员的讲解，对车辆就没有什么了解了。“爱车养护课堂”作为售后服务的开始，将客户召集起来免费上一堂内容丰富、理论实操结合的培训课程，告诉客户如何使用车上的设备、如何驾驶车辆省油、车辆何时保养以及车辆发生故障如何处理等，以往只是个别有条件的4S店不定期举办“爱车养护课堂”，现在全国大部分经销店都定期举办“爱车养护课堂”，有的经销店还配有针对性的专业教学手册。

案例

一汽丰田的“爱车养护课堂”主要是为客户讲解车辆使用常识，如安全驾驶、日常养护、常见故障判断处理等方面的基本知识，2h的课程包括理论讲座、实车操作演示、答疑研讨三个环节。

一汽丰田制作了图文并茂的培训手册，发给每个人，可以带回家和家人一起学习。答疑研讨环节针对每位客户切实遇到的问题做出一对一的解答，客户不仅解决了疑问，还可以与其他客户交流，互相学习，就共同的话题进行讨论，激发共鸣感。客户也会感谢4S店给他们提供了这个学习交流的平台。

2. 服务感恩活动

服务感恩活动是回馈客户的一种方式。

案例

2006年一汽丰田举行了第一次服务感恩活动，从2006年4月开始，一汽丰田的各经销店开始向客户发放“服务护照”，客户每参加一次服务感恩活动，“服务护照”上便会加盖一枚章，盖满2个并且在该经销店进行过保养，或客户在同一家经销店的维修保养金额达到一定水平，便可以到经销店抽奖了。这就是感恩“点”礼。一汽丰田给客户的礼物也许只有一“点”，但这代表着一颗“感恩”的心。

在为客户提供专业服务的同时，还为他们送上特别的诚意。一汽丰田知道企业赖以生存的基础是客户，硬件设施的改善和工作环境的提高，不仅是自己努力的结果，而且是客户给予的，所以他们要以一颗“感恩”的心来报答客户，以一份“诚信”的态度对待客户。

2022年一汽丰田举行的服务感恩活动中，其中一家4S店推出的活动内容是：

活动一：所有客户均可到前台领取明信片，写上祝福语，由我们代为邮寄至客户想要感恩的人手里。

活动二：客户可享受积分翻倍。

活动三：老客户介绍新客户获赠价值500元的礼品。

3. 汽车俱乐部

汽车俱乐部是一种与现代社会相适应的专业化、网络化的汽车服务保障体系，俱乐部可以会员制形式为客户提供服务。俱乐部基于汽车又超出汽车本身，服务触角伸向会员所需的方方面面。俱乐部还会不定期组织会员活动，邀请专业人员为会员讲课或开展座谈会，给会员提供了一个沟通交流的平台。对于汽车俱乐部的主要服务项目、运行方式等，各个服务站可根据自身的不同情况，实施部分或全部内容。更多的4S店由销售和服务部门共同组建汽车俱乐部。

（1）汽车俱乐部的服务项目

1）紧急抢修，拖车救援。

2）免费车辆性能检测和安全检查。

3）维修折让。

4）协助处理交通事故及交通违章。

5）车务提醒服务。

6）代办车辆年审。

7）代缴规费。

8）代理补办车辆证件遗失、车辆过户。

9）提供汽车代用及租赁服务。

10）提供各种咨询服务。

11）汽车美容或装饰给予折让优惠。

12）代办证照审验。

13）代办车辆保险。

14）代办变更车辆注册（更换车身、改变颜色、更换发动机）等手续。

15）协助车险理赔服务。

16）不定期举办各种汽车沙龙活动。

另外，基于4S店的汽车俱乐部可充分发挥网点遍布全国的优势，协助会员处理本地或异地交通事故、交通违章、维修代用车、汽车租赁等事宜，为到外地旅游的客户争取购物、住宿、娱乐、航空机票、急送、预定等方面的折让优惠。在汽车文化传播方面，汽车俱乐部可发展自己的合作刊物，建设自己的网站。

（2）汽车俱乐部入会及退会　汽车俱乐部入会及退会应有严格的规定，以免发生不必要的纠纷，具体要求如下。

1）入会时所填写和提供的有关资料必须真实、有效。

2）汽车服务站可为俱乐部会员发放会员卡或证，以车辆牌号为统一标识，即一车一卡、专卡专用；为了区别不同类型会员，可分别制定金卡、银卡或普通卡。

3）申请加入俱乐部的会员应交纳会费，金卡、银卡或普通卡会员交纳的会费不同。在服务站举行优惠活动时可免费发放普通卡，对一些特殊客户也可免费发放会员卡。若在本企业消费满一定金额，普通卡可升级为银卡，银卡可升级为金卡。

4）会员卡有效期为一年，在期满前交纳次年服务费，并进行续会登记，逾期视同放弃会员资格。

5）会员自入会之日起一个月内，如对俱乐部服务不满意，可到俱乐部办理退会手续。

（3）汽车俱乐部会员义务

1）提供有效的身份证、驾驶证、行驶证及年检合格的车辆，办理入会手续。

2）要求会员到本企业维修及更换配件。

3）自觉遵守俱乐部制定的各项规章制度。

（4）会员奖励方法　会员奖励方法可采取会员积分和会费优惠的方式。

1）会员积分。会员积分可参照如下方法进行。

① 会员到服务站维修或更换配件，每消费 100 元积 1 分。

② 会员的亲友持会员卡到本俱乐部修车，俱乐部将为会员积分。

③ 发展一名新客户入会积 5 分。

④ 购买全车综合险积 10 分。

会员积分兑换礼品方案如下。

① 每积 1 分折合人民币若干元，积分可在俱乐部转化为修理费或配件费。

② 积分达到 1000 分，送数码相机一部，积分达到 10000 分奖励笔记本计算机一台等。

2）会费优惠。一年内没有享受俱乐部服务的会员，年末可以退还一定数额的会费，在次年续费时，可享受一定会费的优惠，这样才会对会员有吸引力。

汽车俱乐部运行中有些问题的说明如下。

① 车辆年审和驾驶证年审：应按当地规定参加车辆年审和驾驶证年审，会员如车辆漏审，可要求俱乐部协助补办，但补办手续会比较烦琐。

② 高速路救援：会员车辆在全封闭高速公路上需紧急救援服务的，鉴于涉及高速公路管理的特殊性，俱乐部可能无法提供服务，需提前告诉会员。

学习任务二　广告宣传和服务促销

汽车服务站的每一次广告宣传都伴随着服务促销。通过广告宣传只能让客户知道这家汽车服务站，通过服务促销才能让客户感受到服务站周到的、高品质的汽车维修服务。“一回生，二回熟”，只有客户第一次的满足，才可能有第二次的光临。服务促销创造了大量的机会向客户展示为什么一定要到这家汽车服务站，并使之成为忠诚客户。

促销活动由给客户提供适用的服务类型、场所和价格信息所组成。促销的目的是刺激和产生需求。自然，任何促销的焦点都必须以客户的观点为基础。只有考虑到这点，促销的目标才能够满足客户的需求。因此，促销活动利用了种种方法使客户知悉对其提供的服务，并促使客户驾驶汽车前来接受服务。

这些促销活动可以明确地划分为两类：一类是间接促销，即不通过与客户的直接接触进行促销，如电视和电台广告、报纸和杂志广告，以及直接邮件广告；另一类是直接促销，即通过服务顾问或销售人员与客户的直接接触进行促销。

一 广告宣传

广告起到告知性和塑造品牌形象的作用。近年来，我国的广告媒介类型呈现多样化的趋势，传统广告媒介有报纸、电视、广播、自制宣传品（册、单页）、户外广告牌，新兴广告媒介有互联网、抖音、微信、楼宇广告牌、车体广告牌等。这些媒介价格不一，效果、受众不一。各经销店应根据自己的目标达成来选择广告投放方式。最常见的方式就是报纸广告和电台广告。报纸广告按传播内容的侧重点分为服务形象类广告和在汽车品牌形象宣传中附加维修服务促销信息的广告。

二 服务促销

服务促销

促销是服务营销的一个关键因素，如果广告提供了购买的理由，促销则提供了购买的刺激，而服务促销就是为了增加入厂量，提高营业额。

1. 服务促销计划

1）决定服务促销的主题，在活动中要利用每次机会强调这个主题。

2）活动时间和期限。活动可在维修淡季进行，若活动只举行一两天，最好选在周六或周日进行。

3）通过市场调查确定企业的哪些服务项目有吸引力，什么样的价格具有竞争性。

4）必须明确服务范围和有吸引力的固定价格（最终价格）并遵守它，以防客户对企业的可信度产生怀疑。这点很重要！

5）在计划实施中定期检查，纠正计划实施的偏差。

6）准备必要的零部件和其他材料。

2. 服务促销项目制定

服务促销采用的方式有打折优惠、免费诊断，而更多的时候是将这两种方式结合。

免费诊断可以吸引新客户或意愿不强的客户进入维修厂，免费为客户检查和测试车况，检查及测试的车况状态应记录在检查表上，这时可就检查结果与客户研讨。如果客户愿意，维修厂可以为他安排一次维修服务。如果客户不愿意，通过此次活动向客户展示了企业的服务水平，达到了宣传的目的。

因此，服务促销项目制定应以廉价的方式达到广告宣传的目的，同时吸引客户进行原本需要的维护项目。

以夏季空调免费检测为例，可制定以下项目。

1）检查花粉过滤器是否干净。

2）检查空调系统制冷是否正常。

3）检查空调系统是否有泄漏处。

4）检查鼓风机是否正常。

5）检查空调线束有无老化、破损等。

6）空调系统免费除异味。

如果免费检测发现了问题，如花粉过滤器脏了、空调系统有泄漏处等，客户同意更换或维修，企业就可以获得利润。

3. 服务促销实施

在企业内部尽一切努力使客户感到亲切，并受到鼓励，以便在需要时毫不迟疑地再度光临。

企业领导必须定期以客户挑剔的目光巡视企业，以寻找需改进之处。

注意：由于普遍存在的“当局者迷”现象，这些需改进之处往往难以被发现。因此，企业领导要巡视的不仅是视觉印象，还包括企业氛围、周围的格调以及员工对待客户的方式。

4. 服务促销分析总结

只有那些不仅对维修质量满意，还对企业提供的服务满意的客户才是长期最好的广告。能拥有这样的客户，才是广告宣传和服务促销的最终目的。

服务促销活动结束后，还应重点对以下几个方面进行总结。

1）是否有客户对企业不满意？是哪些客户？为什么？

2）为什么过去来过的客户不再来了？

3）为什么潜在的客户选择了其他企业？

4）企业在公众中的信誉形象如何？

案例

案例 1：马自达 4S 店春节服务促销活动

1）活动主题：“纵享激情 · 喜迎新春”服务双周免费检测活动。

2）活动时间：春节前两周。

3）活动对象：针对管理的马自达所有客户，以及还未到店的潜在客户等。

4）活动优惠内容：

① 活动期间对进厂客户免费进行 28 项安全检测，确保长途出行安全顺畅。

② 活动期间到店客户保养一律赠送 100 元现金券（钣金、喷漆除外）。

③ 凡活动期间到店维修保养的马自达客户即赠送精美礼品 1 份，赠完即止。

案例 2：轮胎优惠套餐促销

广汽本田的一家 4S 店对客户提供以下轮胎优惠套餐。

1）套餐 A：更换四条轮胎，尊享轮胎 88 折特惠，送更换工时，送动平衡，送四轮定位。

2）套餐 B：更换两条轮胎，尊享轮胎 88 折特惠，送更换工时，送动平衡，四轮定位 5 折优惠。

3）套餐 C：更换一条轮胎，尊享轮胎 88 折特惠，送更换工时，送动平衡。

4）客户可尊享买轮胎存轮胎活动。

案例 3： 上海别克 4S 店售后服务元宵促销活动

某公司是上海通用汽车有限公司的一家销售服务中心和特约售后服务中心。该公司利用元宵节的传统习俗，组织开展了大型元宵节猜灯谜活动，2 月 24 日只要客户到店维修保养就能参加，猜灯谜就能拿礼品，维修保养送元宵佳节礼，现场制作，现场品尝，现场赠送。

5. 服务促销种类

服务促销包括免费活动、绑定类活动、线上互动类活动、送礼抽奖类活动、折扣类活动和代金券/积分卡类活动等。

（1）免费活动 免费活动是指消费者免费获得赠予的某种特定的物品或享受某种利益的促销活动。免费活动通过免费来吸引客户，达到服务促销的目的。免费活动的例子如图 7-1 和图 7-2 所示。

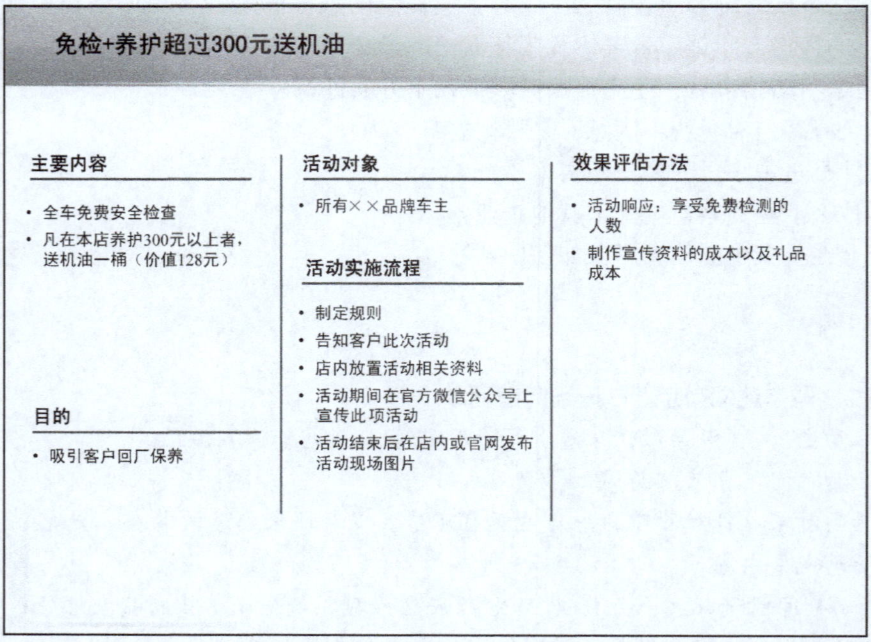

图 7-1 “免检+养护超过 300 元送机油” 活动

（2）绑定类活动 捆绑销售是共生营销的一种形式，是指两个或两个以上的商品在促销过程中进行搭配，从而扩大它们的影响力。不是所有的企业的产品和服务都能随意地“捆绑”在一起。捆绑销售要达到“ 1+1>2 ”的效果取决于两种商品的协调和相互促进，而不存在难以协调的矛盾。捆绑销售的成功还依赖于正确捆绑策略的制定。捆绑销售的例子如图 7-3 和图 7-4 所示。

（3）线上互动类活动 线上互动类活动是厂家利用互联网通过某个活动扩大企业和产品的影响力，吸引更多的客户到店。线上互动类活动的例子如图 7-5 和图 7-6 所示。

夏季空调免检

主要内容

- 空调系统及全车计算机免费检测
- 常用件8折优惠供应
- 赠送清凉饮料

目的

- 吸引客户进厂检测空调

活动对象

- 所有××品牌车主

活动实施流程

- 制定规则
- 告知客户此次活动
- 店内放置活动相关资料
- 活动期间在官方微信公众号上宣传此项活动
- 活动结束后在店内或官网发布活动现场图片

效果评估方法

- 活动响应：进店做维修保养的客户人数
- 制作宣传资料的成本以及相关免费维修成本

图 7-2　“夏季空调免检”　活动

买6次机油送各类养护，买 4 条轮胎送全车打蜡

主要内容

- 一次性付清6次机油费用送全车抛光打蜡或单面板块喷漆
- 换 4条轮胎送全车抛光打蜡和线束保护
- 换轮胎 2 条以上（含 2 条）享受四轮定位半价优惠

目的

- 商品促销

活动对象

- 所有××品牌车主

活动实施流程

- 制定规则
- 告知客户此次活动
- 店内放置活动相关资料
- 活动期间在官方微信公众号上宣传此项活动
- 活动结束后在店内或官网发布活动现场图片

效果评估方法

- 活动响应：一次性付清6次机油的人数，换轮胎4条或2条以上（含2条）的人数
- 制作宣传资料的成本以及免费赠送的保养服务的成本

图 7-3　“买 6 次机油送各类养护，买 4 条轮胎送全车打蜡”活动

（4）送礼抽奖类活动　送礼抽奖类活动是指通过给客户提供送礼抽奖的活动，获得和客户接触的机会，达到服务促销的目的。送礼抽奖类活动的例子如图 7-7 和图 7-8 所示。

老客户介绍新客户赠送保养2次

主要内容

- 老客户介绍新客户赠送保养2次
- 全车免费30项安全检测，更换防冻液免工时
- 产生消费的客户获赠精美小礼品

目的

- 回馈老客户
- 吸引新客户

活动对象

- 所有客户

活动实施流程

- 制定规则
- 告知客户此次活动
- 店内放置活动相关资料
- 活动期间在官方微信公众号上宣传礼品
- 活动结束后在店内或官网发布活动现场图片

效果评估方法

- 活动响应：参加免费检测的人数以及新客户的人数
- 制作宣传资料的成本、免费安全检测成本以及礼品的成本

图 7-4 “老客户介绍新客户赠送保养 2 次” 活动

转发送车模

主要内容

- 有奖转发送××款车模一个

目的

- 扩大企业和活动的影响力

活动对象

- 所有××品牌车主

活动实施流程

- 制定规则
- 告知客户此次活动
- 活动期间在官方微信公众号上宣传此项活动
- 活动结束后在店内或官网发布活动现场图片

效果评估方法

- 活动响应：此活动的转发量
- 制作宣传资料的成本以及礼品成本

图 7-5 “转发送车模” 活动

（5）折扣类活动　折扣类活动是为了鼓励客户及早付清货款、大量购买、淡季购买，酌情降低其基本价格的活动。这种价格调整叫作价格折扣。

通过对某商品或者服务的直接价格折扣，如九折优惠、特价销售等，都是直接折价的促

转发活动抽奖

主要内容

- 有奖转发送价值360元高档机油一桶

目的

- 扩大企业和活动的影响力

活动对象

- 所有微信用户

活动实施流程

- 制定规则
- 告知客户此次活动
- 活动期间在官方微信公众号上宣传此项活动
- 活动结束后在店内或官网发布活动现场图片

效果评估方法

- 活动响应：此活动的转发量
- 制作宣传资料的成本以及礼品成本

图 7-6 “转发活动抽奖” 活动

迎新年至尊千元大奖

主要内容

- 所有活动客户均可参与“迎新年至尊千元大奖”抽奖活动（中奖率百分之百）一次

目的

- 回馈老客户

活动对象

- 所有××品牌车主

活动实施流程

- 制定规则
- 告知客户此次活动
- 店内放置活动相关资料
- 活动期间在官方微信公众号上宣传此项活动
- 邀请车主代表现场抽奖
- 活动结束后在店内或官网发布活动现场图片

效果评估方法

- 活动响应：所有参与活动的人数
- 制作宣传资料的成本以及礼品成本

图 7-7 “迎新年至尊千元大奖” 活动

销方式，消费者可以清楚地知道该商品究竟便宜了多少。直接打折的方式能够较强烈地引起消费者的注意，并刺激消费者做出购买决策，使消费者增加购买数量，或者改变购买时间（提前购买），或者增加购买频率。通常，折扣率至少应达到10%~30%才能对消费者产生影响。它

消费满一定金额抽奖

主要内容

- 到店客户凡消费3000元以上的即可轮盘抽奖一次（抽奖不与工时折扣、礼品赠送并行）
- 消费6000元以上的即可轮盘抽奖2次（抽奖不与工时折扣、礼品赠送并行）

目的

- 回馈老客户

活动对象

- 所有××品牌车主

活动实施流程

- 制定规则
- 告知客户此次活动
- 店内放置活动相关资料
- 活动期间在官方微信公众号上宣传此项活动
- 活动结束后在店内或官网发布活动现场图片

效果评估方法

- 活动响应：参与系列活动的车主人数
- 制作宣传资料的成本以及礼品成本

图 7-8 “消费满一定金额抽奖” 活动

的缺点是容易引起品牌之间的价格战，造成“销量多了，利润少了”。折扣类活动如图 7-9 和图 7-10 所示。

消费折扣换精品附件

主要内容

- 保养维修客户，返还10%消费金额现场兑换精品
- 所有客户进店均可享受系统商品打折活动

目的

- 回馈老客户

活动对象

- 所有××品牌车主

活动实施流程

- 制定规则
- 告知客户此次活动
- 店内放置活动相关资料
- 活动期间在官方微信公众号上宣传此项活动
- 活动结束后在店内或官网发布活动现场图片

效果评估方法

- 活动响应：进店保养维修的人数
- 制作宣传资料的成本以及礼品成本

图 7-9 “消费折扣换精品附件” 活动

（6）代金券/积分卡类活动　代金券是商家的一种优惠活动，代金券可以在购物中抵扣

满2000元送工时券

主要内容

- 进店维修保养满2000元送价值500元售后维修保养工时券一张

目的

- 吸引客户进厂维修
- 维护、回馈老客户

活动对象

- 所有××品牌车主

活动实施流程

- 制定规则
- 告知客户此次活动
- 店内放置活动相关资料
- 活动期间在官方微信公众号上宣传此项活动
- 活动结束后在店内或官网发布活动现场图片

效果评估方法

- 活动响应：进店维修保养的人数
- 制作宣传资料的成本和礼品成本

图 7-10　“满 2000 元送工时券”活动

等值的现金使用。代金券其实就是优惠券的一种，是一个短期刺激消费者的工具，它与积分卡（长期吸引顾客）刚好构成了日常营销的基本工具。代金券/积分卡类活动如图 7-11 和图 7-12 所示。

入会积分/常规活动

主要内容

- 免费加入会员即可即时进行积分
- 多项保养服务优惠
- 底盘装甲、轮胎以及原厂精品机油享优惠

目的

- 吸引客户入会
- 加强会员优惠制度

活动对象

- 所有××品牌车主

活动实施流程

- 制定规则
- 告知客户此次活动
- 店内放置活动相关资料
- 活动期间在官方微信公众号上宣传各项具体优惠
- 活动结束后在店内或官网发布活动现场图片

效果评估方法

- 活动响应：加入会员的人数以及参加此次优惠保养服务的车主数量
- 制作宣传资料的成本以及礼品成本

图 7-11　入会积分/常规活动

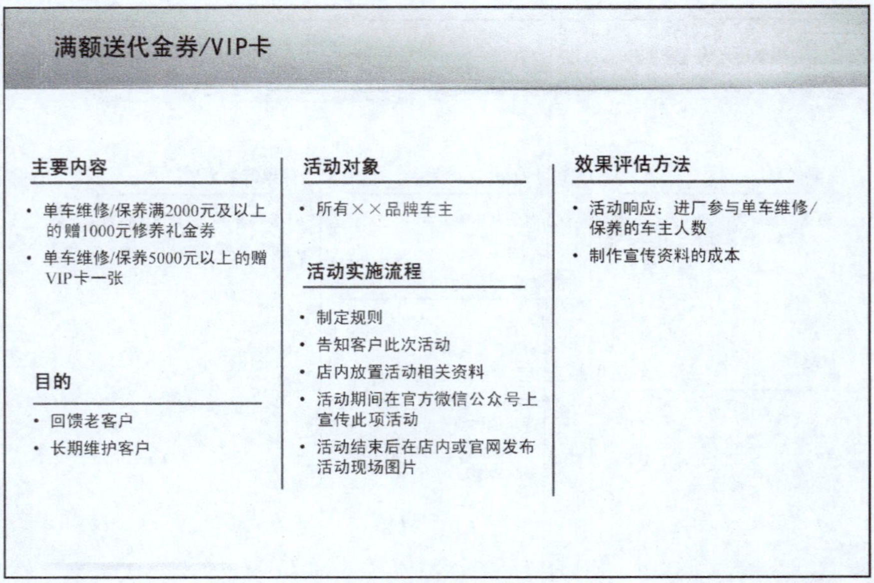

图 7-12 “满额送代金券/VIP 卡” 活动

学习任务三 营销技巧

一 集客技巧

在各个消费领域，竞争是残酷而激烈的，每天都有新开的店铺，也有倒闭的店铺，要想在这场竞争的游戏中生存下来，每个经营者都必须找到聚集顾客的方法，总结出一套集客之道。

有人研究了许多经营年数超过 10 年的店铺的经营方式，发现大多数店铺在激烈的竞争下生存依靠的法宝是“回头客”。据相关资料统计，老客户所产生的销量是新客户的 15 倍以上。一批忠诚的“回头客”意味着稳定的现金流、持续的收益以及口口相传的免费推广，有了这些，企业必然会在激烈的竞争中屹立不倒。

有客户才会有服务，有服务才会有收入，这是大家都明白的道理。那么，怎样集客呢？

1. 外展集客

外展集客是通过店铺以外的活动，有目的、有计划地实施展示、集客的方式，如小区免费检测、停车场发放优惠券等。

2. 店头集客

店头集客是通过宣传和活动，吸引客户到店的集客方式。

3. 互联网集客

互联网集客是通过互联网、微信、QQ、手机 App 等集客的方式。

4. 转介绍集客

转介绍集客是通过老客户介绍潜在客户来店的集客方式。

案例

一汽丰田2016年“秋季服务节”于9月15日至9月30日在全国范围内火热开展。自2003年以来，一汽丰田于不同季节开展各项针对客户及其爱车的关爱活动，从未间断。2016年一汽丰田“秋季服务节”以“享受无忧旅程”为主题，为客户带来贴心的服务和超值优惠。多重服务礼遇，让消费者真正享受用车无忧旅程。

一汽丰田针对不同车型及季节差异、外出游玩等用车需求，推出不同服务项目。9月15日至9月30日，客户来店参与微信互动游戏，即可享受海量服务优惠券，最高可获基础保养免费大奖。

客户到店后开启蓝牙，并打开微信摇一摇互动界面，摇一摇跳转选择“刮刮乐狂欢啪”活动进入游戏，参与游戏即可领取代金券及优惠券。点击领取后，优惠券即可存入客户的微信卡包，可在店中使用。

优惠券丰富多样，有“免费保单”优惠券，可免费享受机油+机油滤清器的基础保养一次，还有服务保养券、零部件券和免费玻璃水等海量优惠，满足客户不同的服务需求。

二　保养套餐

目前，不少汽车4S店的售后服务推出了保养套餐，保养套餐对客户具有透明、优惠的特点，对维修企业具有易掌握、易推广的特点。常见的保养套餐有根据不同里程制定的项目和根据同一里程制定的项目。

1. 根据不同里程制定的保养套餐

不同车型不同里程的保养项目和收费标准不同，保养套餐中还包括特色服务项目，如润滑系统清洗、保护，喷油器清洗等，模板见表7-1。有的4S店直接将特色服务项目加进保养套餐里，使客户易于接受。

2. 根据同一里程制定的保养套餐

表7-2中列出了同一里程保养套餐，供客户自由选择。

案例

除了价格统一、服务透明，BMW（宝马）“悦享”保养套餐还兼顾了价格优惠和更高价值的服务，以更高的性价比领跑高档汽车售后服务市场。悉心设计的BMW车况提示系统，通过对车况的科学评估，主动向客户提示保养时间，以便客户根据实际需求进行保养，真正做到精确消费、省心养护。

BMW“悦享”保养套餐共包含12个套餐，分别是机油+机油滤清器保养套餐、制动液保养套餐、微尘滤清器保养套餐、后部制动片保养套餐、后部制动盘及制动片保养套餐、前部制动片保养套餐、前部制动盘及制动片保养套餐、火花塞保养套餐、空气滤清器保养套餐、燃油滤清器保养套餐、刮水器保养套餐以及车辆检查（此项仅适用于带车况提示功能的车型）。

表 7-1 不同里程的保养套餐模板（以一汽丰田车系为例）

保养套餐基础型			CROWN			COROLLA			VIOS			LC100			PRADO		
保养类型	里程数		工时费（元）	零件费（元）	合计（元）	工时费（元）	零件费（元）	合计（元）	工时费（元）	零件费（元）	合计（元）	工时费（元）	零件费（元）	合计（元）	工时费（元）	零件费（元）	合计（元）
A1.5	1.5 万 km、2.5 万 km 等	不含机油滤清器															
		含机油滤清器															
A26	2 万 km、6 万 km 等	含火花塞															
		不含火花塞															
A35	3 万 km、5 万 km、7 万 km																
A48	4 万 km、8 万 km 等	每隔 4 万 km															
		每隔 8 万 km															
解析																	
保养套餐主要项目（对应以上车型）			部件	更换里程/km	价格（元）	部件	更换里程/km	价格（元）	部件	更换里程/km	价格（元）	部件	更换里程/km	价格（元）	部件	更换里程/km	价格（元）
			机油	5000		机油	5000		机油	5000		机油	5000		机油	5000	
			机油滤清器	5000		机油滤清器	5000		机油滤清器	5000		机油滤清器	5000		机油滤清器	5000	
			空气滤清器	4 万		空气滤清器	4 万		空气滤清器	4 万		空气滤清器	4 万		空气滤清器	4 万	
			汽油滤清器	8 万		汽油滤清器	8 万		汽油滤清器	8 万		汽油滤清器（外置）	4 万		汽油滤清器（外置）	2 万	
			火花塞	10 万		火花塞	4 万		火花塞	4 万		火花塞	2 万		火花塞	4 万	
			制动液	4 万		制动液	4 万		制动液	4 万		制动液	4 万		制动液	4 万	
			差速器油	8 万		差速器油	8 万		差速器油	8 万		差速器油	8 万		差速器油	8 万	
			变速器油	8 万		变速器油	8 万		变速器油	8 万		变速器油	8 万		变速器油	8 万	
特色服务项目																	
			保养内容		里程/km	价格（元）	保养内容		里程/km	价格（元）							
			润滑系统清洗		2 万		润滑系统保护		2 万								
			清洗自动变速器		4 万		喷油器清洗		2 万								
			三元催化清洗		2 万		进气系统清洗		2 万								
看板下面预留一定的空间，可以增加一些其他内容，如经销店的电话、预约电话、救援电话、各种提示等。																	

表 7-2 同一里程保养套餐

里程/km	保养套餐		
	初级保养	优质保养	极致保养
2 万	更换机油和机油滤清器、更换空气滤清器、清洁空调滤芯、免拆节气门清洗（基础保养）、免拆喷油器清洗（基础保养）、免拆进气道清洗（基础保养）、三元催化器清洗（基础保养）、发动机润滑系统清洗（基础保养）、发动机润滑系统保护（基础保养）、四轮换位并动平衡	更换机油和机油滤清器、更换空气滤清器、清洁空调滤芯、免拆节气门清洗（深度保养）、免拆喷油器清洗（深度保养）、免拆进气道清洗（深度保养）、免拆三元催化器清洗（深度保养）、免拆三元催化器清洗保护（深度保养）、发动机润滑系统清洗（深度保养）、发动机润滑系统保护（深度保养）、四轮换位并动平衡	更换机油和机油滤清器、更换空气滤清器、清洁空调滤芯、免拆节气门清洗（深度保养）、免拆喷油器清洗（深度保养）、免拆进气道清洗（深度保养）、免拆三元催化器清洗（深度保养）、免拆三元催化器清洗保护（深度保养）、发动机润滑系统清洗（深度保养）、四轮换位并动平衡、发动机润滑系统保护（深度保养）、制动系统清洁养护（深度保养）、线路养护（深度保养）
3 万	更换机油和机油滤清器、更换空气滤清器、更换空调滤芯、四轮换位并动平衡	更换机油和机油滤清器、更换空气滤清器、更换空调滤芯、四轮换位并动平衡、线路养护（深度保养）、空调系统清洁除菌	更换机油和机油滤清器、更换空气滤清器、更换空调滤芯、四轮换位并动平衡、线路养护（深度保养）、空调蒸发箱清洁除菌
4 万	更换机油和机油滤清器、更换空气滤清器、清洁空调滤芯、免拆节气门清洗（基础保养）、免拆喷油器清洗（基础保养）、免拆进气道清洗（基础保养）、三元催化器清洗（基础保养）、发动机润滑系统清洗（基础保养）、更换变速器油（基础保养）、更换制动油、更换助力油、更换前桥油、更换后桥油、更换分动箱油、更换防冻液、发动机润滑系统保护（基础保养）、四轮换位并动平衡、燃油系统干燥除水保护剂	更换机油和机油滤清器、更换空气滤清器、清洁空调滤芯、免拆节气门清洗（深度保养）、免拆喷油器清洗（深度保养）、免拆进气道清洗（深度保养）、免拆三元催化器清洗（深度保养）、免拆三元催化器保护（深度保养）、更换变速器油（深度保养）、更换制动油、更换助力油、更换前桥油、更换后桥油、更换分动箱油、更换防冻液、发动机润滑系统清洗（深度保养）、发动机润滑系统保护（深度保养）、四轮换位并动平衡、燃油系统干燥除水保护剂	更换机油和机油滤清器、更换空气滤清器、清洁空调滤芯、免拆节气门清洗（深度保养）、免拆喷油器清洗（深度保养）、免拆进气道清洗（深度保养）、免拆三元催化器清洗（深度保养）、免拆三元催化器清洗保护（深度保养）、更换变速器油（深度保养）、更换制动油、更换助力油、更换前桥油、更换后桥油、更换分动箱油、更换防冻液、发动机润滑系统清洗（深度保养）、发动机润滑系统保护（深度保养）、四轮换位并动平衡、燃油系统干燥除水保护剂、车身润滑四卫士保养套餐

注：1. “基础保养”指添加清洗，“深度保养”指使用专用仪器清洗。
2. 这是某 4S 店售后服务站的保养套餐，仅供参考。

三 保险营销

客户是汽车维修企业生存和发展的基础，客户资源的有效利用和深度挖掘是企业业务持续、稳定、健康发展的关键。保险是客户维系的重要方式，充分拓展保险业务有利于汽车维修企业业务更加牢固，利润更加有支撑。现在不少汽车 4S 店的车辆续保工作做得十分出色，可以说续保是 4S 店利润增加的源泉。

面对竞争激烈的市场环境，以及保险公司、中介代理等复杂的竞争对手，4S 店的续保工作是比较艰难的。

1. 续保的方法

1）设置专职续保专员。由于外部竞争激烈，即使是基盘客户很多的 4S 店，在续保方面也需主动、提前、多次反复跟踪客户，而只有安排专人负责续保才能做到这一点。

2）明确续保业务的原则。让利灵活原则：根据每个客户的具体情况，按照“不让利→部分让利→全额让利→全额让利+礼品”的步骤进行商谈。

3）续保激励政策合理化。要注重激励的全面性，灵活激励等。

4）落实续保业务日常管理。做好续保管理报表和客户回访日跟踪表。及时记录续保失败的原因，月底进行分析，及时和保险公司沟通，对市场做出快速反应。

5）做好与客户的充分沟通和说服工作。采用短信通知与电话沟通相结合的方法，必要时上门走访。

2. 续保管理方法

1）每月确定续保总额（辆数、金额）目标、续保率目标。

2）每月总结续保失败情况，总结分析上月续保失败原因并提交改善方案。

3）将成功续保的客户信息录入电子档案，为来年的续保做好基础工作。

3. 续保工作流程

1）续保专员根据承保档案记录，提前2个月向保单即将到期的客户发送短信，向客户介绍本店的续保服务及理赔服务。

2）续保专员在电话营销过程中，应将商谈记录登记到续保跟进登记表（见表7-3）的空格内，如果商谈失败，应在“失败原因”栏目内详实地记录失败原因。

表 7-3 续保跟进登记表

<table>
<tr><th colspan="2">提前一个月准备及流程</th><th>当月
上旬</th><th>当月
中旬</th><th>当月
下旬</th><th>次月
上旬</th><th>次月
中旬</th><th>次月
下旬</th></tr>
<tr><td>下月到期续保数</td><td rowspan="4">1. 提前将下月的续保名单按旬分类
2. 跟进成功的名单及业绩
3. 失败的名单写明原因</td><td></td><td></td><td></td><td></td><td></td><td></td></tr>
<tr><td>本月跟进数</td><td></td><td></td><td></td><td></td><td></td><td></td></tr>
<tr><td>成功签单数</td><td></td><td></td><td></td><td></td><td></td><td></td></tr>
<tr><td>失败数</td><td></td><td></td><td></td><td></td><td></td><td></td></tr>
<tr><td>失败原因</td><td colspan="7"></td></tr>
</table>

3）续保专员应协助服务顾问向客户解释机动车保险条款以及本店的理赔服务。

4）续保专员每天上班后整理当天跟踪客户资料，以及准备好报价单。

5）电话续保。以本专营店保险服务中心续保专员的身份出现，代表本专营店保险服务中心，以回访和提醒的形式切入话题。

6）介绍本专营店保险服务中心的优势，主动提出以传真或电子邮件形式向客户提供车辆保险建议书。

7）电话结束时，感谢客户的配合，并预约下次商谈方式和时间。

4. 注重续保客户长期发展的基础工作

销售前的奉承不如销售后的服务，这是制造永久客户的不二法门。续保业务是一项长期工作，是一个“系统工程”，为了次年续保业务的顺利开展，还需要注意落实以下几项重要的基础工作。

1）新车保险销售，提升新车投保率。

2）承保档案保存完整。

3）本店理赔服务口碑宣传。

4）有效维护保有客户，为客户提供代办车险工作并且经常组织客户活动，为续保业务奠定良好的基础。

四 抖音、微信营销

抖音、微信营销是网络经济时代企业对营销模式的创新，是伴随着抖音、微信的发展而产生的一种网络营销方式。抖音、微信不存在距离的限制，用户注册抖音、微信后，可与周围同样注册的“朋友”形成一种联系。用户订阅自己所需的信息，商家通过提供用户需要的信息来推广产品。

抖音、微信一对一的互动交流方式具有良好的互动性，在精准推送信息的同时更能形成一种朋友关系。基于抖音、微信的种种优势，借助抖音、微信平台开展客户服务营销也成为继微博之后又一新兴营销渠道。

企业应该将抖音、微信作为品牌的根据地，吸引更多的人成为普通粉丝，再通过内容和沟通将普通粉丝转化为忠实粉丝，当粉丝认可品牌、建立信任后，自然会成为企业的客户。

营销上有一个著名的“鱼塘理论”，即把客户比作一条条游动的鱼，而把客户聚集的地方比作鱼塘。鱼塘理论认为，企业应该根据营销目标，分析鱼塘里不同客户的喜好和特性，采取灵活的营销策略，最终实现整个捕鱼过程的最大成功。抖音、微信平台就相当于这个鱼塘。

案例

现代汽车维修店的营销方式正在改变，一批具有超前思维的营销者认为未来经营的不是产品，而是人群，销售的不是服务，而是生活方式。好的门店，一定是顾客体验的中心、社交的基地、直播的道场。

要立足专业并超越专业。除了做好本行的专业，为顾客提供极致的服务体验之外，还要经营好客户关系，利用品茶、越野、垂钓、户外等活动，做好汽车生活的延伸。同时，应用好抖音、微信等，突破空间和时间的局限，这样的营销会给企业带来不一样的改变。

例如，某汽车维修店组建了车友会。一群人玩在一起，组织一些户外活动，拍摄的照片、视频发到朋友圈，人们尽情地享受生活，门店制作抖音视频进行宣传，取得双赢的效果。这是利用抖音、微信由汽车服务到汽车生活的一种延伸，也是一种成功的营销手段。

应该注意的是，抖音、微信营销如果不顾用户的感受，强行推送各种不吸引人的广告信息，会引来用户的反感。凡事理性而为，善用抖音、微信这一时下流行的互动工具，让商家与客户回归真诚的人际沟通，才是抖音、微信营销真正的王道。

结合其他行业实践经验，有六条经验可供汽车维修企业借鉴。

1. 内容定位——内容为王

内容的定位应该结合企业的特点，同时从用户的角度着想，而不能一味地只推送企业的内容。记住：抖音、微信不是为企业服务的，而是为用户服务的！只有从企业的抖音、微信中获得用户想要的东西，才会引起用户的关注，接下来的销售才会理所当然。

要记住：用户是冲着企业的内容来的，推荐也是因为觉得内容有价值，所以内容为王。

2. 内容推送——拒绝骚扰

内容推送要注意两个方面。

1）推送频次：一周不要超过3次，太多了会打扰到用户，最坏的后果可能是用户取消对企业的关注。当然，太少了用户也会抱怨，觉得企业的公众号只是一个摆设，根本不会从这里获得什么。所以，这个度一定要把握好。

2）推送形式：视频、照片、文字都可以，关键在于内容能引发用户思考，产生思想上的共鸣，形成良好的互动效果。

3. 人工互动——沟通是魂

抖音、微信的本质是沟通平台，沟通需要有来有往，所以人工互动是必不可少的。建议不要设置“消息自动回复”，这样会让人觉得没诚意。企业的抖音、微信公众号要能够做到适时的人工互动。

4. 从线上到线下——怀念不如相见

线上线下活动结合的意义在于面对面的交流更容易培养忠实的粉丝，产生更鲜活、更接地气的内容，这样的抖音、微信公众号才会显得更真实，更有亲和力。

另外，抖音、微信用户仅靠自然增长会很有限，线下活动也是增加抖音、微信用户的重要手段。

5. 他山之石——对手是最好的老师

做抖音、微信营销一定要有开放的心态。记住：竞争对手是最好的老师！要积极关注竞争对手的微信，如果你关注了100个竞争对手的微信，就会有100个账号教你怎样做好抖音、微信营销。

6. 贵在运营——日久见人心

坚持很重要。抖音、微信营销不能靠“一招鲜”，拼的是投入和执行力，长期坚持下去，在实践中不断积累经验，培养和用户的感情，企业的目标才有可能实现。

案例

案例1：中致远上海大众4S店推出了用微信查询车辆维修进度的服务，车辆进厂维修而不能在厂等待的客户，可以在工作时间通过微信在线查询车辆维修进度，只需在中致远上海大众微信平台上输入“维修查询+车牌号码”，即可查询到车辆的维修情况。若需要车辆维修进度图片，也可以向微客服索取，这样方便快捷，省时省力，提高了客户满意度。

案例2：一场豪雨给伏天里的城市带来深秋般的凉爽，也给4S店带来了促销商机，不少4S店借机通过短信、微信等方式给车主发送雨天安全行车及雨后保养车辆的相关提醒，同时也为自己的售后服务进行促销。

温馨提示信息是客户购车时关注的经销商微信公众号发来的，除了提示雨天行车的注意事项，信息中还附上了24h道路救援的服务专线。与此同时，不少经销商还不忘借机为自己的售后服务进行促销，某合资品牌经销商就推出了每年 365 元的增值服务，购买该增值服务的消费者可以享受车辆维修时接送到店、全年无限次数 24 小时救援等增值服务，吸引了不少车主关注。

五 报价策略

汽车 4S 店在维修车辆时使用原厂零部件，只有一个价格，客户没有其他选择。高昂的价格令很多客户止步，加上有的 4S 店位置较偏，不方便，导致客户大量流失。汽车维修企业可以给客户不同的选择，有原厂品质的，有售后品质的，由客户自己选择，这样就不会流失客户。汽车维修企业在向客户报价时，尽量报两个价格，让客户有更多的选择。

汽车维修企业要统一售价，在计算机管理系统中制定好统一的售价，根据客户的级别采取不同的折扣，不要随意报价。这样做的主要原因是汽车维修企业的客户群体积累大多通过客户介绍和口碑传播，价格歧视会导致客户严重不满而流失。采取会员制或者把客户分为银卡、金卡、钻石卡等级别的客户，采取不同的价格折扣率会更加有效。

六 产品升级策略

对部分零部件采取升级销售的办法。例如，客户原车的火花塞是普通火花塞，可以建议客户更换铂金或铱金火花塞，这样火花塞使用的时间更长。客户原车的灯泡是普通灯泡，可以建议客户更换照射更远、更安全的灯泡。客户原车使用的是矿物油，可以建议客户使用合成油，提高车辆使用寿命。升级销售是汽车维修企业提高经营利润的重要策略。

采用产品升级策略必须保证升级产品的先进性和优良性，而且要让客户知道，因此要对产品做好宣传，客户休息区要有升级产品展示区，配以精致的展示柜。企业的客服人员、维修人员、仓库管理人员要进行产品知识和产品卖点的培训，以便向客户推荐更多更好的产品。

七 营销话术

营销就要和客户交流，交流离不开语言。汽车维修营销有很强的技术性，不能说外行话，汽车维修企业应该定期对员工进行培训，统一营销话术，从而促使汽车维修企业员工业务水平的提高。

下面介绍汽车 4S 店常见的营销话术。

1. 抱怨配件价格过高

您好，我店使用的都是正厂配件，所有配件均通过严格的质量检查，可以使整车在运行中保持最佳状态，同时也可以延长车辆寿命。相对副厂件而言，由于受供货渠道、运营成本的影响，4S 店的配件价格相对会高一些，但在我店更换的配件均享受一年的质量保证。虽然副厂件价格低，但是现在汽车配件市场鱼龙混杂，假货较多，一般人很难辨别，因此很容易买到伪劣产品。再者，汽车维修是一项技术性很强的服务，如果您使用了伪劣配件或维修不当，很容易导致汽车故障。因此，建议您还是购买正厂配件。

2. 抱怨工时费高

您好，我店所有维修项目均执行标准工时，这个工时的制定标准，不要只看维修的实际施工时间，它包括维修施工的技术难度、故障的检查等因素，而且在维修过程中，从小到螺钉、大到车辆的每一个部位操作，均按整车生产厂的标准数据进行操作，可以保证您的车辆保持最佳的使用状态，进而延长车辆的使用寿命，因此还是建议您严格按照厂家要求，定期进行维护与保养。另外，我们的工时标准在交通主管部门有备案，受他们的监督，敬请放心。

3. 抱怨保养费用高

1）保养项目是根据不同的里程数而不同的。一般情况下，3 万 km 时保养的项目要多一点，因为 3 万 km 车上的部件基本上都需要检查了，所以每间隔 3 万 km 费用都要高一点。

2）我们这里有 4 款不同品质、不同价位的机油可供您选择。选用不同的机油，保养费用也不一样。

思 考 题

1. 客户价值的含义是什么？
2. 客户价值的构成有哪些？
3. 服务营销四要素是什么？
4. 营销策略有哪些？
5. 服务促销包括哪些步骤？
6. 汽车维修企业可以采取的营销技巧有哪些？

模块八
配 件 管 理

问题导入：

小李和朋友投资10万元开了一家汽车维修店，干了三年账上没有多少资金，小李说仓库里的配件价值四五十万元，但朋友找人一评估，库里的配件只值五六万元，小李的资金到哪里去了？

配件的采购、仓储管理直接关系到维修作业的及时性，进而影响维修交车时间，同时，配件成本控制对企业是否盈利有着重要影响。那么，企业应如何做好配件管理呢？

学习目标：

1. 掌握配件管理的主要任务
2. 掌握配件进销存管理方法
3. 掌握配件仓储管理方法

素质目标：

1. 培养大公无私、廉洁奉公的敬业精神
2. 培养诚实守信、一丝不苟的工作态度

学习任务一　认识配件管理的任务

一　认识配件管理的主要任务

1. 采购

采购也叫订货，是指为了维持零部件的供给，必须及时发出订单，补充销售出去的库存。配件部门如果不能及时准确地为客户或维修车间提供所需的零部件，也就没有了自身的价值。反过来讲，如果没有配件部门及时准确地提供零部件，也就没有维修服务良好的客户满意度。所以，配件的供应是至关重要的。

2. 仓储作业

日常的仓储作业包括入库、出库、盘库等。

3. 销售

销售包括零部件的内销和外销。内销是向维修车间提供维修所需的零部件。一个称职的零部件部门必须保证较高的零部件内销供应率。外销是通过柜台销售，即面向客户销售零部件。

二 如何准确地提供零部件

首先，我们要全面了解客户的要求，即客户需要的是什么零部件。需要特别注意的是，客户需要什么车上的零部件，即确认零部件对应的车辆信息。

然后，通过向客户确认的信息，查询零部件目录，找出正确的零部件号码，才能将正确的零部件提供给客户。

目前汽车品牌繁多，每个汽车品牌都有各自的零部件目录。每个品牌的零部件目录都有自身的使用规律，这需要在实际的工作中认真学习掌握。为了准确地提供零部件，必须掌握两种技能：一是全面准确地了解零部件订货相关信息；二是正确使用零部件目录。

三 零部件类型

汽车由许多零部件组成，这些零部件可分成以下三类。

1. 维修零部件

维修零部件用在汽车的各个部位，是我们经常遇见的零部件。如果由于已经到了使用寿命或发生故障造成零部件的损坏，则必须用新的零部件将它更换，从而使汽车能继续正常工作。维修零部件对于汽车保持行驶性能和安全性、舒适性都是非常重要的。

2. 汽车精品

汽车精品是指增加客户驾驶愉悦感和舒适性的设备，包括音响设备、座椅罩、倒车雷达和许多其他装置。

3. 油类及化学品

油类及化学品包括机油、变速器油、防冻液、助力油和制动液等。

四 零部件编号的解释

不管是哪个汽车品牌，每个零部件都有编号，就如同我们每个人都有身份证号一样。汽车品牌不同，零部件编号规律也不一样。下面简单介绍一汽丰田和一汽大众品牌的零部件编号规律。

1. 一汽丰田品牌零部件编号的解释

一汽丰田品牌零部件编号通常由 10 位字符（有时为 12 位字符）组成，零部件编号并不是数字和字母的简单排列，每个编号都有其特定的意义。

（1）零部件编号的结构　零部件编号包括三部分，即基本号、设计号和辅助号，如下所示：

（1）基本号		（2）设计号		（3）辅助号
○○○○○	-	○○○○○	-	○○
表示零部件类		表示发动机或汽车的类型		表示零部件的颜色和/或尺寸

零部件编号还可以进一步细分为组号、区分号、细节号、分类代号、设计增补号、主要技术改进号和辅助代号，如下所示：

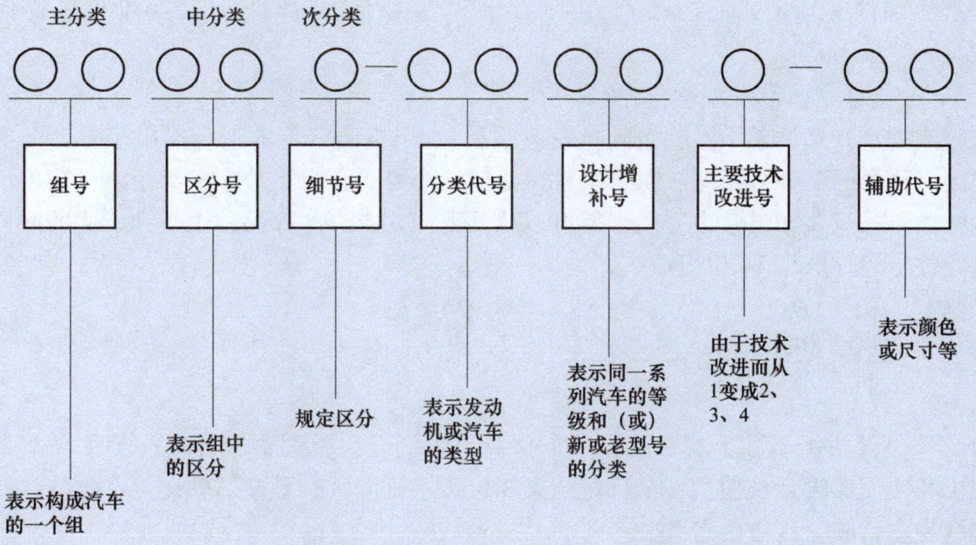

例如，17801-0P020：17801 是基本号，表示空气滤清器；0P020 是设计号。此编号没有辅助代号。

（2）零部件编号的规律

1）品名编码（Parts Name Code，PNC）。品名编码即零部件种类代码。一个品名编码表示一个零部件种类。

一般品名编码与零部件号的前五位（有时是前六位、前十位）一致。例如，火花塞的品名编码是 90919，即丰田车系所有品种火花塞的零部件编号前五位均是 90919。燃油滤清器的品名编码是 23300，即丰田车系所有品种燃油滤清器的零部件编号前五位均是 23300。前制动片的品名编码是 04465，即丰田车系所有品种前制动片的零部件编号前五位均是 04465。

在工作中多总结常用的品名编码，对我们的工作是很有帮助的。

2）零部件编号的第 1 位。第 1 位指的是车辆的各大部分。

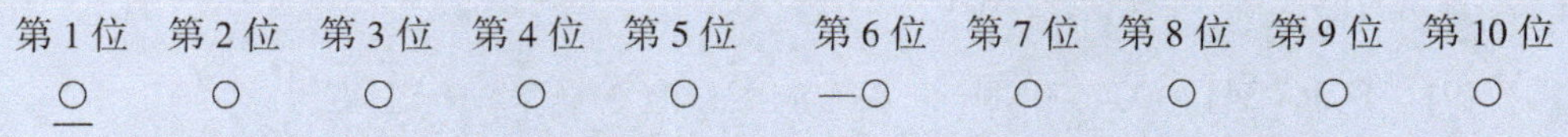

第 1 位的数字	内　容
1	发动机和燃油系统的相关零部件
2	
3	传动系统和底盘部分的零部件
4	
5	车身零部件（车外板、车内饰件）
6	
7	
8	电器零部件

3）零部件编号的前两位。零部件编号的前两位就是前面所说的组号。知道了组号，

就能理解零部件编号是如何构成的。因此，理解组号是短时间内记住零部件名称代号的关键。

2. 一汽大众品牌零件编号的解释

在一汽大众管理体系中，通过阿拉伯数字和26个英语字母的组合形成了一套简明、完整、准确、科学的配件号系统，每个配件只对应一个号码，每组数字、每个字母都表示这个件的某种性质，只要知道这个号码，就可以从几万或几十万库存品种中找到所需的配件。一汽大众配件号码一般由14位组成。

例如：191 863 241 AF LN8

4B0 863 241 G FPK

(1) (2) (3) (4) (5)

（1）车型及机组型号 前3位表示车型及机组型号，说明这个件最初为哪种车型、哪种发动机和变速器设计及使用，从标记的第3位数字可以区别是左驾驶还是右驾驶。一般规定：单数为左驾驶，双数为右驾驶。

（2）大类及小类 根据零部件在汽车结构中的差异及性能的不同，一汽大众配件号码系统将配件号分成10大类（10个主组），每大类（主组）又分为若干个小类（子组）；小类的数目和大小因结构的不同而不同，小类只有与大类结合在一起才有意义。

1大类：发动机，燃油喷射系统。

2大类：燃油箱，排气系统，空调制冷循环部件。

3大类：变速器。

4大类：前轴，前轮驱动差速器，转向系统，前减振器。

5大类：后轴，后轮驱动差速器，后减振器。

6大类：车轮，制动系统。

7大类：手动、脚动杠杆操作机构。

8大类：车身及装饰件，空调壳体，前后保险杠。

9大类：电气设备。

0大类：附件（千斤顶、天线、收音机）及油漆材料。

例如：191 863 241 AF LN8　　8为大类；电子目录中称为主组。

4B0 863 241 G FPK　　63为小类；电子目录中称为子组。

（3）配件号 配件号是由三位数（001～999）组成并按照其结构顺序排列的，如果配件不分左右（既可在左边使用，又可在右边使用），最后一位数字为单数；如果配件分左右件，一般单数为左边件，双数为右边件。

（4）设计变更号 设计变更号由一个或两个字母组成，表示该件曾技术更改过。

（5）颜色代码 颜色代码用三位数字或三位字母的组合来表示，表示该件具有某种颜色特征。例如：01C表示黑色带光泽，041表示暗黑色，043表示黑花纹，ROH表示未加工的原色。

上述“191 863 241 AF LN8”“4B0 863 241 G FPK”中的颜色代码为“LN8”“FPK”。

学习任务二　配件进销存管理

配件进销存管理是配件从采购（进）到入库（存）再到出库（销）的动态管理过程。

一　配件采购管理

配件采购管理

（一）配件采购的重要性

在企业里，配件采购是非常重要的，主要原因如下。

1）采购配件成本占生产总成本的比例较大。若配件无法以合理的价格获得，则将直接影响企业的经营。若采购价格过高，则维修成本也高，以至于影响企业的利润；若采购价格过低，则很可能采购的配件品质较差，影响维修质量，从而使企业不具备市场竞争力。

2）采购周转率高，可提高资金的使用效率。合理的采购数量与适当的采购时机，既能避免停工待料，又能降低配件库存，减少资金积压。

3）配件采购快慢、准确与否以及品质优劣直接关系到车辆维修工期和客户满意度。

4）采购部门可在搜集市场情报时，提供新的配件代替旧配件，以达到提高品质、降低成本的目的。

5）采购部门经常与市场打交道，因此可以了解市场变化趋势，及时将市场信息反馈给公司决策层，促进公司经营业绩增长。

（二）配件采购原则

1）配件采购应有计划地进行，以防止无计划的采购。尤其是综合性维修企业，使用的配件品种一般较多，若无计划地采购，势必造成配件积压。配件采购应由仓库保管员按储备定额，提出月度采购数量，并由计划员进行平衡，列出采购计划。

2）采购配件时，用途不明的不购，规格不清的不购。

3）配件采购要保证质量，质量不符合规定的不购。

4）采购计划是进行采购的依据，对有疑问的地方，应查明原因，不能擅自变更。

5）副厂件的采购需经技术和生产使用单位的同意，以免造成配件积压。

6）对价值高的配件，如发动机、变速器总成等，必须落实好客户方可购入。

7）采购配件时不可图便宜而采购假冒伪劣产品。

8）采购配件应坚决反对吃回扣等不正之风。

（三）采购部门的职能

1）寻找配件供应来源，对每项配件的供货渠道加以调查和掌握。

2）要求报价，进行议价，如有能力可进行估价，并做出评估。

3）查证进厂配件的数量与质量。

4）对供应厂商的价格、品质、交期、交量等做出评估。

5）掌握公司主要配件的市场价格起伏状况，了解市场走势，对市场加以分析并控制成本。

6）依采购合约或协议控制协调交货期。

7）呆料和废料的预防与处理。

（四）选择供应商和供货方式

选择供应商是采购工作中一项非常重要的工作。如果供应商供应配件顺畅，就会使生产不会因为待料而停工。进料品质稳定可保障配件品质稳定，交货日期准确可保障公司出货期准确。各项工作良好的配合与协调，可使双方的工作进展顺利。所以，选择好的供应商将直接影响企业的生产与销售，对企业影响较大。因此，选择优秀的供应商是非常重要的。

1. 选择供应商应考虑的主要内容

（1）供应商管理人员水平和专业技术能力　它主要包括管理人员素质的高低、管理人员工作经验是否丰富、技术人员素质的高低等。

（2）配件供应状况　它主要包括所有配件的供应来源、供应渠道是否顺畅，配件品质是否稳定，供应商配件来源发生困难时其应变能力的高低等。

（3）质量控制能力　它主要包括组织是否健全、质量控制制度是否完善、配件的选择及进料检验的严格程度、品质异常的追溯是否程序化等。

（4）财务及信用状况　它主要包括每月的销售额、来往的客户、经营的业绩及发展前景。

（5）管理规范制度　它主要包括管理制度是否系统化、科学化，工作指导规范是否完备、执行的状况是否严格。

2. 考核供应商的主要内容

1）对原有供应商的考核，包括对近年来提供配件的业绩、供货能力、质量、服务、价格、履约能力、交货、财务状况等是否符合规定要求进行评价，评价后填写“供方调查评价表”，经配件经理审核后，报公司审查。

2）对新的供应商的考核，包括所需配件的技术要求，并明确将规格、品牌、厂家、标识等作为采购依据，采取调查和样品评价方式，按质量担保期、价格合理、交付及时、服务周到、就近地区等五项原则对供应商进行评价。

3）采购部门每年对合格供方复评一次，对连续三次有不合格品或不能及时供货的供应商，应进行重新考核。

4）对同批次不合格品达到5%的供方提出纠正意见，并要求其及时采取措施加以纠正。对于问题严重且无能力纠正的，应取消其供应商资格。

3. 正确选择供货方式

1）做好市场预测，掌握配件商情。

2）对于需求量大的配件，应尽量选择定点供应直达供货的方式。

3）尽量采用与配件商签订合同直达供货的方式，以减少中间环节，加速配件周转。

4）对于需求量少的配件，宜采取临时采购方式，减少库存积压。

5）采购形式采取现货与期货相结合的方式，现货购买灵活性大，能适应需要的变化情况，有利于加速资金周转。对于需求量较大、消耗规律明显的配件，则采取期货形式，并签订期货合同，这将有利于供应单位及时组织供货。

配件入库管理

二 配件入库管理

配件入库是物资存储活动的开始，也是仓库业务管理的重要阶段，这一阶段主要包括到货接运、验收入库和办理入库。

1. 到货接运

到货接运时要对照货物运单，做到交接手续清楚，证件资料齐全，为验收工作创造条件，避免将已发生损失或差错的配件带入仓库。

2. 验收入库

验收入库是按照一定的程序和手续对配件的数量和质量进行检查，以验证它是否符合订货合同的一项工作。配件到库后首先要在待检区进行开箱验收工作，并检查配件清单是否与货物的品名、型号、数量相符，做到“一及时”“五不入”。

一及时：货到后及时开箱验收。

五不入：品名不符的不入，规格不符的不入，质量不符的不入，数量不符的不入，超储备的不入。

随时填写验收记录，不合格品由配件主管进行处理，并及时填写来货记录。

验收入库程序如下。

（1）验收准备　准备验收凭证及有关订货资料，确定存货地点，准备装卸设备、工具及人力。

（2）核对资料　入库配件应有的资料包括入库通知单，供货单位提供的质量证明书、发货明细表、装箱单，以及承运单位提供的货运单和必要的证件。

（3）实物检验　主要检验配件质量和数目。

3. 办理入库

验收合格的配件，应及时办理入库，入库内容包括购进时间、配件编号、配件名称、单位、数量。配件保管员打印入库单，由配件负责人（或财务负责人）审核签字。

三 配件出库管理

配件出库管理

1. 配件出库原则

1）配件出库要及时、准确，出库工作应一次完成。

2）认真实行“先进先出”的原则，减少配件储存时间。

2. 配件出库程序

（1）出库前的准备　仓库要掌握用料规律，及时准备好所需的设备、人员等。

（2）核对出库凭证　出库前必须有一定的凭证手续，严禁无单或白条发料。保管员接到发料通知单后，必须仔细核对，确认无误后才能发料。

（3）备料　按照出库凭证进行备料，同时变动料卡的余额数量，填写实发数量和日期。

（4）复核　为防止出错，备料后要进行复核。复核的内容有出库凭证与配件的名称、规格、数量是否相符。

（5）发料和清理　复核无误后即可发料，发料后应清理现场。

案例

某维修企业修理了一辆离合器打滑的车辆，经检查，离合器压盘和摩擦片都需更换。维修人员到仓库领了配件并进行了更换。装车后发现离合器不能分离，经检查，离合器的其他部件正常，怀疑是新更换的离合器压盘质量不好。经仓库查询得知，该离合器压盘曾装到其他车上使用过，但因同样的故障被拆下。此件本应被放于索赔货区，但由于保管员的疏忽，将该件放到配件货区，而仓库出库时又没有认真检查，导致此次事故的发生。因此，仓库的新件和旧件、合格配件和不合格配件，一定要严格区分。

四 库存控制的原则和 ABC 分析法

1. 库存控制的原则

1）不待料、不断料。保证生产所必需的物料。

2）不呆料、不滞料。生产所需的物料要及时购进，不需要的物料坚决不能进入库房。

3）不囤料、不积料。需要多少购进多少，储存数量要适量，减少库存积压。

2. ABC 分析法

什么是 ABC 分析法？简单地说，ABC 分析法就是重要的少数，不重要的多数。

这个原理反映在存量控制上也一样，存货项目较少的数十种物料，所占的金额比例却非常大；存货项目较多的上千种物料，所占金额的比例却非常少。因此，抓住“重要的少数”是成本控制的关键。

（1）ABC 分析法的主要作用

1）客户分类的管理。根据年订货额的大小，按 ABC 分析法对客户进行分类，然后进行重点分类管理。

2）供应商分类的管理。根据年供货量的大小，按 ABC 分析法对供应商进行分类，然后进行重点分类管理和辅导。

3）物料分类的管理。根据使用量的大小，按 ABC 分析法对使用的物料进行分类，对重点的物料加强管理，同时控制呆料。

（2）ABC 分析法计算的步骤

1）物料的资料统计。将每种物料上一年的使用量、单价、金额等填入 ABC 分析表进行统计。

2）按金额大小顺序进行排列，并计算出金额占材料总金额的百分比。

3）按金额大小顺序计算出每一种物料的累计百分比。

4）根据累计百分比绘制 ABC 分析表（柏拉图）。

5）进行 ABC 物料分类（见图 8-1）。

A 类物料占物料种类 10%左右，金额占总金额的 65%左右。

B 类物料占物料种类 25%左右，金额占总金额的 25%左右。

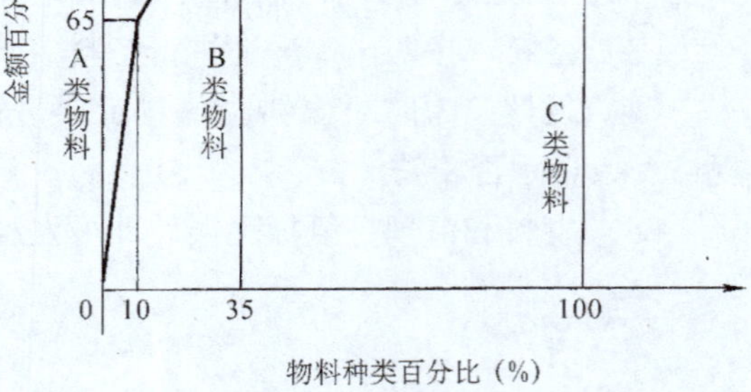

图 8-1 ABC 分析法

C 类物料占物料种类 65%左右，金额占总金额的 10%左右。

（3）如何对 ABC 三类物料进行存量控制　ABC 三类物料所占种类比例与金额比例大不相同，所以对 ABC 三类物料应采取不同的物料控制方法。

1）A 类物料。A 类物料种类少、金额高，存货过高会产生大量的资金积压，因此对于 A 类物料要非常严格地控制。

A 类物料购备时间短，交期紧，因此最好不要有存货。对于 A 类物料，要有一套完整的记录，一定要在需求或订货时才加以订购，并且要充分计划利用好购备时间，使交货及时，不影响生产计划，也不过早进厂。此外，还应尽量降低存货，避免大量的资金积压在仓库。

2）B 类物料。B 类物料介于 A 类物料和 C 类物料之间，种类与金额占的比重一般，但也不能忽视。对于 B 类物料，可以不必像 A 类物料那样跟单订货，但对购备时间控制要非常严格，也不能像 C 类物料那样一次性大批量采购，可以采取设置安全存量的方式，以经济采购量加以采购即可。

3）C 类物料。C 类物料种类多，金额少，可一次性订购较大的批量，以降低采购成本。

五 库存控制方法

1. 库存控制的范围

1）生产经常用到的物料。

2）品种少、批量大、购备时间比较长的物料。

3）ABC 物料中的 C 类物料和部分 B 类物料。

2. 库存控制的核心

库存控制既要降低存货的储备成本，又要充分配合生产的需要，库存控制的核心如下。

1）最低存量，即维持多少存量是最合理的。

2）订购点，即何时补充存量是最适时的。

3）订货量，即补充多少存量是最经济的。

3. 安全存量的控制

安全存量即为防止生产发生待料停工现象，事先准备一定数量的存货。安全存量的多少根据购备时间与物料消耗量而定。

正常情况下的安全存量=每日消耗量×紧急购备时间，但由于存在各种不确定原因，还应考虑如下因素。

1）浪费的存量。

2）呆料、废料。

3）其他因管理不善需要的存量。

4. ABC 物料分类

1）物料资料统计。将上一年物料的使用量、单价、金额等填入 ABC 分析表进行统计。

2）按金额大小顺序进行排列，并计算出其金额占材料总金额的百分比。

3）按金额大小顺序计算每一种物料的累计百分比。

4）根据累计百分比绘制 ABC 分析表。

5）进行 ABC 物料分类。

5. 库存基准设定

（1）预估月用量

1）用量稳定的材料由主管人员依据上一年的平均月用量，并参照当年的销售计划来预估月用量。

2）季节性与特殊性材料由材料人员于每年各季度末以前，依前三个月及上年同期各月份的耗用数量，并参考市场状况设定预估月用量。

（2）请购点设定

请购点=购备时间×预估每日耗用量+安全存量

采购需求量=本生产周期天数×预估每日耗用量

安全存量=紧急购备时间×平均每日耗用量

最高存量=采购需求量+安全存量

（3）物料购备时间　物料购备时间由采购人员依采购作业的各阶段所需日数设定，其作业流程及作业日数经主管核准，送相关部门作为请购需求日及采购数量的参考。

（4）设定请购量　考虑项目有采购作业期间的长短、最小包装量、最小交通量及仓储容量。

请购量=最高存量-安全存量

=本生产周期天数×预估每日耗用量

（5）存量基准的建立　保管员将以上存量基准（安全存量、预估每日耗用量、紧急购备时间、正常购备时间等）分别填入“存量基准设定表”，呈主管核准并建档。

6. 用料差异反映及处理

材料人员于每月5日前针对前月情况开立“用料差异反映表”，查明基准差异原因，并拟订处理措施，确定是否修正“预估月量”，如需修订，应于反映表“拟修订月用量”栏内修订，并经主管核准后，通知修改库存基准。

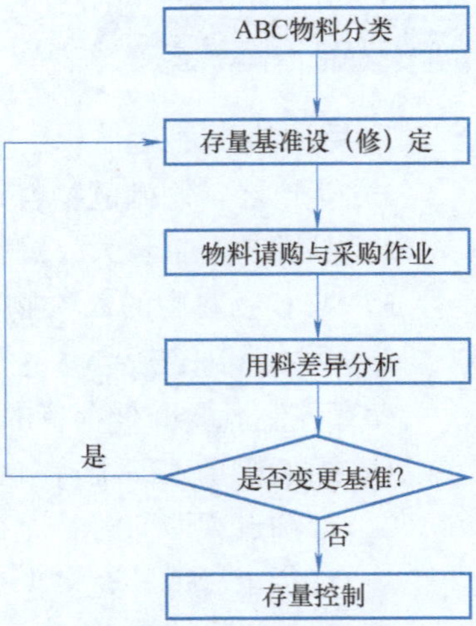

图8-2　库存控制流程

7. 库存控制流程

库存控制流程如图8-2所示。

六　库存控制指标分析与改进实务

1. 缺货配件指标分析

某企业缺货配件分析见表8-1。

表8-1　某企业缺货配件分析

月份	A类		B类		C类	
	缺货数量	所占百分比（%）	缺货数量	所占百分比（%）	缺货数量	所占百分比（%）
1月	1	14.29	2	28.57	4	57.14
2月	0	0	3	37.50	5	62.50
3月	1	12.50	2	25.00	5	62.50

（续）

月份	A类		B类		C类	
	缺货数量	所占百分比（%）	缺货数量	所占百分比（%）	缺货数量	所占百分比（%）
4月	2	18.18	3	27.27	6	54.55
5月	1	12.50	3	37.50	4	50.00
6月	0	0	2	28.57	5	71.43
7月	1	8.33	4	33.33	7	58.33
8月	0	0	4	40.00	6	60.00
9月	2	15.38	5	38.46	6	46.15
10月	1	12.50	2	25.00	5	62.50
11月	1	9.09	5	45.45	5	45.45
12月	0	0	3	33.33	6	66.67
合计	10	8.93	38	33.93	64	57.14

从表中可以看出9月、11月B、C类缺货配件比例不合理，主要原因是B类配件缺货数量较大。从整个年度缺货数量看，B类配件缺货数量也较大。B类配件可以不必像A类配件一样跟单订购，对购备时间控制非常严格；也不能像C类配件一样一次性大批量采购，所以可以采取设置安全存量的方式，到了请购点时以经济采购量加以采购即可。

2. 库存品种和数量百分比

A、B、C三类配件占全部配件品种的百分比及占配件收入总额的百分比，应符合A、B、C三类配件存量控制要求。

3. 配件及时供应率

配件及时供应率低的原因和应采取的措施如下。

1）配件不备货。按规律，一些配件较少使用或价值较高，不备货属于正常情况。

2）备货不及时。查找原因，属人为因素的，要追究相关部门或个人责任；属配件缺货的，积极拓展供货渠道。

3）备货不足。及时调整安全存量。

案例

某维修厂厂长在分析维修台次和维修收入图表时发现，A车型的维修台次在逐月升高，查阅配件分析表发现A车型的配件缺货数量却在逐月上升。

该维修厂厂长通过市场调研得知A车型当年的销售情况良好，A车型为10万元左右的家庭轿车，很多客户从经济性出发，在车辆过保修期后，不再进特约服务站。

通过调研，该维修厂厂长制定了如下措施。

1）调整库存结构，增加A车型配件库存。

2）组织A车型的技术培训，提高维修人员技术水平。

3）组织A车型车主联谊会，吸引客户。

结果，该维修厂A车型的维修量不断提升，当然这也给企业带来了可观的经济效益。

学习任务三 配件仓储管理

配件仓库布局的原则

一 配件仓库布局的原则

1. 有效利用空间

1）根据库房大小及库存量，配件按大、中、小型进行分类放置，以便于节省空间。

2）用纸盒保存中、小型零部件。

3）采用适当尺寸的货架及纸盒。

4）将不常用的配件放在一起保管。

5）留出用于新车型零部件的空间。

6）没有用处的配件要及时报废。

2. 防止出库时发生错误

1）将零部件号完全相同的零部件放在同一纸盒内。

2）不要将未编号的零部件放在货架上。

3. 保证零部件的质量

1）保持清洁。

2）避免高温、潮湿。

3）避免阳光直射。

4. 配件仓库的基本设施

1）配备专用的配件运输设施。

2）配备适用于配件的专用货架、货筐等。

3）配备必要的通风、照明及防火器材。

5. 仓库的基本要求

1）仓库各工作区域应有明显的标牌，如发料室、备货区、危险品仓库等。

2）有足够的进货、发货通道和配件周转区域。

3）货架的摆放要整齐划一，仓库的每一条过道都要有明显的标志，货架应标有位置码，货位要有零部件号、零部件名称。

4）为避免配件锈蚀及磕碰，严禁将配件堆放在地上。

5）易燃易爆物品应与其他配件严格分开管理，存放时要考虑防火、通风等问题，库房内应有明显的防火标志。

6）非仓库人员不得随便进入仓库，仓库内不得摆放私人物品。

配件的位置码管理系统

二 配件的位置码管理系统

1. 位置码简介

位置码就是标明配件存放位置的代码。它是空间三维坐标形象的表现，对于空间三维坐标，任何一组数字（a,b,c）总可以找到唯一的一点与它对应，也就是一点确定一个位置，一个位置只能放置一个零部件。三维坐标（a,b,c）中的数字分别表示该件所在的过道/架号、列、层。

2. 位置码编制原则

1）根据修理项目进行编组。

2）配件的存放位置便于取放。

3）流动量大的配件应放在前排货架，方便配件人员查找和取用；流动量小的配件应放在后排货架。

3. 位置码编制步骤

1）按区（库）分类。根据维修车辆的类型或企业的具体情况，不同车型的配件应存放在不同的库房（如 1 号库、2 号库等），或同一个库房要分成几个区（如Ⅰ区、Ⅱ区等），库房面积较大的也要分成几个区（如一区、二区等），以便不同车型的配件存放。

2）按过道（货架号）编排。X 轴或 Y 轴表示第几过道（或第几货架），用（$A,B,C,\cdots$）表示。

3）按列编排。Y 轴或 X 轴表示第几列，用（1,2,3,…）表示。

列数一般较多，列号建议采用阿拉伯数字 01、02、03、04 等表示，以增加列数；列号字母的编排顺序一般有从左到右、环型、蛇型等。

4）按层编排。Z 轴表示第几层，用（$A,B,C,\cdots$）表示，一般采用从上至下法或从下至上法。

5）打印，张贴位置码标牌于货架上。标牌内容如下：

配件号	配件名称
位置码	包装数量

6）位置码中的数字一定要同英文字母分开书写。

7）配件的存放，要根据配件销售频率、体积、质量的大小及配件号大类、小类的先后顺序存放，即最前面是各种车型/型号的号码，然后是主组、子组的号码（有字母的按字母顺序排列）。

8）配件存放在货架上，要考虑预留空货位，它可作为配件号的更改及品种增加时的补充，这些预留货位可以直线排列、对角排列或间隔排列。

9）货架的布置。摆放货架（中货架、小货架、专用货架）可根据具体情况实施，货架可“背靠背”，也可单排摆放，总之要以方便实用为原则。

三 仓库管理规定

1）仓库人员必须熟悉配件仓库的配件品种信息，能够快速准确地进行发货及各种出库操作。

2）库存物资应根据其性质和类别分别存放。

3）仓库管理要达到“四洁”“四无”“四齐”的管理标准。

① 四洁：库容清洁、物资清洁、货架清洁、料区清洁。

② 四无：无盈亏、无积压、无腐烂锈蚀、无安全质量事故。

③ 四齐：库容整齐、堆放整齐、货架整齐、标签整齐。

4）对库存物资要根据季节气候勤检查、勤盘点、定期保养。对塑料、橡胶制品的配件要做到定期核查和调位。

5）库存物资要做到账机（指计算机）、账物相符，严禁相同品名不同规格和产地的配件混在一起。

6）库内不允许有账外物品。

7）配件发放要有利于生产，方便维修人员，做到深入现场，满足维修人员的合理要求。

8）仓库管理人员要努力学习业务技能，提高管理水平，做到“四会”“三懂”“二掌握”“二做到”。

① 四会：会收发、会摆放、会计算机操作、会保养材料。

② 三懂：懂用途、懂性能、懂互换代用。

③ 二掌握：掌握库存物资质量，掌握物资存放位置。

④ 二做到：做到见单能准确、快速发货，做到日核对、月结、月盘点。

9）危险品库管理要达到“四洁”“四无”标准。

① 四洁：库区、库房、容器、加油设备整洁。

② 四无：无渗漏、无锈蚀、无油污、无事故隐患。

10）严禁发出有质量问题的配件。

11）因日常管理、保养不到位及工作失误造成物资报废或亏损的，应视其损失程度追究赔偿责任。

案例

案例 1： X 先生的轿车在转弯时发出异响，他到一维修厂检查，分析是外球笼损坏。业务接待员告诉 X 先生：“仓库有配件，更换需要 1h 左右。”X 先生说：“好，你们抓紧时间吧，我 2h 后要赶到机场接飞机。”维修人员很麻利地将外球笼拆下，并到仓库去领配件。当保管员取出配件后，维修人员发现配件不对。X 先生的车带 ABS（防抱死制动系统），球笼上有齿圈，而仓库的配件是不带齿圈的，与该车不相配，外出购件需 1h。当业务接待员向 X 先生说明情况时，X 先生很生气：“你们的仓库管理员什么水平，连什么配件都搞不清，能修好车吗？我等不及了，别误了飞机，赶快给我装起来吧。”因为拆卸球笼时，球笼防尘套损坏了，维修厂只好免费为客户更换一个新的防尘套并配上一瓶润滑脂，将球笼装复。

维修厂这次服务不仅赔了钱，还失去了这位用户，真是赔了夫人又折兵。

案例 2： Y 先生的轿车在加速时发抖，到维修站检查确定是二缸点火线圈损坏，但维修站没有配件，经联系后，维修站的接待员告诉 Y 先生，配件大约三天才能到货。Y 先生住的地方离维修站有 200km，他很不情愿，但也很无奈。三天后，Y 先生接到电话，说点火线圈到货。他告诉对方，明天去更换。次日，当 Y 先生开着他的故障车跑了 200km 到达维修站时，业务接待员对他说：“我们真是万分抱歉，昨天一辆车也是点火线圈故障，由于配件人员不知道这是给您预备的，将配件发给了那位车主。”Y先生的愤怒是可想而知的。虽然业务接待员连连道歉，Y先生还是用高嗓门、拍桌子等方式发泄了他的不满。他开着故障车往回走的时候，发现车况越来越差，这更增加了他对这家维修站的不满。他决定再也不到这家维修站修车了。

四 呆废料管理

1. 呆废料的概念

呆料是指物料存量过多，耗用量极少，库存周转率极低的物料。这种物料可能偶尔耗用少许，也可能不知何时才能动用，甚至根本不再动用。呆料为百分之百可用的物料，并且一点都未丧失物料应具备的特性和功能，只是呆置在仓库中，很少去动用而已。

废料是指报废的物料，即经过一段时间使用，本身已残破不堪或磨损过甚或已超过其寿命年限，以致失去原有的功能而本身无利用价值的物料。

2. 呆废料处理的重要性

（1）物尽其用　物料成为呆废料后价值急剧下降，呆废料若继续弃置在仓库中不加以利用，物料因锈蚀、腐蚀等原因，其价值将继续降低，这时应物尽其用，适时予以处理。

（2）减少资金积压　呆废料闲置在仓库而不能加以利用，使一部分资金占用在呆废料上，若能适时加以处理，可减少资金的积压。

（3）节省人力及管理费用　呆废料在处理前仍需有关人员加以管理并且发生各种管理费用。若能将呆废料加以处理，则上述人力及管理费用即可节省。

（4）节约仓储空间　呆废料日积月累，势必占用庞大的仓储空间，可能影响正当的仓储管理。为节省仓储空间，呆废料应适时予以处理。

3. 呆料处理方法

1）调拨其他单位利用。本单位的呆料，其他单位或许仍可设法利用，因此可将呆料进行调拨。

2）修改再利用。既成呆料，少有利用机会，可将有些呆料在规格上稍加修改，充分加以利用。

3）打折出售给原来的供应商。

4）与其他公司用以物易物的方式相互交换处理。

4. 废料产生的原因、预防及处理方法

（1）废料产生的原因

1）变质。物料长久未用，发生变质失去其原有作用，如油料、清洗剂、制冷剂等。

2）锈蚀。无论如何保养也无法恢复物料的原有价值，如钢圈、消声器等。

3）变形。物料因变形而无法使用，主要是橡胶件、塑料件等，如轮胎、仪表台等。

4）拆解。不良产品的拆解必然产生不少已无利用价值的零部件或包装材料。

（2）废料的预防　要减少废料的产生，预防重于处理。

1）对于易变质的物料，要注意保质期，同时要密封。

2）对于易锈蚀的物料，要防止酸碱的侵蚀、湿气的侵蚀。

3）对于易变形的物料，要注意放置方式，不可被其他物品积压。

4）建立先进先出的物料收发制度。

（3）废料处理方法

1）废料分解后有部分物料可作为他用。

2）废料可分解为铜、铝、钢等，按不同类别、不同价格出售。

案例

汽车维修企业的积压配件是令每个维修企业都头疼的事情，特别是订错货或修理工判断错误而积压的一些价值高的电控元件，在维修企业成为呆料，车型淘汰后就成为废料，造成极大的浪费。现在一些维修企业利用抖音、微信朋友圈、QQ 群将积压配件信息传播出去，并适时发个红包，引起客户的注意，增加积压配件被使用的机会，甚至也会让部分呆废料有新的价值。

五 配件的盘点

1. 盘点的目的

盘点就是如实地反映存货的增减变动和结存情况，使账实相符，保证配件库存存货的位置和数量。

2. 盘点的内容

1）核对存货的账面结存数与实际结存数，查明盘亏、盘盈存货的品种、规格和数量。

2）查明变质、毁损的存货以及超储积压和长期闲置的存货的品种、规格和数量。

3. 盘点的方法

盘点的方法有永续盘点、循环盘点、定期盘点和重点盘点。

（1）永续盘点　它是指保管员每天对有收发动态的配件盘点一次，以便及时发现和防止收发差错。

（2）循环盘点　它是指保管员对自己所分管的物资分别按轻重缓急，做出月盘点计划，按计划逐日盘点。

（3）定期盘点　它是指在月、季、年度组织清仓盘点小组，全面进行清点盘查，并制作库存清册。

（4）重点盘点　它是指根据季节变化或工作需要，为达到某种特定目的而对仓库物资进行的盘点和检查。

4. 准备工作

（1）确定盘点日期（起始日期及结束日期）　每月的月末或 12 月 31 日是最常用的盘点日，这样可与结账同时进行，方便结账。

（2）确定盘点人员　成立盘点领导小组，划分区域分组（盘点时每两人为一个小组），参加盘点的人必须是内行，盘点不需要特别的专业人员，必要时可请其他部门的工作人员协助，但是盘点人员必须工作认真、责任心强，盘点结果的准确与否由盘点人员负责。

（3）确定盘点范围　清查盘点所有归属本部门的存货，如常用件、损耗件、索赔件、不适用件等。

(4) 仓库大扫除 目的是收集、汇总、清除残损件并登记在册。清扫工作在一年中要经常做，盘点前夕要彻底做一遍。盘点是一个好机会，可以给仓库来一次大扫除。

(5) 准备盘点的表格、工具

1) 盘点卡。盘点卡上要有盘点日期、盘点人签字、配件号、配件名称、位置码、盘点结果。

2) 盘点总表。盘点总表用于盘点结果登记，包括每个件的位置码、账面数与盘点数。

3) 盘点报表。该表包括每个件的进货价格，反映每种件库存的账面数与实存数，反映盘亏、盘盈的数量、金额和原因，反映库存变质和超储积压的情况，并以此作为盘点的结果和财务处理的依据。

4) 笔、尺、秤。

(6) 检查、整理、规范盘点区

1) 所有的到货立即全部上货架，这样在盘点时才不会遗漏或另放他处，盘点后再入库。

2) 所有的件要分类存放，一目了然，堆放的方式要便于盘点，以便盘点时节省时间。

3) 货架的标签应与实物相符，必要时要改正和补充，不清楚的标签要换新。

4) 配件号不同而实物相同的件，要做好混库处理，做好记录和登记，要注意由此引起的库存实物与账目上的变化。

5) 完整的包装放在货架的前面（或上面），已打开的包装放在后面（或下面），数量不足的包装要填充成标准包装。

6) 盘点期间由于特殊原因必须出库的配件要做好记录和登记，事后再统一处理。

7) 对货架上不经常销售的配件进行预先清点是必要的，这样可以在最后盘点时节省时间。清点过的件要做好标记和记录。

5. 正式盘点

在规定的时间内，盘点人员对所有配件要逐一清点，不能重复，也不能遗漏。一般由两人分别清点，如果结果不同，要重新清点。不便清点的小件可以用称重法求总数，即先数出一定数量的配件作为“标准件”，仔细称出这些“标准件”的重量，再称出所有件的库存重量，即可算出这些件的总数。称重法计算公式为

$$总数=总重\times标准件的数量/标准件的重量$$

6. 验收及总结

盘点后，其结果应由上级有关部门检查、验收，财务部门核算出盈亏值，并由主管领导签字认可。盘点后应做出总结，对于盘点遗留的问题，如变质、毁损或超储积压的配件，要查清原因；对于入库、出库、仓储、财务管理系统及其他自然或人为的因素要进一步处理。

案例

丰田配件仓储管理七原则如下。

1. 按周转速度存放

根据仓库的布局及零部件的流动频率，将经常出入库的项目存放在出入方便的近处及货架上易于取放的位置，如图 8-3 所示。

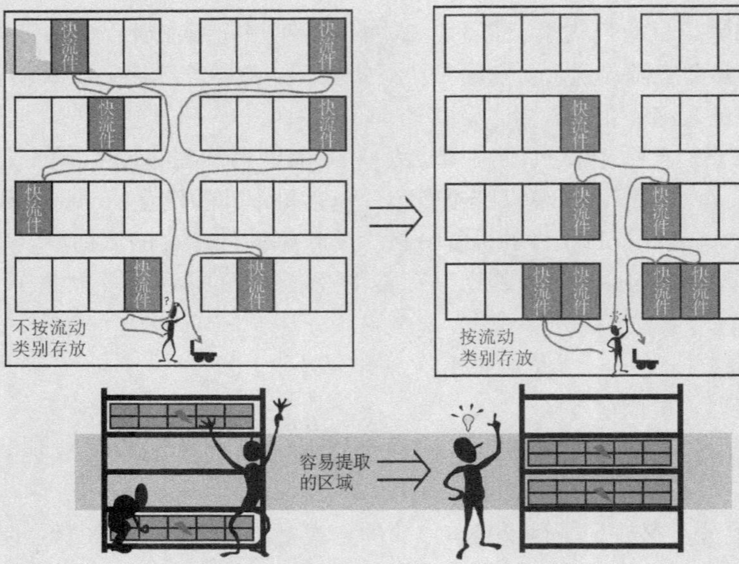

图 8-3　按周转速度存放

这样做有以下好处。

1）常流动件存放于靠近作业的货位，缩短了出入库作业路线。

2）存放在易于取放的位置，提高了工作效率。

需要注意的是，零部件的流动性不是一成不变的，随着车型使用年限的增长，原来流动并不频繁的品种的需求量会增加，反之，常流动件的需求量也会随着车型的老化而趋于减少。所以，根据流动性的变化不断地调整货位也是十分重要的。

另外，当零部件在市场上的需求发生变化时（增加或减少），原来设定的货位容量也会显得不合适（货位容量不足或过剩）。因此，仓库管理员应定期对上述情况进行检查并调整货位。

2. 重物下置

这是从出入库作业的安全性和高效率方面来考虑的，如图 8-4 所示。

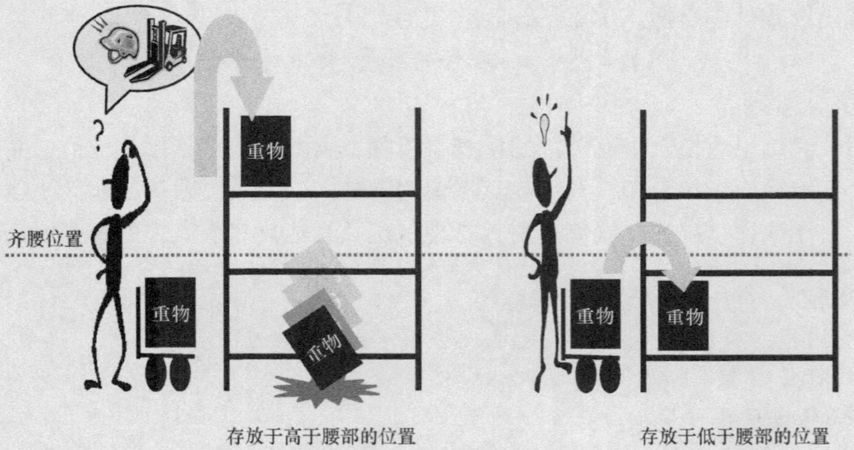

图 8-4　重物下置

有些像半轴、缸体、轮毂等重零部件，如存放在货架上方会产生如下问题。

1）重零部件有落下伤人及损坏的危险。

2）上架、提取不便。

3. 竖直摆放

有些像车门、排气管、风窗玻璃等扁平或细长形状的零部件应竖直摆放，如图 8-5所示。

如果这些零部件平放会产生如下问题。

1）上面的零部件会损坏下面的零部件。

2）浪费空间。

3）由于排气管一类的零部件过长，如平放会从货架伸出至通道，从而影响通行且不安全。

4）难以提取。

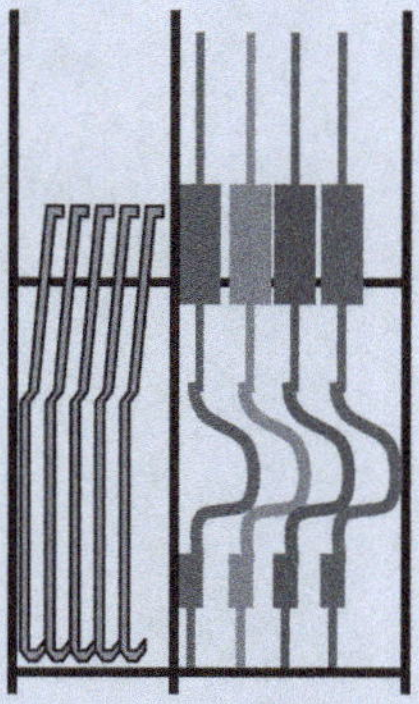

图 8-5 竖直摆放

4. 一个零部件一个货位

有的零部件部门通常简单地根据实物进行摆放，或根据厂家编号进行摆放。由于库存经常不断地变化，仓库管理员仅凭记忆往往很难记住几千个零部件号，当熟知仓库情况的管理员因某种原因不在岗位上时，其他人员也不可能顺利地找到零部件。上述状况都有可能造成工作效率低下。因此，要想准确、快速地从数千种零部件中找出一种零部件，不但要熟悉配件管理系统，还应懂得配件存储规则，即现在流行的配件位置码系统。位置码是表明配件存放位置的代码。它是空间三维坐标形象的表现。对于空间三维坐标，任何一组数字（a，b，c）总可以找到唯一的一点与它对应，也就是一点确定一个位置，一个位置只能放置一个零部件，三维坐标（a,b,c）中的数字分别表示该件所在的过道/架号、列、层，如图 8-6 所示。

图 8-6 根据位置码摆放

5. 按零部件类型存放

众所周知，零部件的形状各不相同。有的零部件部门把形形色色的零部件一律存放在同样大小的货位中，最后为库存空间不足而发愁。

解决这个难题的办法是，按零部件类型存放，相似的零部件存放在一起，改进货位，提高空间的使用效率，如图 8-7 所示。

6. 异常管理

在货物管理时常常会有这样的情况，由于订货管理不善及某些品种因市场需求增加而需要追加订货，这时原来设定的货位容量就会显得不足，新到的货没有地方放（见图 8-8）。每当遇到这样的问题，我们能做的往往是另找个地方先暂时存放起来，但这样做却有如下缺点。

a) 小零部件

b) 中等大小零部件

c) 大零部件

图 8-7　按零部件类型存放

图 8-8　异常管理

1）容易因为疏忽而忘记零部件的存放位置。

2）有可能因疏忽了一种零部件存放于两个位置而发生重复订货的情况。

3）库存空间浪费。

4）无法观察库存效率（不易发觉不良库存）。

因此，当发现货架上方出现过多的库存时，就应该及时同业务部门联系，确认是下面哪种原因造成的。

1）订货错误。

2）市场需求增加，原来的货位已不能满足要求。

如果是订货错误造成的，那么业务部门就要注意在过多库存销售之前该零部件不能再订货。如果是由于市场需求增加，原来的货位已不能满足要求，就有必要调整原来的货位设定，或将货位转移到容量更大的货位上。

7. 存放于手可达到的位置

这是从方便作业、提高工作效率的角度考虑的。如果零部件存放在过高的地方，提取及上架时就不得不使用梯子，这样会造成作业不方便、效率低下。所以，应该将零部件存放于手可达到的位置，如图 8-9 所示。

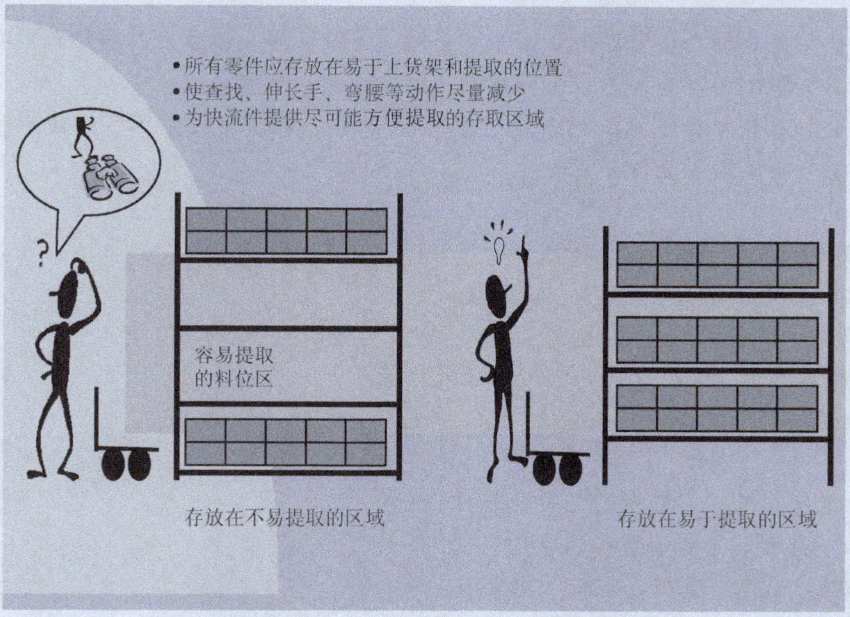

图 8-9 将零部件存放于手可达到的位置

思考题

1. 如何准确地提供零部件？
2. 配件采购的原则是什么？
3. 如何正确选择供货方式？
4. 配件入库管理应做到什么？
5. 配件出库程序是什么？

模块九
财务和合同管理

问题导入：

财务管理制度是镇企之宝！企业经营安全问题是经营者头脑中应时刻绷紧的弦。作为企业的管理者应掌握哪些财务知识和合同知识，以保护企业和客户利益呢？

落后的企业财务管理停留在“账房先生”的阶段，那么现代的财务管理应如何及时发现问题并为经营决策提供数据分析呢？

学习目标：

1. 掌握财务管理一般原则
2. 掌握货币资金管理规定
3. 掌握资产管理制度
4. 了解汽车维修合同
5. 掌握财务分析方法

素质目标：

1. 培养爱岗敬业、一丝不苟的敬业精神
2. 培养坚持准则、廉洁自律的法治意识
3. 培养诚实守信、客观公正的工作态度

财务管理

学习任务一　财务管理

一　财务管理制度

1. 财务管理一般原则

1）财务管理应按照国家统一的会计制度进行核算，企业的会计处理方法一经确定不得随意变更，确实需要变更的，应将变更情况、原因以及对财务状况和经营成果的影响，在财务报告中说明。

2）应以实际发生的经济业务及能证明经济业务发生的凭证为依据，如实反映财务状况和经营成果。

3）提供的会计信息应能满足各方面了解公司财务状况和经营成果的需要，以及满足公司内部经营管理的需要。

4）应在发生经济业务时及时进行会计处理，讲求时效。

5）会计记录和会计报表应简明易懂地反映财务状况和经营成果。

6）在全面反映财务状况和经营成果的同时，对影响决策的重要经济业务，应单独反映，重点列报。

7）正确确定公司的收益、成本、费用，依法合理核算可能发生的损失和费用。

8）各项资产应按其取得时所发生的实际成本记账。

2. 会计核算

1）财务部门及财会人员应按照国家有关财税、财务、会计制度进行会计核算。

2）收入、成本、费用的计算，经营成果的计算和处理，款项和有价证券的收付，债权、债务的发生和结算，财务的收发、增减和使用及其他需要办理会计手续、会计核算的，应办理会计手续，进行会计核算。

3）会计资料应真实、完整，并符合国家法律及会计制度的有关规定。

4）办理有关会计事项时，应填制或取得原始凭证，并及时交财务部门，经财务人员审核后，编制记账凭证，记入有关账簿。

5）按会计制度的规定，设置会计科目和会计账簿。

6）按会计制度的记账规则，根据已编制的会计凭证登记账簿。

7）财务部门应妥善保管会计资料。

3. 财务监督

1）财务部门及财务人员有权对公司的经营活动实行财务监督。

2）财务人员对违反财务制度的经营业务，应不予办理。

3）财务人员对不真实、不合理的原始凭证，应不予受理。对记载不明确、不完整的原始凭证，应退回，并要求其补充、更正。

4）财务部门应定期和不定期地进行财务检查，要求做到账实相符、账证相符、账账相符。如不符应查明原因，并按有关规定进行处理。

5）财务部门应如实接受税务部门、审计部门的检查。

案例

S企业是一个有七八名员工的小修理厂，老板原来干过几年修理，对维修挺感兴趣，整天带着几个修理工忙于修车，把财会结算和配件管理都交给了一个会计人员负责，只是在收工时才问问当天的收入情况，并将钱收回来。有两次老板发现会计有几笔钱没交给他，老板问了一下，会计都说忘了，老板也没在意。后来老板听说，会计和结算不能一个人干，这样有很多弊端，老板就想起那两次会计没及时交钱的事。他仔细将这段时间的修理业务与收入回想核对，发现五六千元钱不知去向，他问会计，会计就支支吾吾，第二天就不辞而别了。所以，企业再小，会计和结算也不能一个人承担。

二 货币资金管理规定

为规范货币资金管理，规范企业货币资金的收支行为，企业应制定货币资金管理规定，具体包括以下条款。

1）任何项目的货币资金收入，必须做收入凭证，所制收入凭证（发票或收据）上必须有收缴人与收款人签章。

2）任何项目的货币资金支出，均必须取得有效的原始凭证，否则不予支付。

3）原则上所有款项的支出，均必须经主管会计审核签章后，出纳方可支付。

4）出纳付款时，原则上应做到能用银行转账的款项就不用现金支出。

5）任何款项的支出凭证上，必须有收款人签章。

6）出纳必须将当日的收支逐笔登入现金日记账或银行存款日记账上，做到账款相符。出纳必须及时将所有的有关收支凭证，交给主管会计进行账务处理。

7）银行存款预留印鉴必须分开保管，财务专用章由主管会计负责管理，不得随意使用。

8）日库存用现金原则上不得超过公司规定限额。

9）下班前应将留存现金存入银行，不允许现金在公司过夜。

10）任何人不得以任何形式和借口挪用公款。

案例

某维修厂的结算员由于疏忽，在收款时收到一张50元的假币。他没有将假币销毁而是找零给另一位客户，结果被这位客户当场识破，并与结算员发生争吵，客户认为结算员在欺骗他，并对修理厂的信誉产生了很大的怀疑。

三 收入、费用、利润

1. 收入

收入包括主营业务收入和其他业务收入。收入不包括为第三方或者客户代收的款项。收入能导致所有者权益的增加。收入扣除相关成本与费用后，则可能增加所有者权益，也可能减少所有者权益。收入只包括本企业经济利益的流入，不包括为第三方或客户代收的款项，如增值税、代收利息等。

（1）收入确认条件

1）企业已将商品所有权上的主要风险和报酬转移给购货方。这里的风险主要是指商品由于贬值、损坏、报废等造成的损失；报酬则是指商品中包含的未来经济利益，包括商品因升值等给企业带来的经济利益。

2）企业既没有保留通常与所有权相联系的继续管理权，也没有对已售出的商品实施控制。

3）与交易相关的经济利益能够流入企业。销售商品的货款能否有把握回收，是收入确认的一个重要条件，企业在销售商品时，如估计货款回收的可能性不大，即使收入确认的其他条件均已满足，也不应当确认收入。

4）相关的收入和成本能够可靠计量。收入能否可靠计量，是确认收入的基本前提。收入不能可靠计量，则无法确认收入。企业在销售商品时，售价通常已经确定，但销售过程中由于某些不确定因素，也有可能出现售价变动的情况，在新的售价确定前，则不应确认收入。

根据收入和费用配比原则，与同一项销售有关的收入和成本应在同一会计期间予以确认，因此，如果成本不能可靠计量，相关的收入就不能确认。这时，若已收到货款，则收到的货款应确认为一项负债。

企业销售的商品只有同时满足上述4个条件，才能确认收入。

（2）销售收入的计量　销售收入的金额应根据企业与购货方签订的合同或协议金额确定。无合同或协议的，应根据购销双方都能同意或接受的价格确定，但不包括企业为第三方或客户收取的一些款项。

2. 费用

（1）费用的特点　费用是企业为销售商品、提供劳务等日常活动所发生的经济利益的流出。费用的特点如下。

1）费用最终会导致企业资源的减少。

2）费用最终会减少企业的所有者权益。一般而言，企业的所有者权益会随着收入的增长而增加；相反，费用的增加会减少企业的所有者权益。

（2）费用的种类　在制造类企业中，费用按照经济用途的不同，首先分为应计入产品成本的费用和不应计入产品成本的费用两类。在此基础上，对应计入产品成本的费用需进一步分为生产经营成本；对不应计入产品成本的费用需进一步分为期间费用。

1）生产经营成本。生产经营成本是指为生产产品和提供劳务所发生的各项费用，包括直接材料费、直接人工费和其他各项制造费用。

① 直接材料费是指直接用于产品生产、构成产品实体的原料费及主要材料、外购半成品费，有助于产品形成的辅助材料及其他材料费用。

② 直接人工费是指直接参加产品生产的工人工资及提取的福利费。

③ 制造费用是指企业各生产单位为组织和管理生产所发生的各项间接费用。

2）期间费用。期间费用是指企业当期发生的、必须从当期收入中得到补偿的费用，包括管理费用、财务费用和营业费用。

① 管理费用是指企业行政管理部门为管理和组织生产经营活动所发生的费用。

② 财务费用是指企业为筹集资金而发生的费用。

③ 营业费用是指企业在销售商品、产品或提供劳务过程中发生的各项费用。

3. 利润

（1）利润的特点　利润是企业在一定会计期内实现的收入减去费用后的净额，包括营业利润、利润总额和净利润。利润有如下特点。

1）利润代表企业能用货币表现的、最终的和综合的经营成果。

2）利润的金额是通过收入减去费用之后的余额来确定的。

3）利润的许多特点都体现在收入和费用两个要素上。

（2）营业利润　营业利润是企业利润的主要来源，主要包括主营业务利润和其他业务利润，其计算公式为

营业利润=主营业务利润+其他业务利润−营业费用−管理费用−财务费用

主营业务利润=主营业务收入−主营业务成本−主营业务税金及附加

其他业务利润=其他业务收入-其他业务支出

（3）利润总额　企业的利润总额一般包括营业利润、投资净收益和营业外收支净额三部分。如果企业能够按规定获取补贴收入，则也应作为当期的利润总额的组成部分。利润总额的计算公式为

利润总额=营业利润+投资净收益+补贴收入+营业外收入-营业外支出

（4）净利润　净利润是指企业的税后利润，其计算公式为

净利润=利润总额-所得税

四 资产管理制度

1）财务部门应控制现金使用效率，满足公司现金使用需要。

2）现金收支应做到日清日结，做到账款相符，确保库存现金的安全和完整。

3）加强现金收支凭证的管理工作。

4）根据公司业务发展需要，确定最佳现金持有量。

5）存货的发出，采用实际成本法进行会计核算。

6）低值易耗品原则上采取一次摊销法，计入当期成本、费用。

7）定期对存货情况进行清查盘点，如出现盘盈、盘亏等情况，应查明原因，及时处理。

8）根据公司业务发展需要，确定经济存货量，尽可能减少营运资金的占用。

9）固定资产的计价和折旧，按国家有关规定执行。

10）固定资产的修理费用，原则上一次计入当期费用。对数额较大的可通过待摊费用进行分摊。

学习任务二　汽车维修合同管理

一 合同管理概述

《中华人民共和国民法典》（简称《民法典》）“合同编”关于合同的定义是：合同是民事主体之间设立、变更、终止民事法律关系的协议。依法成立的合同，受法律保护。

《民法典》“合同编”所规定的“合同”是民事主体之间的协议，即平等主体的自然人、法人和非法人组织之间的协议。

首先，“平等主体”是民事关系的核心特征。从行政管理的角度，行政机关与行政相对人之间系不平等主体；从企业管理角度，企业与职工也系不平等主体，这些都不属于“民事主体”。

其次，民事主体包括自然人、法人和非法人组织三类。

自然人是最基本的民事主体，民法通则用的是“公民（自然人）”，合同法在起草过程中用过“公民”，但考虑到“公民”含义较窄，不能包括外国人，最终用的是“自然人”。民法总则直接规定为“自然人”。“自然人”就是通常意义上的人，民法上使用这个概念，主要是与法人相区别。自然人不仅包括我国公民，还包括我国领域内的外国人和无国籍人。

法人是一种社会组织，法律基于社会现实的需要，赋予符合一定条件的组织以法人资格，便于这些组织独立从事民事活动。“总则编”第五十七条规定：“法人是具有民事权利能力和民事行为能力，依法独立享有民事权利和承担民事义务的组织。”“总则编”将法人分为营利法人、非营利法人、特别法人等，特别法人包括机关法人、农村集体经济组织法人、城镇农村的合作经济组织法人、基层群众性自治组织法人。

对于自然人、法人之外的个人独资企业、合伙企业等其他组织，是否可以作为一类独立的民事主体，一直以来存在争议。在民法总则制定过程中，基于社会实践和多数意见，考虑到赋予个人独资企业、合伙企业等不具有法人资格的组织以民事主体地位，有利于其开展民事活动、促进经济社会发展，民法总则明确将个人独资企业、合伙企业、不具有法人资格的专业服务机构等作为第三类民事主体“非法人组织”。《民法典》将民法总则纳入作为总则编，延续了关于非法人组织的规定。

（一）合同的订立

1. 订立合同的形式

当事人订立合同，可以采用书面形式、口头形式或者其他形式。

书面形式是合同书、信件、电报、电传、传真等可以有形地表现所载内容的形式。

以电子数据交换、电子邮件等方式能够有形地表现所载内容，并可以随时调取查用的数据电文，视为书面形式。

2. 合同的内容

合同的内容由当事人约定，一般包括下列条款：

1）当事人的姓名或者名称和住所。

2）标的。

3）数量。

4）质量。

5）价款或者报酬。

6）履行期限、地点和方式。

7）违约责任。

8）解决争议的方法。

当事人可以参照各类合同的示范文本订立合同。

当事人在订立合同过程中有下列情形之一，造成对方损失的，应当承担赔偿责任：

1）假借订立合同，恶意进行磋商。

2）故意隐瞒与订立合同有关的重要事实或者提供虚假情况。

3）有其他违背诚信原则的行为。

（二）合同的效力

1）依法成立的合同，自成立时生效，但是法律另有规定或者当事人另有约定的除外。

依照法律、行政法规的规定，合同应当办理批准等手续的，依照其规定。未办理批准等手续影响合同生效的，不影响合同中履行报批等义务条款以及相关条款的效力。应当办理申请批准等手续的当事人未履行义务的，对方可以请求其承担违反该义务的责任。

2）合同中的下列免责条款无效：

① 造成对方人身损害的。

② 因故意或者重大过失造成对方财产损失的。

3）无权代理人以被代理人的名义订立合同，被代理人已经开始履行合同义务或者接受相对人履行的，视为对合同的追认。

4）法人的法定代表人或者非法人组织的负责人超越权限订立的合同，除相对人知道或者应当知道其超越权限外，该代表行为有效，订立的合同对法人或者非法人组织发生效力。

（三）合同的履行

1）当事人应当按照约定全面履行自己的义务。

当事人应当遵循诚信原则，根据合同的性质、目的和交易习惯履行通知、协助、保密等义务。

当事人在履行合同过程中，应当避免浪费资源、污染环境和破坏生态。

2）合同生效后，当事人就质量、价款或者报酬、履行地点等内容没有约定或者约定不明确的，可以协议补充；不能达成补充协议的，按照合同相关条款或者交易习惯确定。

当事人就有关合同内容约定不明确，依据前条规定仍不能确定的，适用下列规定：

① 质量要求不明确的，按照强制性国家标准履行；没有强制性国家标准的，按照推荐性国家标准履行；没有推荐性国家标准的，按照行业标准履行；没有国家标准、行业标准的，按照通常标准或者符合合同目的的特定标准履行。

② 价款或者报酬不明确的，按照订立合同时履行地的市场价格履行；依法应当执行政府定价或者政府指导价的，依照规定履行。

③ 履行地点不明确，给付货币的，在接受货币一方所在地履行；交付不动产的，在不动产所在地履行；其他标的，在履行义务一方所在地履行。

④ 履行期限不明确的，债务人可以随时履行，债权人也可以随时请求履行，但是应当给对方必要的准备时间。

⑤ 履行方式不明确的，按照有利于实现合同目的的方式履行。

⑥ 履行费用的负担不明确的，由履行义务一方负担；因债权人原因增加的履行费用，由债权人负担。

3）合同生效后，当事人不得因姓名、名称的变更或者法定代表人、负责人、承办人的变动而不履行合同义务。

4）合同成立后，合同的基础条件发生了当事人在订立合同时无法预见的、不属于商业风险的重大变化，继续履行合同对于当事人一方明显不公平的，受不利影响的当事人可以与对方重新协商；在合理期限内协商不成的，当事人可以请求人民法院或者仲裁机构变更或者解除合同。

5）对当事人利用合同实施危害国家利益、社会公共利益行为的，市场监督管理和其他有关行政主管部门依照法律、行政法规的规定负责监督处理。

（四）合同的变更

《民法典》第五百四十三条规定，当事人协商一致，可以变更合同。如果双方当事人就变更事项达成了一致意见，变更后的内容就取代了原合同的内容，当事人就应当按照变更后的内容履行合同，当事人对合同变更的内容约定不明确的，推定为未变更。

1. 合同变更的方式

合同变更不仅可以通过当事人协商一致的民事法律行为实现，还可以通过人民法院的判决或者仲裁机构的裁决实现。

2. 合同变更的要件

（1）存在已成立的合同关系　合同变更，首先要求存在已成立的合同关系。这是合同变更的前提。未成立、无效、被撤销、确定不发生效力的合同不能被变更。已经成立但尚未生效的合同，例如附生效条件和期限的合同，也可以被变更。

（2）对合同的内容进行了变更　合同变更可能是数量的增加或者减少；可能是履行地点的变更，例如由北京改为上海；可能是履行方式的改变，例如由出卖人送货改为买受人自己提货；可能是合同履行期的提前或者延后；可能是违约责任的重新约定。当事人给付价款或者报酬的调整更是经常发生的合同变更事项；合同担保条款以及解决争议方式的变化也会导致合同的变更。

以增加新的合同条款方式补充合同的，尽管原合同内容没有发生变化，但增加了新的合同条款，所以合同同样发生变更。

（3）合同的变更须依照法律的规定或当事人协议　基于法律的直接规定而变更合同的，法律效果可直接发生，不以裁判机关的裁判或当事人协议为必经程序。例如，债务人违约使履行合同的债务变为损害赔偿债务，系当然发生，但可由当事人协商损害赔偿额，亦可诉请法院裁判。

除此以外的合同变更，一律由当事人各方协商一致，达不成协议便不发生合同变更的法律效力。当事人的协商一致，可能是事先协商，约定一定条件下的变更权，也可能是事后协商。

3. 合同变更的法律后果

如果双方当事人就变更事项达成了一致意见，变更后的内容就取代了原合同的内容，当事人就应当按照变更后的内容履行合同，合同没有发生变更的部分对当事人仍具有法律约束力。但是，除非当事人另有约定，合同变更原则上仅对合同未履行的部分具有约束力。如果当事人在合同变更前已经做出履行，则除当事人另有明确约定外，合同的变更不具有溯及力，当事人所做出的履行仍然有效。当事人协商一致的合同变更原则上不影响当事人要求赔偿损失的权利，除非当事人有免除或者改变对方违约责任的明确意思。

同时，当事人之间的合同变更，未经第三人同意，不得对该第三人产生不利影响，否则对第三人不发生效力。

（五）合同解除

合同解除，是指因当事人一方或双方的意思表示，具有约束力的合同自始终止或者仅向将来终止。

1. 合同解除的类型

（1）合意解除　合意解除，又称双方协议解除，是指合同产生法律约束力后，当事人以解除合同为目的，经协商一致，订立一个解除原来合同的协议。

在合意解除中，最为重要的是当事人具有解除的明确意思表示。该意思表示可以是明示的，也可以通过行为等方式默示表示；既可能在诉讼外做出，也可能在诉讼中做出。一方起诉请求解除合同，另一方反诉亦请求解除合同的，也可以认为双方解除合同的意思表示一致，此时合同解除，之后一方反悔的，不应予以支持。

根据意思自治，当事人可以协商决定合意解除的具体效力。同时，在解除协议无明确约定或者约定不明确时，推定之前所有的相关合同都已经被解除。

（2）行使解除权的解除　根据解除权产生的依据，可以将行使解除权的解除分为约定解除和法定解除。

1）约定解除。约定解除，是指合同当事人一方通过行使约定解除权的方式来解除合同。约定解除权，是指当事人约定，在合同履行过程中出现某种情况时，当事人一方或者双方有解除合同的权利。解除权可以在订立合同时约定，也可以在履行合同的过程中约定；可以约定一方享有解除合同的权利，也可以约定双方享有解除合同的权利。当约定的解除合同的事由发生时，享有解除权的当事人可以行使解除权解除合同，而不必再与对方当事人协商。

2）法定解除。法定解除，是指合同具有法律约束力后，当事人在法律规定的解除事由出现时行使解除权，使合同权利义务关系终止。根据《民法典》第五百六十三条的规定，在下列法定条件下，当事人可以行使解除权解除合同：

① 因不可抗力致使不能实现合同目的。不可抗力事件的发生，对履行合同的影响有大有小，有时只是暂时影响合同的履行，可以通过延期履行实现合同的目的；有时仅对合同目的的实现产生很小的影响，对此当事人不能行使法定解除权。只有不可抗力致使合同目的不能实现时，当事人才可以解除合同。

② 预期违约。在合同履行期限届满之前，当事人一方明确表示或者以自己的行为表明不履行主要债务的，对方当事人可以解除合同。

③ 迟延履行主要债务，经催告仍未履行。当事人一方迟延履行主要债务，经催告后在合理期限内仍未履行的，对方当事人可以解除合同。这有助于降低对方当事人证明迟延履行致使不能实现合同目的的难度。

④ 其他根本违约行为。一方当事人迟延履行债务或者有其他违约行为致使合同目的不能实现的，构成根本违约，也产生法定解除权。

⑤ 法律规定的其他解除情形。

（3）申请司法解除　申请司法解除是指适用情势变更原则解除合同的情形。情势变更原则是指合同依法成立后，合同赖以成立的客观基础或者环境发生了当事人在订立合同时无法预见的、不属于商业风险的重大变化，继续履行合同对于当事人一方明显不公平，而双方当事人又不能协议变更的，人民法院或者仲裁机构根据当事人的请求变更或者解除合同的制度。

2. 合同解除的法律后果

（1）合同解除的溯及力　首先，《民法典》承认合同解除应向将来发生效力，即对于尚未履行的应终止履行。其次，《民法典》承认合同解除可以产生溯及既往的效果，即已经履行的，可以要求恢复原状或采取其他补救措施。

（2）合同解除与赔偿损失的关系　《民法典》承认合同解除与赔偿损失并存，毕竟两者的功能是不同的，不存在排斥关系。《民法典》第五百六十六条规定，合同解除后，尚未履行的，终止履行；已经履行的，根据履行情况和合同性质，当事人可以请求恢复原状或者采取其他补救措施，并有权请求赔偿损失。合同因违约解除的，解除权人可以请求违约方承担违约责任，但是当事人另有约定的除外。

（3）合同解除后的担保责任　《民法典》第五百六十六条对主合同解除后担保人的担

保责任做出了规定，即“主合同解除后，担保人对债务人应当承担的民事责任仍应当承担担保责任，但是担保合同另有约定的除外”。因为在主合同解除后，债务人所应当承担的责任是其合同债务的一种延续，担保人应当对其承担担保责任。当然，如果当事人在担保合同中明确约定，主合同解除后，担保人不再承担担保责任的，该约定也有效。

（4）合同解除后的结算和清理条款　《民法典》第五百六十七条规定：“合同的权利义务关系终止，不影响合同中结算和清理条款的效力。”合同权利义务关系的终止，也就是合同权利义务条款的效力终止，但是，当事人事先约定了有关合同终止后的结算和清理条款的，因为这些条款本身就涉及对合同终止后事务的处理，故应当尊重当事人的此种约定。当事人一方如果未按照有效的结算和清理条款履行，则应当依法承担违约责任。

3. 合同解除权的行使规则

当事人一方依法主张解除合同的，应当通知对方。合同自通知到达对方时解除；通知载明债务人在一定期限内不履行债务则合同自动解除，债务人在该期限内未履行债务的，合同自通知载明的期限届满时解除。对方对解除合同有异议的，任何一方当事人均可以请求人民法院或者仲裁机构确认解除行为的效力。

当事人一方未通知对方，直接以提起诉讼或者申请仲裁的方式依法主张解除合同，人民法院或者仲裁机构确认该主张的，合同自起诉状副本或者仲裁申请书副本送达对方时解除。

（六）违约责任

违约责任，也称为违反合同的民事责任，是指合同当事人因违反合同义务所承担的责任。违约责任的产生是以合同的有效存在为前提的。合同生效以后，将在当事人之间产生法律约束力，当事人应按照合同的约定全面地、严格地履行合同义务，任何一方当事人违反有效合同所规定的义务均应承担违约责任，所以违约责任是违反有效合同所规定义务的后果。

1. 违约责任的构成要件

所谓违约责任的构成要件，是指违约当事人应具备何种条件才应当承担违约责任。一般认为，成立违约责任需要满足以下条件：

1）合同义务有效存在。不以合同义务的存在为前提所产生的民事责任，不是违约责任。这使违约责任与侵权责任、缔约过失责任区分开，后两者都不以合同义务的存在为前提。

2）债务人不履行合同义务或者履行合同义务不符合约定。这包括了履行不能、履行迟延和不完全履行等，还包括瑕疵担保、违反附随义务和债权人受领迟延等可能与合同不履行发生关联的制度。

3）不存在法定或者约定的免责事由。

2. 违约金和定金的约定

当事人可以约定一方违约时应当根据违约情况向对方支付一定数额的违约金，也可以约定因违约产生的损失赔偿额的计算方法。

约定的违约金低于造成的损失的，人民法院或者仲裁机构可以根据当事人的请求予以增加；约定的违约金过分高于造成的损失的，人民法院或者仲裁机构可以根据当事人的请求予以适当减少。

当事人就迟延履行约定违约金的，违约方支付违约金后，还应当履行债务。

当事人可以约定一方向对方给付定金作为债权的担保。定金合同自实际交付定金时成立。

定金的数额由当事人约定；但是，不得超过主合同标的额的20%，超过部分不产生定金的效力。实际交付的定金数额多于或者少于约定数额的，视为变更约定的定金数额。

债务人履行债务的，定金应当抵作价款或者收回。给付定金的一方不履行债务或者履行债务不符合约定，致使不能实现合同目的的，无权请求返还定金；收受定金的一方不履行债务或者履行债务不符合约定，致使不能实现合同目的的，应当双倍返还定金。

当事人既约定违约金，又约定定金的，一方违约时，对方可以选择适用违约金或者定金条款。

定金不足以弥补一方违约造成的损失的，对方可以请求赔偿超过定金数额的损失。

3. 违约责任的主要形式

（1）继续履行　所谓继续履行，也称为实际履行，就是按照合同的约定继续履行义务。当事人订立合同都追求一定的目的，这一目的直接体现在对合同标的的履行上，义务人只有按照合同约定的标的履行，才能实现权利人订立合同的目的。所以，继续履行合同是当事人一方违反合同后应当承担的一项重要的民事责任。对于一方当事人不能自觉履行合同的，另一方当事人有权请求违约方继续履行合同或者请求人民法院、仲裁机构强制违约当事人继续履行合同。

1）根据债的内容不同，实际履行可以区分为金钱债务的实际履行和非金钱债务的实际履行。

2）替代履行。替代履行是指由债务人以外的人提供给付，其费用由债务人负担。

（2）采取补救措施　债务人履行合同义务不符合约定的，债权人可以考虑采取一些补救措施，主要包括修理、重作、更换以及退货、减少价款或者报酬。这有利于尽量维持当事人之间的合同关系。

（3）违约赔偿损失　违约赔偿损失，是指行为人违反合同约定造成对方损失时，行为人向受害人支付一定数额的金钱以弥补其损失。赔偿损失是运用较为广泛的一种责任方式。赔偿的目的是补偿损害，使受到损害的权利得到救济，使受害人能恢复到受到损害前的状态。违约赔偿损失是合同债务的转化，与合同债务具有同一性，因此，对相应合同债权的担保等，在违约赔偿损失请求权上继续存在，除非当事人另有约定。

违约赔偿损失责任的构成要件包括四个方面。一是有违约行为，即当事人一方不履行合同义务或者履行合同义务不符合约定。二是违约行为造成了对方的损失。如果违约行为未给对方造成损失，则不能用赔偿损失的方式追究违约方的民事责任。三是违约行为与对方的损失之间有因果关系，对方的损失是违约行为导致的。四是无免责事由。

违约赔偿损失包括法定的赔偿损失和约定的赔偿损失，其中约定的赔偿损失包括违约金和定金。违约金是当事人在合同中约定的或者由法律直接规定的一方违反合同时应向对方支付的一定数额的金钱。这是当事人违反合同时可以采用的承担民事责任的方式，只适用于当事人有违约金约定或者法律规定违反合同应支付违约金的情形。违约金的标的物通常是金钱，但是当事人也可以将其约定为金钱以外的其他财产。所谓定金，就是当事人约定的，为保证债权的实现，由一方在履行前预先向对方给付的一定数量的货币或者其他代替物。定金是担保的一种。由于定金是预先交付的，定金的数额事先也是明确的，因此通过定金罚则的运用可以督促双方自觉履行合同，起到担保作用。

二 汽车维修合同

《民法典》规定的典型合同有 19 种，具体包括买卖合同、租赁合同、委托合同、中介合同、行纪合同、物业服务合同、仓储合同、运输合同、保管合同、技术合同、承揽合同等。承揽合同是承揽人按照定作人的要求完成工作，交付工作成果，定作人支付报酬的合同。承揽合同包括汽车维修合同。

汽车维修，是承修方（维修业户）根据托修方（车主）的要求完成一定的维修作业，并交付工作成果，托修方接受承修方所完成的工作成果并给予相应的报酬的一种经营活动。

双方在确立承、托修关系时，依法签订汽车维修合同，以维护汽车维修经营活动的正常秩序，保障双方的合法权益。通过合同条款来确定双方当事人之间的权利、义务，签订汽车维修合同是承、托修双方意思表示一致的法律行为。

（一）承揽合同的内容

承揽合同的内容一般包括承揽的标的、数量、质量、报酬，承揽方式，材料的提供，履行期限，验收标准和方法等条款。

（二）承揽合同的效力

1. 承揽人的义务

（1）完成承揽工作　承揽人的主要合同义务是按照合同的约定，以自己的技术、设备完成所承揽的工作。这一义务包括：

第一，承揽人要在约定的期限内完成工作。

第二，承揽人应按照定作人的要求完成工作。依据《民法典》第七百七十二条和第七百七十三条的规定，在经过定作人许可的情况下，承揽人可以将其承揽的主要工作交由第三人完成；在未经定作人许可的情况下，也可以将辅助工作交由第三人完成。承揽人未经定作人同意，将其承揽的主要工作交由第三人完成的，定作人有权解除其与承揽人之间的合同。

（2）接受定作人提供材料或依约提供材料　承揽合同中，依当事人双方的约定，可以由定作人提供材料，也可以由承揽人自己准备材料，并由承揽人对此材料进行加工，以完成合同约定的工作。

定作人提供材料的，承揽人应当及时接受定作人交付的材料。在定作人交付材料后，要及时对材料进行验收，如发现定作人提供的材料不符合约定，应及时通知定作人更换或补齐，否则造成合同履行迟延的，承揽人要承担责任。

承揽人自己提供材料的，材料要符合合同约定的质量标准或法定标准。定作人有权检验承揽人提供的材料是否符合合同约定或法定标准。承揽人对自己提供的材料应负担与买卖合同中的出卖人相同的瑕疵担保义务。如果依定作物的性质应当由定作人对承揽人提供的材料进行检验，而定作人未在合理期限内进行检验，则视为定作人不对材料的质量提出异议。

（3）交付工作成果　承揽人不仅应按照合同约定完成工作，还要将完成的工作成果交付给定作人，经定作人验收合格，才算完成合同的主要义务。承揽人交付工作成果应当按照合同约定的方式和地点为之。按照合同约定承揽工作的性质不需要特别交付的，承揽人完成工作之日即为交付之日。

（4）瑕疵担保　承揽合同中一般只存在物的瑕疵担保义务。承揽人所完成的工作成果不符合合同中约定的质量标准和要求，或使工作成果的价值减少或不符合通常效用的，承揽人应承担违反瑕疵担保义务的违约责任。

（5）容忍　承揽人完成工作期间，定作人可以对承揽人的工作进行检验和监督，承揽人不得拒绝。

（6）保密和通知　依据诚实信用原则，承揽人应对定作人负担相应的保密义务，不得以任何方式泄露秘密，否则应承担违约责任。因其违反此义务给定作人造成损失的，定作人还可以向其请求损害赔偿。

承揽人对定作人提供的材料应当及时检验，发现不符合约定时，应当及时通知定作人更换、补齐或者采取其他补救措施。承揽人发现定作人提供的图纸或者技术要求不合理的，也应当及时通知定作人。

承揽人应当妥善保管定作人提供的材料以及完成的工作成果，因保管不善造成毁损、灭失的，应当承担赔偿责任。

2. 定作人的义务

（1）支付价款　定作人获得承揽人的工作成果，应当及时向承揽人支付价款。这里的“价款”包括承揽人的工作报酬、承揽人提供材料时的材料费、定作人提供材料时或其迟延接收时承揽人的保管费用等。这是定作人最主要的合同义务。定作人迟延交付报酬的，应向承揽人支付迟延期间的利息。定作人拒不支付报酬的，承揽人对定作人享有所有权的工作成果可以行使留置权，通过留置权担保其报酬请求权。

（2）协助　按照承揽合同的特点，需要定作人负协助义务的主要有三类。

其一，依合同性质应由定作人提供材料的，定作人应当及时提供。

其二，定作人自己提供设计图纸、技术要求或技术资料的，或者定作人提供样品的，定作人均应及时、合理提供。

其三，依承揽人的通知，定作人应履行的某些协助义务，如及时更换、补齐有瑕疵的材料或技术资料、图标设计等，定作人均应依诚实信用原则协力相助。

定作人不履行协助义务的，构成违约，承揽人可以确定合理期限催促其履行。逾期仍不履行的，承揽人不必再履行合同，可以解除合同，且不承担因此而造成承揽工作无法完成的责任。

（3）受领工作成果　定作人在受领工作成果的同时，有义务对工作成果进行验收。但是验收本身并不能作为承揽人免除责任的理由。如工作成果依其性质在短期内难以发现瑕疵，或者工作成果存在隐蔽瑕疵，定作人仍可于验收后的相当期限内请求承揽人承担责任。受领不能被认为是定作人对责任追究的放弃。定作人无正当理由受领迟延的，承揽人可请求其受领并支付相应的报酬和费用。定作人应承担因其受领迟延而发生的工作成果的风险负担。

3. 定作人的中途变更权

定作人可中途变更承揽工作的要求，由于此项变更给承揽人造成损失的，定作人应当赔偿损失。

4. 共同承揽人的连带责任

共同承揽人不包括在承揽关系中的承揽人与次承揽人，而仅指对定作人均负直接完成承揽工作义务的多数承揽人。共同承揽人对定作人承担连带责任，但当事人另有约定的除外。

（三）承揽合同中的风险负担

1. 材料的风险负担

材料的风险负担是指承揽合同中，定作人或者承揽人（也可能是第三方）所提供的材料一旦由于不可归责于双方当事人的事由而毁损、灭失所造成的损失由谁来承担。对此，应遵循民法上标的物毁损、灭失风险负担的一般规则，即由材料的所有人负担材料毁损、灭失的风险，当事人另有约定的除外。

2. 工作成果的风险负担

工作成果的风险负担，是指承揽人业已完成的工作成果一旦由于不可归责于双方当事人的事由而毁损、灭失时，工作成果本身所遭受的损失由谁来承受。对此，应首先区分承揽合同的类型。一类是定作人自始即可取得工作成果的所有权，因此在当事人之间不需要进行财产所有权的移转；另一类是承揽人首先取得工作成果的所有权，在当事人之间须进行财产所有权的移转。前一种类型，由于不存在物权变动问题，因此应遵循民法上标的物毁损、灭失风险负担的一般规则，由工作成果的所有权人（即定作人）负担工作成果毁损、灭失的风险，当事人另有约定的除外。后一种类型，由于存在物权变动问题，应参照适用买卖合同标的物毁损、灭失风险负担的有关规定，工作成果的风险在交付前由承揽人承担，在交付后由定作人承担，当事人另有约定或法律另有规定的除外。

3. 报酬的风险负担

报酬的风险负担，主要是指承揽人业已完成的工作成果由于不可归责于双方当事人的事由而毁损、灭失，致使承揽人无法交付工作成果或者无法移转工作成果的所有权于定作人时，定作人应否向承揽人支付约定的报酬。对于上述第一种类型，承揽人不能够履行的是交付成果的债务，考虑到毁损、灭失的工作成果中一般既包括定作人提供材料所形成的价值，也包括承揽人提供劳务所形成的价值，报酬的风险应依据这两部分价值间的比例关系，由定作人和承揽人合理负担，承揽人只能依照定作人承担风险的比例主张报酬的支付。对于上述第二种类型，承揽人不能够履行的是交付工作成果并移转工作成果所有权于定作人的债务，报酬的风险负担应适用《民法典》第五百六十三条的规定，即由承揽人负担报酬的风险，承揽人不得向定作人主张报酬的支付。当事人另有约定的，依照其约定。

（四）承揽合同的终止

承揽合同的终止原因很多，这里简单介绍承揽合同因当事人行使合同解除权而终止的两种情况。

1）定作人的任意解除权。定作人可以随时解除承揽合同，造成承揽人损失的，应当赔偿损失。定作人任意解除权的行使，应当在承揽人完成工作成果之前。

2）承揽合同因当事人一方严重违约而解除。这种情况主要包括：第一，承揽人未经定作人同意将承揽合同的主要工作转由第三人完成的；第二，定作人未尽到协助义务，经承揽人通知仍不履行的。

（五）承揽合同的报酬支付和留置权

1）定作人应当按照约定的期限支付报酬。

2）定作人未向承揽人支付报酬或者材料费等价款的，承揽人对完成的工作成果享有留置权或者有权拒绝交付，但是当事人另有约定的除外。

案例

案例 1：李某、景某诉某影楼承揽合同纠纷案。

【基本案情】

李某、景某为两名在校大学生，看到某影楼发布 19.9 元古装写真广告，遂去店拍摄。后两人对照片、相册、化妆、服装等项目多次消费升级，与某影楼先后签订了 5 份协议，合计金额达 2.6 万余元。李某、景某通过向亲友借款和开通网贷支付了部分款项后，当天向该公司提出变更套餐内容，减少合同金额，遭拒。后两人向某区消保委投诉未果，遂诉至法院，要求解除 5 份协议，并退还已经支付的全部款项 2 万余元，尚未支付的 5900 元不再支付。

【裁判结果】

法院认为，某影楼按照李某、景某特定拍摄、化妆、选片、选相册等要求而与其签订多份合同，影楼以自己的设备、技术和劳力，根据李某、景某的指示进行相应工作，交付约定的工作成果，李某、景某向影楼支付约定的报酬，故双方为承揽合同关系，李某、景某作为定作人享有任意解除权。但是，任意解除权的行使应有三大限制条件：解除应有效通知到承揽人；解除通知应在承揽人完成承揽工作之前到达承揽人；如因解除行为给承揽人造成损失的，定作人应当赔偿损失。合同解除后，定作人按合同约定预先支付报酬的，承揽人在扣除已完成部分的报酬后，应当将剩余价款返还定作人。故法院判决 5 份协议中尚未履行的协议全部解除，未全部履行的协议部分解除，已履行完毕的协议不能解除，被告退还两原告合同款项 1.86 万元。

【典型意义】

当前，越来越多的消费者选择摄影、美容、美发、健身、婚庆、教育培训等可以满足精神需求的消费方式。本案中，两名大学生从商家 19.9 元的低价引流活动一路消费升级至 2.6 万余元。因无力支付，被商家引导现场开通网贷等消费贷款，后因合同协商解除不成引发纠纷。

本案在最大限度地维护了消费者合法权益的同时，充分发挥个案的指引、评价、教育功能，将司法裁判与倡导树立正确的消费观以及通过司法建议促进商家规范经营相结合，引导广大消费者理性消费、广大商家诚信经营。

【借鉴意义】

汽车保养、美容、洗车等项目以低价引流的活动也很常见，在活动中企业要维护消费者合法权益，倡导客户树立正确的消费观，引导客户理性消费，以诚信经营赢得广大客户。

案例 2：某汽车维修厂具有一类汽车维修资质，承揽了某环卫公司 5 辆工程车的喷漆任务，双方于 2023 年 3 月 16 日签订了承揽合同，合同约定由甲方（汽修厂）按照双方约定的喷漆方案进行施工，后因汽修厂业务多、人手不够，汽修厂就将此喷漆任务交给了另一家三类喷漆店，约定由汽修厂提供漆料，喷漆店负责喷漆作业。汽修厂并未将此做法告知环卫公司，在喷漆店进行第一辆工程车施工时，被环卫公司发现并提出解除合同。汽修厂以已经购买了车辆喷漆用的漆料为由，要求环卫公司赔偿损失，环卫公司以汽修厂将喷漆任务转交第三方无法保证质量拒绝赔偿。

汽修厂咨询律师得知，《民法典》第七百七十二条规定，承揽人应当以自己的设备、技术和劳力，完成主要工作，但是当事人另有约定的除外。承揽人将其承揽的主要工作交由第三人完成的，应当就该第三人完成的工作成果向定作人负责；未经定作人同意的，定作人也可以解除合同。于是，汽修厂积极与环卫公司沟通，派出资深喷漆工给环卫公司车辆进行喷漆作业，圆满完成了喷漆作业，环卫公司也按时支付了合同款项。

小结：企业不能靠个人意愿经营和处理问题，必须尊法、学法守法用法，只有这样才能规范经营，避免损失。

三　汽车维修合同参考文本

车辆定点维修项目合同

甲方：

乙方：

甲乙双方按照《中华人民共和国民法典》和其他有关法规，经双方友好协商，本着平等、自愿、公平、公正原则，同意按照下面的条款和条件签署本合同。

（一）定点维修范围

甲方企业生产辅助车辆及运营保障车辆定点维修保养，包括整车修理、总成修理、二级维护、一级维护、小修、维修救援、专项修理、各级保养和维修竣工检验等工作。

（二）合同价款及付款方式

1. 工时单价定额：________；材料（配件）进货价上浮比率：________。

维修总价=维修工时单价×维修工时定额+材料(配件)进货价×[1+材料(配件)进货价上浮比率]

其中：

(1) 维修工时定额按附件“汽车维修工时定额”执行；合同执行过程中，如遇“汽车维修工时定额”不包含的项目，双方另行协商确定。

(2) 单车维修材料费超 3000 元的须经甲方同意后才可实施维修。

2. 维修费每季度进行结算，次季度第一个月汇总结算上季度维修费用，维修单位按季度将送修车辆的维修费用进行汇总，打印单车《车辆维修结算单》报甲方审核，无误后开具 13% 增值税专用发票进行结算，材料不齐甲方不予结算。

3. 本合同付款货币为人民币，乙方须开具税率 13% 的增值税专用发票。付款方式：银行汇票、电汇或承兑汇票。

（三）服务期限

服务期限：自　　年　月　日至　　年　月　日。

（四）质量保证及售后服务承诺

1. 乙方在维修过程中应遵守和执行下列国家及地方法规和标准，以保证维修质量：

(1) 严格执行交通运输部《机动车维修管理规定》等有关规定。

(2) 国家有关部门发布的机动车运行安全技术条件、机动车允许噪声及测量方法和汽、柴油车排放标准及测量方法等技术标准。

(3) 交通运输部及省、市交通部门发布的有关汽车维修技术标准（技术文件）。

(4) 在国标、部标、地方标准中没有涉及的机动车维修项目，应参照原车生产厂家维修手册、使用说明书和有关维修技术资料进行维修，同时制定企业标准。

(5) 维修出厂的车辆，实行出厂合格证和质量保证期制度。整车维修的车辆质量保证期不少于100日（或行驶里程不少于2万km）；二级维护的车辆，质量保证期不少于30日（或行驶里程不少于5000km）。在质量保证期内，因维修质量造成车辆无法正常使用的，原维修厂家应及时无偿返修，不得无故拖延或者无理由拒绝，车辆返修率要控制在1%以内。

(6) 乙方必须建立"自检、互检、专检"制度。对维修车辆实行自进厂检测、派工作业、过程检验、装配、装车检验到合格出厂等全过程质量负责制，并要保证甲方送修车辆的安全。

(7) 涉及车辆安全、性能等关键零部件，乙方必须采用正规渠道质量合格的原厂配件；其他配件乙方优先使用原厂配件（如使用副厂配件需提前与甲方沟通，得到许可后使用）。严禁使用不合格或假冒伪劣配件、不得偷工减料；不得少修多收、质价不符、擅自提高工时单价、多摊工时；不得擅自提高材料价格。

(8) 凡可以维修的部件，不得以换代修，确实不能修复或修复不经济的零部件，在征得甲方同意的情况下，方可进行更换。不得与相关人员串通，虚假修车或虚报维修项目，损害甲方利益。

(9) 由于修理或配件质量问题而引起的车辆故障，甲方及时告知维修企业，进行保修或返修。保修或返修的工时费及材料费由维修企业承担，造成损失的，由维修企业负责赔偿损失。

2. 时间优先承诺

________范围内________分钟内到达现场。

3. 服务优先承诺

(1) 实行全年24h服务。

(2) 实行紧急救援服务。

(3) 实行上门服务、质量跟踪服务、维修预约服务。

(4) 利用计算机系统进行派工登记、档案管理、配件管理。

(5) 礼貌待客、热情服务、随到随修，不断提高维修质量。

(五) 权利和义务

1. 乙方不得转让其应履行的合同内容。

2. 甲方有权不定期对乙方所提供的价格、配件材料质量和售后服务承诺进行检查。

3. 乙方必须严格执行物价、技术监督及交通行业管理等部门制定的政策和规定。原厂配件、副厂配件和修复配件实行明码标价制度，建立配件价格台账。

4. 更换下的配件、总成，乙方必须交给甲方处理，未经甲方同意，乙方不得自行处理，但对环保有影响的废弃物品，由乙方按照有关规定统一处理，乙方应当向甲方进行说明。乙方回收需经甲方同意，并抵扣相应维修材料费。

5. 乙方应购置维修企业责任保险等保险，以保证维修期间车辆安全。自乙方接车至车辆维修竣工交付验收期间的车辆的毁损、灭失风险由乙方承担。

6. 鉴于甲乙双方建立长期合作关系，甲方有权要求乙方优先维修甲方送修的车辆。

7. 对已完工车辆，如发现不合格或与“车辆维修派工单”不符，甲方有权要求乙方无偿返工，直至符合甲方要求为止。

8. 甲方交付维修车辆时，车上不得存放任何易燃、易爆、有毒、有腐蚀性、有放射性等危险物品，否则由此产生的一切责任和后果由甲方自行承担，并赔偿由此给乙方造成的全部损失。同时，甲方应自行取走车内可移动贵重物品、相关证件以及易变质的生鲜物品等，乙方对此不负任何保管责任。

9. 甲方应当将车辆有关信息、故障原因、表现症状等真实状况告知乙方，乙方在维修过程中需要甲方提供协助的，甲方应当履行协助义务。对于甲方故意隐瞒的车辆故障信息，乙方不负任何责任。

10. 甲方车辆在交付乙方维修和修复完毕出厂时，甲方授权或指定的工作人员需认真核对修理事项和工时费用，审核无误后签字确认。甲方车辆的维修内容、更换配件等事项由甲方随车的被授权人或甲方指定的人员或甲方同意的驾驶人员书面签字确认后，甲方对上述人员的所有签字行为予以认可，并同意按照上述人员签字确认的修车内容、修车费用与乙方进行结算。

（六）违约责任

1. 乙方有下列行为之一，经甲方核实确认，第一次时甲方有权约谈乙方并暂停乙方定点维修资格一个月；第二次时甲方有权暂停乙方定点维修资格一个月，乙方应支付违约金1万元；第三次时甲方有权取消乙方定点维修资格，乙方应支付违约金2万元：

（1）未按合同约定的服务承诺要求提供优质服务。

（2）违反国家规定或合同承诺的质量标准，以次充好、提供假冒伪劣配件。

（3）提供虚假配件购置发票，开具虚假维修发票。

（4）其他违反法律、法规和本合同的行为。

2. 乙方因配件质量或维修技术给甲方造成的车辆故障，由乙方负责免费返修；由此造成损失由乙方负责全额赔偿，在甲方提出赔偿要求后五日内全额向甲方支付赔偿金额。

3. 甲方送修车辆在乙方维修期间如发生车辆丢失或损坏，乙方负责按市场价进行赔偿。

4. 甲乙双方任何一方违约，除赔偿守约方的实际损失外，还需承担守约方为主张权利发生的全部费用，包括但不限于诉讼费、律师费、差旅费、保全费、调查取证费等。

5. 甲方未向乙方支付报酬或者材料费等价款的，每逾期一日向乙方支付应付款的千分之一的违约金。同时，乙方有权对已完成的工作成果行使留置权或者有权拒绝交付后续维修车辆。

（七）合同争议解决

双方在合同履行中发生的争议，应通过协商解决。如协商不成，可向甲方所在地法院提起诉讼。

（八）生效及其他

1. 本合同未尽事宜，双方另行协商并签订补充协议，补充协议与本合同具有同等法律效力。

2. 本合同自双方签字盖章之日起生效。

3. 本合同正本　　份，双方各执　　份，具有同等法律效力；副本　　份，甲方　　份，乙方　　份；当副本与正本不一致时，以正本为准。

附件：汽车维修工时定额

甲方名称：	乙方名称：
法定代表人或授权委托人	法定代表人或授权委托人
（签字）：	（签字）：
电 话：	电话：
开户银行：	开户银行：
账号：	账号：
时间：　　年　　月　　日	时间：　　年　　月　　日

附件

汽车维修工时定额（部分）

（单位：工时）

编号	修理项目	普通车	中档车	高档车	备注
FDJ-07	更换火花塞	5	5	5	全部 4 个
FDJ-08	更换喷油器	10	15	30	
FDJ-09	更换节温器	8	12	15	
FDJ-10	更换气缸垫	30	45	60	不含缸盖磨平面
FDJ-11	更换气缸盖	30	45	60	
FDJ-12	更换进、排气管	25	35	60	
FDJ-13	更换进气支管垫	20	30	60	
FDJ-14	更换排气支管垫	20	30	60	
FDJ-15	更换排气接口垫	5	5	5	
钣金部分					
BJJ-01	更换车门玻璃升降器	10	12	20	
BJJ-02	更换车门锁	10	12	20	
喷漆部分					
PQQ-01	全车喷漆	400	500	600	视情况而定
PQQ-02	发动机盖喷漆	40	60	80	
PQQ-05	前保险杠喷漆	30	40	60	

注：普通车指原值 15 万元以下的车辆；中档车指原值 15 万~30 万元的车辆；高档车指原值 30 万元以上的车辆。

四 道路救援合同管理

汽车维修企业经常会遇到客户车辆需要道路救援的情况。有的企业备有道路救援车辆，有的需要请专业的道路救援公司。不管是汽车维修企业自有的救援车辆还是专业的道路救援公司，救援时与客户签订道路救援合同是避免发生纠纷的前提。合同应包括如下内容。

（1）车辆状况检查单　现场救援人员应仔细检查车辆，将损坏的部件或部位记录在车辆状况检查单上。

（2）车辆现场照片　道路救援时携带照相机，从车辆左前、左后、右前、右后四个角度进行拍摄，并仔细拍摄损坏部位。

下面以某道路救援公司为例详细说明。

汽车道路救援合同

白天/夜间　　非雨雪天/雨雪天　　干净/脏

请在上述适合的状况画上○

请在损坏的部位标上△，在有别蹭痕迹的部位标上“~”并以①②③…进行编号，在右侧单元格中记录具体情况。

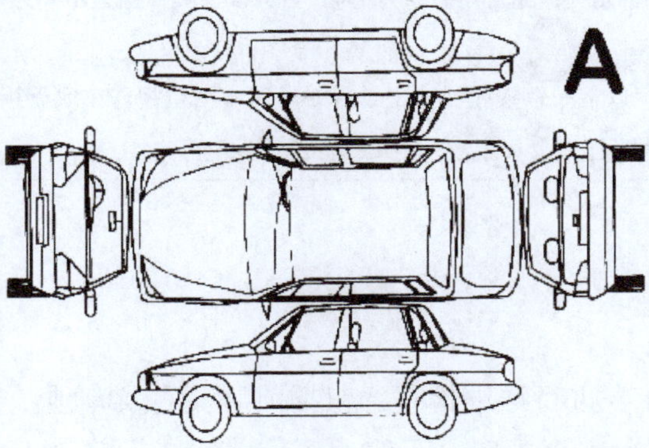

轮毂罩	完好/否	燃料	◷ 升
天线	完好/否	顶篷	完好/否
遥控车锁/钥匙	有/无	后排座位	完好/否
内部状况	完好/否	备用车胎	完好/否
前排座位	完好/否	工具	完好/否
车前（仪表台）	完好/否	其他	完好/否
音频系统	完好/否		

请在此处详细描述损坏程度及具体情况：

①

②

③

供应商名称：________________　　救援人员签字：________________

本人对以上服务前的车辆状况确认无异议，而且我已阅读并同意下面的服务须知。

1）开始服务前客户应配合服务人员检查车辆状况，并仔细阅读服务须知后签字确认。

2）客户车辆应手续、保险齐全，如因客户隐瞒真实情况对救援造成损失的，救援公司保留申诉的权利。

3）服务过程中客户不得干扰服务人员正常工作，不得要求违反交通法规操作和行驶；如客户提出违法、超出服务范围等不合理要求，服务人员有权拒绝。

4）对于需要强行进入客户车内才能继续进行的服务（含开锁），客户本人需确认服务的必要性并许可服务人员强行进入，因此有可能产生的损坏将视为客户本人的责任，后续修理费用由客户自行承担。

5）服务完成后客户接收车辆时，应再次签字确认服务完成及车辆无损，救援公司不接受客户已在服务完成记录中签字后的任何索赔和投诉；若接车方为维修站，且维修站接车员签字确认车辆无损，则事后发生的任何车辆损伤及相关责任应由维修站承担。

6）任何路边救援都是临时性的，建议客户应尽快将救援车辆送至授权维修站检查。

7）在客户事先未明确告知或发生交通事故等情况下，对于服务延误造成客户误机、商务活动等经济及其他损失，救援公司不承担责任；由于恶劣天气、自然灾害、战争或政府法规等不可抗力造成服务无法完成、延误或服务质量下降，救援公司可免除责任。

8）客户应对自行要求的服务负责，如果与合同规定的服务范围不符，客户有责任支付服务范围外的救援费用。

9）请客户务必妥善保管车内贵重物品及其他可移动物品，如发生丢失，救援公司将不承担相关责任。

10）本合同一式三联，道路救援单位、客户、维修企业各执一联。

11）以上条款的最终解释权归救援公司所有。

B

如需拖车服务，无论我是否跟车，均授权该道路救援公司拖拽_____（车牌号）车辆至以下指定维修站：

维修站地址：……………………………………

维修站名称：…………………………… 客户签字：……………

C

本人对服务完成情况无异议，所接收车辆状况如前所述：是□/否□，如为“否”，请具体描述不同之处：

…………………………………… 客户签字：……………

如为拖车服务，请继续填写（由维修站接车的，以上车辆接收检查由维修站填写，留空视作车辆无损）

运送至维修站处日期：…………… 时间：…………… 接车员签字：……………

汽车道路救援合同填写说明如下。

1. 重点区域的填写

（1）“A”区域

1）救援人员到达现场后，应对车辆车身进行详细检查，包括前后左右及车顶。如发现有损坏，应将损坏位置用“△”在车辆状况检查表中小车的相应位置标注，并以①②③…进行编号，在右侧单元格相应编号中详细描述损害程度及具体情况；如发现有剐蹭痕迹，则用“~”标注，具体操作同上；如损坏情况无法用文字描述，可现场拍照保留车况凭证。

2）对车辆其他状况进行检查，包括轮毂罩、燃料、天线等。检查燃料时要记录剩余燃料数量；检查轮毂罩时如状况完好，则在右边“完好”处打钩；检查其他车况时操作同上。

（2）“B”区域　车辆状况检查完后，救援人员应让客户仔细阅读服务须知并在右侧“客户签字”栏上签字确认，如需拖车服务应让客户填写“维修站地址”及“维修站名称”并在右侧“客户签字”栏上签字确认，之后将第二联交给客户保管。

（3）“C”区域

1）如为拖车服务且客户不跟车，救援人员在将车运送至指定维修站后，应由救援人员将车卸下，让维修站接车人员检查车况；如接车人员检查情况与车况表上所述一致，则在“是”右侧方框打钩，如否则在“否”右侧方框打钩，并在“具体描述不同之处”栏上填写具体情况且马上通知救援公司，最后填写“运送至维修站处日期”“时间”，并在“接车员签字”栏签字。

2）如为拖车服务且客户跟车，应由客户及接车人员一同检查车况，操作同上，且客户要在“C”区域中的“客户签字”栏上签字确认，接车人员也要在“接车员签字”栏签字。接车人员应拿到车辆状况检查表第三联并保存。

3）如为非拖车服务，救援人员也应在提供服务前仔细检查车况，并仔细填写此表让客户签字确认，服务完成后，要求客户在“C”区域中的“客户签字”栏上再次签字确认车况。

2. 其他区域的填写

1）接到救援电话后，准确记录服务日期及接电话时间；填写客户信息，包括客户姓名、客户车辆位置、车辆型号、车牌号码及里程表读数。

2）到达现场后，救援人员应记录服务相关信息，包括到达现场时间、里程表读数。

3）服务完成后，救援人员应记录现场完成时间、卸车里程表读数（在拖车服务时填写）及救援车辆行驶单程公里数。

五 汽车救援服务合同

汽车救援服务公司需要根据国家有关运输规定与客户就双方的责任和义务、服务收费标准、价格、结算方式等签订合同。

汽车救援服务协议书

甲　方：　　　　　　　　　　　　　　（以下简称“甲方”）
地　址：
联系电话：

乙　方：　　　　　　　　　　　　　　（以下简称“乙方”）
地　址：
24h 救援联系电话：
救援联系人：　　　　　　　　　　　　手　机：
开户行：　　　　　　　　　　　　　　账　号：

根据国家有关运输规定，经过双方充分协商，甲、乙双方基于互惠互利、互相信任、共同发展的原则，同意并签署本协议，以便双方共同遵守。

第一条　甲方的责任和义务

1.1　甲方在要求乙方提供车辆救援时，应当通过电话给予乙方明确的指令。指令的内容特指但不限于：被救援车辆的信息、车辆抛锚地点、甲方所要求的故障排除的方式、救援车辆的类型，以及甲方指定的地点。

1.2　乙方按照本协议的约定而发生的费用，在甲方收到有关发票原件、车辆状况检查表复印件和救援案件统计表后按约定的结算方式结算。

第二条　乙方的责任和义务

2.1　乙方的拖车应当具有当地相关主管部门颁发的资质证书。

2.2　乙方接到甲方救援指令时，应当向甲方确定到达故障车辆所在地的大致时间。如果不能在已确定的时间内到达该地，乙方应立即向甲方重新确定大致到达时间。

2.3　乙方在为甲方的故障车拖车前，应当使用车辆状况检查表并有责任要求相关人员在车辆状况检查表上签字。如果甲方故意隐瞒车辆真实状况或甲方相关人员拒绝签字，乙方可以拒绝提供救援服务。

2.4　乙方应当为甲方提供标准化的专业服务：乙方工作人员应当穿着清洁的工作制服，礼貌对待客户。乙方应当为客户及其车辆的安全负责。

2.5　乙方对提供服务过程中由于乙方的过失而造成甲方车辆损坏根据保险公司核定的维修费用负赔偿责任。在符合法律和合同规定条件下的运输，由于下列原因造成所运商品车损坏的，乙方不承担违约责任：①不可抗力；②货物本身的自然属性；③货物的合理损耗；④托运方或收货方本身的过错。

第三条　服务收费标准（币种：人民币，24 小时，365 天）

3.1　正常工作时间：工作日的 6：00—22：00 按__元（起步费）+__元/km+单程过路费（20km 范围内收取起步费）。

非正常工作时间：工作日的 22：00—次日 6：00 及日常的双休日时间按__元（起步费）+__元/km 的标准上浮 30%进行服务计价，发生过桥过路费的按单程收取（20km 内按起步费上浮 30%收取）。

节假日时间：按收费标准上浮 50%收取（节假日特指元旦、五一、清明、端午、中秋、十一、春节）。

救援车辆放空收费标准：__元/次，超过 20km，__元（基本出车费）+__元/km，市区以外，__元（基本出车费）+__元/km+单程过路费。放空收费全部遵照各时段收费标准执行。

派车指令发出__分钟内取消不收费。

3.2　若出现由于甲方原因需长时间等待的情况，加收 100 元/h 等待费用。

第四条　其他

4.1　若出现燃油价格大幅调整或国家、地方对运输成本有较大调整时，甲、乙双方协商对拖车行驶路费进行适当调整。

4.2　本协议有效期自________年________月________日起至________年________月________日止，协议壹式贰份，双方各执壹份，如到期需继续履行合作协议再另行协商。甲乙双方同意本协议未尽事宜由双方协商确定双方均可接受的解决方案。

甲方：　　　　　　　　乙方：

签字：　　　　　　　　签字：

日期：　　　　　　　　日期：

汽车道路救援客户须知

本人对车辆状况检查表的车辆状况确认无异议，而且我已阅读并同意下面的服务须知。

1）开始服务前，客户应配合服务人员检查车辆状况，并仔细阅读服务须知后签字确认。

2）客户车辆应手续、保险齐全，如因客户隐瞒真实情况对救援造成损失的，救援公司保留申诉的权利。

3）服务过程中客户不得干扰服务人员正常工作，不得要求违反交通法规操作和行驶；如客户提出违法、超出服务范围等不合理要求，服务人员有权拒绝。

4）对于需要强行进入客户车内才能继续进行的服务（含开锁），客户本人需确认服务的必须性并许可服务人员强行进入，因此有可能产生的损坏将视为客户本人的责任，后续修理费用由客户自行承担。

5）服务完成后客户接收车辆时，应再次签字确认服务完成及车辆无损，救援公司不接受客户已在服务完成记录中签字后的任何索赔和投诉；若接车方为维修站，且服务站接车员签字确认车辆无损，则事后发生的任何车辆损伤及相关责任应由维修站承担。

6）任何路边救援都是临时性的，建议客户应尽快将救援车辆送至授权维修站检查。

7）在客户事先未明确告知或发生交通事故等情况下，对于服务延误造成客户误机、商务活动等经济及其他损失，救援公司不承担责任；由于恶劣天气、自然灾害、战争或政府法规等不可抗力造成服务无法完成、延误或服务质量下降，救援公司可免除责任。

8）客户应对自行要求的服务负责，如果与合同规定的服务范围不符，客户有责任支付服务范围外的救援费用。

9）请客户务必妥善保管车内贵重物品及其他可移动物品，如发生丢失，救援公司将不承担相关责任。

10）以上条款的最终解释权归救援公司所有。

学习任务三 应收账款管理和财务分析

一 应收账款管理

应收账款管理是企业财务管控中非常重要的内容。一个企业应收账款越多，潜藏的危机也就越大。

应收账款过多会给企业经营带来困境。

（一）应收账款难控制的表现

应收账款难控制是当前很多企业普遍存在的问题和隐患，主要表现在以下几个方面。

1）企业应收账款疏于管理，现金流严重被占用，运营成本增加。

2）订单合同收款缺乏跟踪，进度不明，查询收款情况难。

3）信用风险防范意识薄弱，缺少客户信用风险控制手段。

4）应收账款到期无法预警，查询对账困难。

一个企业如果没有回款，销售做得再好，也不能代表企业经营是成功的，因为没有回款的销售带给企业的是债权，而不是利润，债权存在的风险是显而易见的，积小成大，如果不解决，企业甚至可能要面临破产！

（二）企业应收账款管理内容

1）对客户进行信用评级，确定给哪些客户赊销，规定账期。

2）进行账龄分析，跟踪客户的资信情况，到期催收。

3）制定信用政策，鼓励客户提前还款，或者寻求保理融资，让应收账款尽早变现。

4）出现逾期时，启动法律手段保全债权。

5）制定坏账计提办法。

6）动态调整客户信用评级。

（三）应收账款管理技巧

应收账款管理是一件非常困难的事，下面介绍一些技巧和原则，如果处理恰当，效果还是不错的。

第一，做生意要有法治意识和风险意识。现代社会是风险社会，更是法治社会。企业各级经营管理人员应当切实提高法律风险防范意识，增强全面抵御风险能力。不要太贪利，忽视了经营风险，愿买愿卖，公平交易，不要贪图三分的利丢掉十万的本。

第二，树立证据保全意识。充分翔实的证据资料是维护企业权益的前提和保证。注意保存合同履行过程中的一切书面、音像等资料（包括但不限于接车单、委托任务书、交货时间和地点的通知、合同履行变更或异议的通知、有关技术指标的修改通知、收款收据、对账单、谈话录音或记录等其他凭证），并妥善保存，从源头保管好相关资料，在合同终止后按规定及时归档。相关经营人员要强化法制观念，提高证据意识，避免引起不必要的纠纷，或者在完善证据链条的前提下，有理、有力、有节地解决好发生的法律风险。做生意本身就是一个讨价还价的事，该争的争，该讲的讲，绝不能不讲原则。不仅要讲好，还要落实在字面上。只有这样才能减少“后遗症”，才能避免不必要的麻烦。

第三，要设置债务上限，实行预警制度。签订合同就按照合同执行，合同上说哪天清款或达到多少金额要清款就按照合同执行。如果不能及时清款，可以设定一个期限或金额上限，超了上限要采取更有利的措施清款，或者及时停止合同。

第四，签合同前要对对方进行调查，掌握对方的财务状况，也就是要看准人，看看对方经济实力，有没有归还的能力，若没有，那干脆不做这种没把握的生意。

第五，对私人客户尽量不要欠账，人的品性也是决定赊欠的重要依据。有些人十几年如一日，非常规矩，最后发展成朋友，互惠互利，这样的赊欠多少都有保障。

（四）赊账的种种骗局

企业经营不要随意赊账，对中小型维修企业尤其如此，赊账会减少流动资金，讨债所花费的时间费用是一笔很大的开支。另外，赊账还有陷入骗局的危险。赊账的种种骗局要引起大家的注意，以下是常见的几种骗局。

1. 吹毛求疵赖账

这种赖账人的特点是吹毛求疵，寻找债权人的缺点。比如，你某次修的车总有一种声音存在或总感觉动力有差别等，用这种似是而非的说法抵赖，或者说你修的车在外地坏了又花了多少钱等。

对策：对于这种人要做好记录，留有证据。接车时做好接车记录，记录好车辆里程、燃油量、车辆外观、内饰、汽车各个系统的功能等，对有些故障要进行试车，如发动机需要大修，我们还要试试自动变速器、ABS 等是否有故障，同时做好记录。

2. 故意拖欠

故意拖欠人的特点是总寻找各种理由，今天说没钱，明天说出差，后天又说款刚给别人了。

对策：树立防控意识。企业不能允许故意拖欠的客户存在，因此要充分发挥企业职能部门的作用，以合同管理工作为抓手，杜绝“重订约轻履行、重业务轻法律”等现象，重点抓好赊欠风险，对企业经营活动全覆盖扫描和全过程控制，堵住管理漏洞，有效降低拖欠的发生。

3. 无力偿还

对于无力偿还的人，你去找他，他就说还有多少家没付钱，还有欠的更多的。

对策：坚持应收账款管理制度，设定债务上限，实行预警制度。设定期限或金额上限，超了上限要采取更有利的措施清款，或者及时停止合同。

4. 替身赖账

这种赖账人的特点是车修好了找理由说自己忙，找替身去取，好长时间后不承认这笔账。

对策：对付这种人一定要健全财务管理制度，保留原始记录。替身取车不要紧，签账单上要有托修人签字或有托修人签字的委托书。

5. 蓄意诈骗

这种人以诈骗钱财为目的，主要手法有三种：一是修车钱欠你的，又从你那儿借钱；二是修车钱给的痛快，又借你钱干别的；三是开始时修车钱给的及时，慢慢地欠起账来，突然和你借钱说有笔买卖或家有急事，然后就没了踪影。

对策：企业管理人员要尊法、守法、学法、用法，做到用制度规避风险、用机制控制风险、用责任降低风险，形成办事依法、遇事找法、化解矛盾靠法的良好经营氛围，企业各级经营管理人员要思想认识到位，不能靠个人想法行事，清款、借款是公司行为，不能个人说了算，赊账一定要依法办事，任何人不能违反。

6. 保险骗局

有些客户车辆发生事故后到维修企业维修，要求维修企业代办理赔，有的维修企业见车辆有保险就答应了，车辆维修完毕后客户将车开走。这其中隐藏着巨大的风险，有的甚至会陷入骗子的圈套。比如，这辆车发生事故时驾驶人喝酒了或者车辆没年审等，保险公司就可能拒赔；有的客户明知有风险却将风险转嫁给维修企业。

对策：树立规则意识。规则意识是建设法治企业的基础，经营管理人员心底里要把国家法律法规当成高压线、警戒线，对违规行为“零容忍”，使法律法规真正起到防波堤的作用，各职能部门应当严格审核把关，认真梳理营销和财务风险，完善提醒制度，确保法律风险防范措施的预测性、针对性和有效性，努力从源头上防范法律风险。

案例

H 先生开了一家修理厂，主营钣金烤漆，生意还算不错。这天一位客户找到他，说自己的轿车发生事故，问他能不能协调保险公司处理，并要 H 先生代办理赔。H 先生问清情况并到停车场看了事故车，初步估计维修费要四五十万元，认为有利可图就答应了，协调保险公司定损，最后保险公司核定了 46 万元。车修好后，客户将车开走了。H 先生到保险公司理赔，保险公司调查发现这辆车在事故时更换了驾驶人，怀疑原来驾驶人属酒后驾驶，要调查清楚事故的原因后才决定是否理赔。这一拖就是一年多，可怜 H 先生大量的资金押在这辆车上，最后资金链断了，竟无钱给工人发工资，厂子倒闭了。

二 财务报表分析

财务报表分析

作为企业管理者，应知道如下几个问题。

1）企业的生产是增产增销还是减产少销，原因在哪里。

2）企业有多少资金，资金从哪里来，用在哪里，用得是否合理有效。

3）企业资金总感觉不够用，资金使用效果不好的原因在哪里。

4）产品成本是多少，成本升高了还是降低了，成本升降的原因是什么。

5）企业实现了多少利润，利润增加或减少的原因有哪些。

这些问题要求企业管理者根据财务报表结合市场现状进行经营分析。整个经营分析工作由 4 个有机联系的步骤构成，即对比找出差距，研究查明原因，计算因素影响，总结提出建议。

1. 对比找出差距

“对比”就是将实际达到的结果同某一标准相比较。在实践中作为对比标准的主要有 3 种：同预定目标、计划或定额相比，同上期或历史最高水平相比，同国内外先进水平相比。

在进行对比找出差距时，必须注意经济现象或经济指标的可比性，即被比较的现象或指标必须符合以下 3 个条件。

（1）性质上同类　例如，比较企业的资金占用水平就必须在相同类型的生产企业间进行。

（2）范围上一致　例如，比较不同时期的变动费用，那么两个时期的变动费用所包括的范围就应该基本一致，否则就不可比了。

（3）时间上相同　也就是说，相比较的经济现象或指标应当是相同时间长度的结果。例如，都采用年度资料或都采用月份或季度资料。

2. 研究查明原因

在对比找出差距的基础上，研究查明差距（或差异）产生的原因，这是分析工作的重要一步。

每项经营活动的结果可能是由很多原因造成的，或者说会受到多种因素的影响。这些原因或因素有些是密切联系的，有些是可以用一定的经济指标来反映的，因而有可能通过经济指标之间的关系来进行分析。例如，材料消耗量的多少是决定产品成本升降的原因，或者说是影响产品成本的因素，通过材料消耗量的变化可以分析它对产品成本的影响。又如，劳动生产率的高低是决定产量多少的原因，或者说是影响产量的因素，可以通过劳动生产率的变化分析它对产量的影响。对某一经济指标产生影响的因素存在于客观事物本身之中，在分析中需要熟悉经济现象或经济指标的性质，了解经济指标的构成内容，以便借助逻辑判断，确定影响的因素。

3. 计算因素影响

计算因素影响就是计算因素的变动对经济指标的具体影响，即明确的作用方向（有利或不利）和影响程度的大小。根据因素的作用方向和影响程度，可在进行决策和制定措施中，抓住主要矛盾，有重点地解决问题。

4. 总结提出建议

分析企业的经营活动，要以改善企业经营管理、取得最佳经济效果为目的。因此，要根据分析的结果，总结企业的工作，提出改善企业经营管理的建议，并将建议提供给企业的领导层作为决策参考，以充分挖掘企业的潜力，不断提高企业经营的经济效益。

根据经营活动分析的结果总结企业的工作，可使经营者了解掌握经营状况，对工作成绩和问题的评价更为准确，经济责任更为清楚，提出的工作改进方案和经营决策更加有效，对今后努力的方向更为明确。

根据分析的资料，总结企业的工作，应当本着实事求是的态度，既要肯定成绩，又要指出问题，还要指出解决问题的建设性意见，要着眼于帮助企业改善经营管理，挖掘企业的内部潜力，提高经济效益。

案例

某维修厂是A、B、C三种车型的特约维修站，上年度核算各车型的损益情况分别为：A车型净利60万元，B车型亏损5万元，C车型净利15万元。A车型与C车型净利总计75万元，因B车型亏损致使企业总净利降为70万元。企业老板要求财务部门分析是否应停止B车型的特约维修业务。

1. 按收入比例分摊固定成本

维修厂每年固定成本150万元，其中房租120万元、设备折旧20万元、其他固定成本10万元，财务部门根据三个车型的收入比例分摊所有固定成本，见表9-1。

表9-1 毛利及净利计算表

项　目	A车型	B车型	C车型	合　计
维修收入/万元	200	300	100	600
变动成本/万元	90	230	60	380
贡献毛益/万元	110	70	40	220
固定成本/万元	50	75	25	150
净利/万元	60	−5	15	70

2. 从成本动因角度分摊固定成本

如果从成本动因的角度，按每个车型实际占用的场地面积分摊房租成本120万元，并将每个车间设备的实际折旧归属于相应车间，其他固定成本的分摊原则不变（仍按收入比例分摊），则C车型亏损，见表9-2。在这种情况下，应考虑裁撤C车型。

表 9-2 从成本动因角度归属和分摊固定成本毛利及净利计算表

项　目	A 车型	B 车型	C 车型	合　计
维修收入/万元	200	300	100	600
变动成本/万元	90	230	60	380
贡献毛益/万元	110	70	40	220
占用场地面积/m^2	1600	1200	1200	4000
房租（按面积比例分摊）/万元	48	36	36	120
设备折旧（车间实际设备折旧）/万元	10	5	5	20
其他固定成本（按收入分摊）/万元	3	5	2	10
固定成本合计/万元	61	46	43	150
净利/万元	49	24	−3	70

由此可见，不同的固定成本核算方式会带来不同的计算结果，进而影响公司决策。在本例中，从成本动因出发分摊固定成本更为合理。

3. 是否应裁撤 C 车型

若裁撤 C 车型，则其房租、设备折旧和其他固定成本由 A 车型和 B 车型承担，见表 9-3。

表 9-3 裁撤 C 车型毛利及净利计算表

项　目	A 车型	B 车型	合　计
维修收入/万元	200	300	500
变动成本/万元	90	230	320
贡献毛益/万元	110	70	180
占用场地面积/m^2	1600	1200	2800
房租（按面积比例分摊）/万元	69	51	120
设备折旧（A、B 车型实际设备折旧）/万元	10	5	15
设备折旧（C 车型实际设备折旧）/万元	2	3	5
其他固定成本（按收入分摊）/万元	4	6	10
固定成本合计/万元	85	65	150
净利/万元	25	5	30

分析结论：若裁撤 C 车型，则企业净利由 70 万元降为 30 万元，反而造成企业净利下降。因此，C 车型的特约维修业务不宜停止。

4. 财务决策建议

如果裁撤 C 车型的同时将 C 车型的场地和设备出租，假设转租租金为原分摊房租和设备折旧加成 20%，即租金收入为 49.2 万元，则净利上升为 79.2 万元（A、B 车型净利+租金收入），高于原 70 万元。在这种情况下，财务部门应建议裁撤 C 车型，并将 C 车型的场地和设备出租。

三　营业报表管理

营业报表管理

汽车维修企业的财务管理是困扰很多企业管理者的难题，现在可利用简单实用的管理软件，形成有效的营业日报表和营业月报表等，便于企业管理者进行经营分析。

1. 营业日报表

企业管理者每天一定要看营业日报表，了解全天的维修台次、修车营业额、配件成本、外加工成本、毛利润。

2. 营业月报表

营业月报表包括全月的维修台次、修车营业额、配件成本、外加工成本、毛利润。企业管理者应将当月数据与往年同期数据进行比较，分析增加或减少的原因，制定对策。

另外，有些信息每天的数据并不能明显地说明什么问题，但是经过一段时间积累的数据却很重要，有助于企业管理者进行判断或者分析。例如，重点客户的修车统计和异常记录，应收应付款以及欠款大户的记录。

（1）重点客户的统计　企业的大部分利润是由少数大客户创造的，对他们进行足够的关注是留住大客户的基本要求。所以，每隔一段时间就要对大客户的有关情况进行查看。如果发现不正常的迹象，如业务突然减少、利润急剧变化等，就要查找这些异常的原因。

（2）应收应付款以及欠款大户的记录　在财务上，应收应付款的管理是非常重要的内容。一个完善的应收应付款管理系统可以显示应收应付款的总额，以及每一个客户的欠款金额、拖欠的每一笔款项、拖欠时间等。

最重要的是关注欠款大户。一般来说，欠款大户都是重要客户，是不能随意处理的，建议企业管理者亲自关注这个问题。

企业管理者要多关注这些既是利润大户又可能是欠款大户的对象，平时对这些大户进行必要的关怀，了解这些大户本身的经营情况和支付能力。

企业管理者关注应收应付款项对财务部门也是一种督促，而且具有促使企业资金合理流动的意义。

（3）某时间段的经营汇总以及可比时间段的对比　企业管理者最好能进行某些时段的汇总数据查询统计。例如，本月中旬本厂更换了业务经理，企业管理者可能需要统计前半个月以及后半个月的经营情况，以便了解新业务经理的工作效果。

案例

维修台次不足会造成员工劳动利用率降低和维修工位的闲置，从而造成金钱的浪费。因此，应当注意维修台次的变化情况，使车间生产能力持续地得到充分发挥。当发现实际维修台次下降时，应立即采取适当的行动。

如果发现实际维修台次下降，首先对照维修台次和营业额图表，找出维修台次下降的原因，看是哪种车型的维修台次下降了，还是哪种维修类型的车的维修台次下降了，然后有针对性地采取措施。某企业根据调查，维修台次减少（即客户流失）主要有以下五个方面的原因。

1）对工作质量/维修质量不满意。

2）对服务不满意。

3）对维修价格不满意。

4）与其他企业有感情。

5）搬迁及其他原因。

后两项原因造成的客户流失较难挽回，但前三项原因通过改进可以补救。

1. 客户对工作质量/维修质量不满意

可采取以下措施。

1）接车时若有疑问，必须进行准确的诊断，必要时进行试车。

2）加强质量检验，确保客户车辆故障得到了排除。

3）不断通过培训来促进员工的技能提升。

2. 客户对服务不满意

可采取以下措施。

1）应尽可能由业务接待员来交付车辆和解释发票，实行“一站式维修服务”。

2）客户应受到友好接待，尽量在客户进入业务接待厅时称呼客户姓名。

3）若预订的维修时间要推迟，应及时向客户通报。

4）持续不断地检查客户的满意程度，对客户进行问卷调查和电话回访，发现问题及时解决。

3. 客户对维修价格不满意

可采取以下措施。

1）做好发票解释工作，使客户认可维修项目和费用。

2）展示和解释拆下的部件，使客户产生信任。

3）维修中增加维修项目必须与客户进行口头或电话协商，征得客户同意，并在订单上做记录。

4）企业应悬挂常用配件及工时费价格表，价格表应挂在显眼位置。

5）严格按照核算的固定价格收费，不能随意变更。

6）对于一些简单的小故障，可免工时费为客户维修。

思考题

1. 财务管理一般原则是什么？
2. 货币资金管理有哪些规定？
3. 资产管理制度有哪些规定？

模块十
7S 管理

问题导入：

7S 管理是现代企业公认的行之有效的现场管理方法，其作用是提高效率，保证质量，使工作环境整洁有序，保证安全，发挥时间、空间、能源等的最大效能。习近平总书记多次强调，要增强全民节约意识、环保意识、生态意识。近年来国家对环保、安全生产加大了执法力度，有的修理厂被淘汰了，有的修理厂负责人被处罚了。汽车维修企业如何在 7S 管理中融入环保、安全、节约的元素，培养全员环保意识、安全意识和节约意识，让 7S 管理更加规范、实用呢？

学习目标：

1. 掌握 7S 管理的内容和作用
2. 掌握 7S 管理实施步骤
3. 掌握推动 7S 管理的工具
4. 掌握新能源汽车维修的安全管理规定

素质目标：

1. 树立安全意识、环保意识、生态意识
2. 培养“节约光荣、浪费可耻”的好习惯

学习任务一　7S 管理的内容和作用

7S 指整理（Seiri）、整顿（Seiton）、清扫（Seiso）、清洁（Seiketsu）、素养（Shitsuke）、安全（Safe）和节约（Save）。因为这七个单词的第一个字母都是 S，所以统称 7S。

7S 管理由日本企业的 5S 管理扩展而来，是现代工厂行之有效的现场管理理念和方法，其作用是提高效率，保证质量，使工作环境整洁有序，预防为主，保证安全，发挥时间、空间、能源等的最大效能。

7S 管理的本质是一种执行力的企业文化，强调纪律性的文化，不怕困难，想到做到，做到做好。作为基础性的 7S 工作，可以为其他管理活动提供优质的管理平台。

整理

一　7S 管理的内容

1. 整理

整理是指将工作场所的任何物品区分为有必要的和没有必要的，除了有必要的留下来，

其他的都消除掉。

目的：腾出空间，空间活用，防止误用，塑造清爽的工作场所。

整顿

2. 整顿

整顿是指把留下来的必要物品依规定位置摆放，并放置整齐加以标识。

目的：工作场所一目了然，消除寻找物品的时间，消除过多的积压物品，科学布局，取用快捷。

清扫

3. 清扫

清扫是指将工作场所内看得见与看不见的地方清扫干净，保持工作场所干净、亮丽的环境。

目的：稳定品质，减少工业伤害，清除垃圾，美化环境。

清洁

4. 清洁

清洁是指将整理、整顿、清扫进行到底，并且制度化，经常保持环境外在美观的状态。

目的：创造明朗现场，维持整理、整顿、清扫的成果，形成制度，贯彻到底。

素养

5. 素养

素养是指每位成员养成良好的习惯，并遵守规则做事，培养积极主动的精神（也称习惯性）。

目的：培养有好习惯、遵守规则的员工，营造团队精神，养成习惯，以人为本。

安全

6. 安全

安全是指重视成员安全教育，每时每刻都有“安全第一”的观念，防患于未然。

目的：建立起安全生产的环境，所有的工作应建立在安全的前提下安全操作，生命第一。

节约

7. 节约

节约是指对时间、空间、能源等方面合理利用，以发挥它们的最大效能，从而创造一个高效的、物尽其用的工作场所。

目的：对时间、空间、能源等方面合理利用，以发挥它们的最大效能。

二 7S管理的作用

想象一下，作为一个客户，一家汽修企业有以下现象：

1）业务接待厅：业务接待员有礼貌地向你问好，并迅速为你办理登记手续。客户休息室舒适、明亮，生活接待员为你倒上茶水。

2）厂区：厂区规划合理，生产车间、货仓、宿舍、餐厅、球场、停车区、草地等映入眼帘，你顿时觉得心旷神怡。

3）办公室：各个写字间宽敞明亮，办公人员各司其职，办公用品摆放整齐，没有半点喧闹嘈杂。

4）生产车间：生产现场工作区、通道、物料区、总成维修区、废料区、工具柜等合理规划，各种物品摆放整齐并有明显的标识，地面上干干净净，没有配件、工具放在地上，车辆的维修进度表及时反映生产进度等。

5）员工：员工穿着整洁的工作服，每个人情绪看起来非常饱满，维修工人动作熟练，维修车间忙而不乱，车间主任或主管不时进行巡查。

另一家汽修企业有以下现象：

1）业务接待厅：业务接待员对你爱答不理。客户休息室脏乱差，生活接待员在和同事聊天。

2）厂区：进入厂区没有标识，没有停车位，道路两旁杂草丛生。

3）办公室：办公人员打闹的、聊天的、说笑的、玩手机的，喧闹嘈杂。办公用品摆放凌乱，座椅横七竖八。

4）生产车间：生产现场工作区、通道、物料区、废料区、工具柜等混杂在一起，地面上洒的机油、防冻液到处都是，配件、工具丢放在地上。

5）员工：员工穿着脏兮兮的工作服，每个人看起来都很疲劳，维修工人动作粗糙，车间主任在看手机，对你敷衍了事。

你是愿意选择一家环境优美、管理有序、员工状态佳的汽修企业，还是愿意选择一家环境脏乱差、管理混乱、员工敷衍了事的汽修企业？

毫无疑问，每个人都会对第一家汽修企业有好感，会很愿意同这样的企业进行合作。这是推行 7S 管理的效果。归纳起来，7S 管理具有以下作用。

1. 提升公司形象

1）整洁的工作环境，饱满的工作情绪，有序的管理方法，使客户有充分的信心，容易吸引客户。

2）7S 管理做得好，原来的客户会不断地免费进行宣传，会吸引更多的新客户。

3）在客户、同行、员工的亲朋好友中相传，产生吸引力，吸引更多的优秀人才加入公司。

2. 营造团队精神，创造良好的企业文化，加强员工的归属感

1）共同的目标拉近员工的距离，建立团队精神。

2）容易带动员工积极上进的思想。

3）取得良好的效果，员工对自己的工作有一定的成就感。

4）员工养成了良好的习惯，容易塑造良好的企业文化。

3. 增加工作效率，减少浪费，降低成本

1）经常习惯性地整理，不需要专职整理人员，减少人力。

2）对物品进行规划分区，分类摆放，减少场所的浪费。

3）物品分区分类摆放，标识清楚，找物品的时间短，节约时间。

4）物品摆放整齐，不用花时间寻找，工作效率自然就提高了。

5）减少人力、减少场所空间、节约时间就是降低成本。

4. 保障工作质量

工作养成认真的习惯，做任何事情都一丝不苟，不马虎，工作质量自然有保障。

5. 改善情绪

1）清洁、整齐、优美的环境带来美好的心情，员工工作起来更认真。

2）上司、同事、下级谈吐有理、举止文明，给你一种被尊重的感觉，容易融合在这种大家庭的氛围中。

3）工作环境优美，工作氛围融洽，工作自然得心应手。

6. 保证生产安全

1）工作场所宽敞明亮，通道畅通。

2）地上不会随意摆放、丢弃物品，墙上不悬挂危险品，这些都会使员工人身、企业财产有相应的保障。

7. 节约时间、空间、能源

对时间、空间、能源等方面合理利用，创造一个高效的、物尽其用的工作场所。

案例

某汽车修理厂管理混乱，物品随意摆放，就连客户的车钥匙也随意乱放。这次终于出事了，一辆轿车来厂大修，一连几天钥匙都放在桌子上，这事被一个近几天常来厂的大巴车驾驶员发现了，就趁人不备拿着钥匙出去配了一把。轿车大修出厂的第二天就被盗了，公安机关组织人力、物力侦察此案，三天下来一点线索也没有。后来有人提出，轿车晚上停在小区内，日夜有警卫值班，轿车的车门锁、点火开关锁都很坚固，若是破锁不大可能，此案还应从车钥匙入手，一是查找开锁高手，二是查找配钥匙的业户。于是，公安人员拿着轿车的钥匙进行调查，最后在一家配钥匙店找到了线索，店主记得前几天有一人开着大巴车来配过钥匙，车号记不清了。公安人员一查配钥匙的日期正好是车辆在该汽车修理厂大修，于是又找到了汽车修理厂，很容易查到了大巴车驾驶员，侦破了此案。该汽车修理厂管理混乱，给了不法分子可乘之机，在人们的谈论中，该汽车修理厂的信誉越来越差。

学习任务二 7S 管理的实施及检查

一 7S 管理实施应注意的问题

7S 管理推行容易，在较短的时间内就可收到明显的效果，但要坚持下去，持之以恒，不断改进，却不容易。很多企业实行过 6S 管理，但不少半途而废。

在开展 7S 管理的过程中，要始终贯彻自主管理和优化管理的原则，从我做起，从优化做起，并注意以下问题。

1）7S 管理要长期坚持，整理、整顿不能平日不做，而靠临时突击将物品整理摆放一下；创造良好的工作环境，不能靠购置几件新设备、刷刷墙面；素养形成更不能靠一个会议解决问题。

2）7S 管理要依靠全体员工自己动手、持之以恒来实施，并在实施过程中不断培养全体员工的 7S 意识，提高 7S 管理水平。

二 7S 管理实施的场所

7S 管理实施的场所包括企业里每一个工作场所，主要有厂区、办公室、生产车间、仓库、工具库和其他地方（包括宿舍、餐厅、停车场等）。

三　7S 管理实施的步骤

1. 成立组织

企业领导必须重视此项工作，把 7S 管理纳入议事日程，企业一把手任组长，车间、配件、服务主管任组员，可根据需要设立副组长或秘书。小组主要负责如下工作。

1）制定 7S 推行的方针和目标。

2）制定 7S 推行的日程计划和工作方法。

3）负责 7S 推行过程中的培训工作。

4）负责 7S 推行中的考核及检查工作。

2. 制定 7S 管理规范、标准和制度

成立组织后，要制定 7S 管理规范及激励措施。根据企业的实际情况制定发展目标，组织基层管理人员进行调查和讨论活动，建立合理的规范和激励措施。

1）7S 管理规范表的内容将在后面具体介绍。

2）制度制定标准、工作场所必要物品定位标准、工作场所清扫标准和清洁制度、检查考评制度、岗位责任制和奖惩条例等。

3. 宣传和培训工作

很多人认为维修工作的重点是质量和服务，将人力放在 7S 管理上纯粹是在浪费时间；或认为工作太忙，搞 7S 管理是劳民伤财；或认为搞 7S 管理是领导的事，与我无关等。因此，要推行 7S 管理，就应做好宣传和培训工作，宣传和培训包括如下内容。

1）7S 管理基本知识，各种 7S 管理规范。

2）为什么要推行 7S 管理，7S 管理有什么功效。

3）推行 7S 管理与公司、个人有什么关系等。

4）将 7S 管理推行目标、竞赛办法分期在宣传栏中刊出。

5）将宣传口号制成标语，在各部门显著位置张贴宣传。

6）举办一些内容丰富的活动，例如，对 7S 管理有教育意义的实践类节目，7S 管理知识问答比赛等。

宣传和培训的对象是全体干部和员工，培训的方法可采取逐级培训的方式。

4. 推行

1）由最高管理层做总动员，企业正式执行 7S 管理规范，各办公室、车间、货仓等对照适用于本场所的 7S 管理规范严格执行，各部门人员都清楚了解 7S 管理规范，并按照规范严格要求自己。

2）此阶段为推行 7S 管理活动的实质性阶段，推行的具体办法可以是样板单位示范，选择一个部门作为示范，然后逐步推广；也可以是分阶段或分片实施，按时间分段或按位置分片区；还可以是 7S 管理区域责任和个人责任制。

5. 实施

1）整理：区分需要使用和不需要使用的物品。这主要有工作区及货仓的物品，办公桌、文件柜的物品、文件、资料等，以及生产现场的物品。对于经常使用的物品，放置

于工作场所近处；对于不经常使用的物品，放置于储存室或仓库；对于不能用或不再使用的物品，废弃处理。

2）整顿：清理掉无用的物品后，将有用的物品分区分类定点摆放好，并做好相应的标识。整顿的方法是清理无用品，腾出空间，规划场所；规划放置方式；物品摆放整齐；物品贴上相应的标识。

3）清扫：将工作场所打扫干净，防止污染。清扫的方法是将地面、墙壁、天花板等处打扫干净；将机器设备、工模夹制具清理干净；将有污染的物品处理好。

4）清洁：保持整理、整顿、清扫的成果，并加以监督检查。

5）素养：人人养成遵守7S管理的习惯，时时刻刻记住7S管理规范，建立良好的企业文化，使7S管理活动更注重于实质，而不流于形式。

6）安全：制订安全培训教育计划，改进设备存在的隐患，培养员工安全生产的良好习惯。

7）节约：营造“节约光荣、浪费可耻”的氛围，人人养成节约的好习惯。

6. 检查

检查分为定期检查和非定期检查。

（1）定期检查

1）日检：由各部门主管负责，组织班组长利用每天下班前的10min对辖区进行7S管理检查，重点是整理和清扫。

2）周检：由各部门经理负责，组织主管利用周末下班前的30min，对辖区进行7S管理检查，重点是清洁和素养。

3）月检：由总经理牵头，组织部门经理利用月底最后一天的下午，对全厂进行7S管理检查。

（2）非定期检查　非定期检查一般是企业中、上层在维修工作繁忙，或接到客户、员工投诉，或下情上传的渠道受阻时，临时对基层进行的7S管理检查。

以上检查，不论是定期的还是不定期的，都必须认真做好记录，及时上报和反馈，与7S管理标准比较，凡不合格项必须发出整改通知，限期整改验收。

7. 考核

1）早会考评：利用每天上午上班前的早会时间，简明扼要地对前一天或前一周7S管理检查情况进行小结，表扬做得好的，指出存在的问题和改进方法。

2）板报考评：利用统计图表，鲜明直观地将每天、每周、每月的检查评比结果向员工公布，让每个员工都知道自己所在的部门、班组的7S管理做得是好还是差。

3）例会考评：利用每周或每月的生产例会，把7S管理检查的结果作为一个议题在会上进行讲评，重点是树立典型，推广经验，解决带普遍性或倾向性的问题，提出下周或下月7S管理活动的重点和目标。

4）客户考评：利用客户问卷表、座谈会、意见箱等形式广泛收集、征求客户对本企业7S管理活动的意见，让客户来考评哪个部门、班组做得好，哪个部门、班组做得差。

5）奖惩考评：按7S管理奖惩制度，对7S管理做得好的部门、班组或个人进行表扬和奖励，对做得差的进行批评和处罚，并把7S管理活动的考评结果与员工的加薪、晋级和聘用直接挂钩。

8. 7S 管理实施中常见的问题

在 7S 管理实施的过程中，容易碰到以下问题。

1）7S 管理规范制定不完整。

2）检查时仅做一些形式上的应付。

3）以工作太忙为由不认真执行规范。

4）检查完毕后又恢复原样。

9. 坚持 PDCA 循环，不断提高 7S 管理水平

PDCA 循环又称戴明环，是质量管理的基本方法之一。PDCA 循环即计划（Plan）、执行（Do）、检查（Check）和处理（Action）循环，其主要特点是循环是转动的，每转动一周就提高一步。7S 管理活动的目的是要不断改善生产现场，7S 管理活动不是在同一水平上徘徊，而是要通过检查，不断地发现问题、解决问题，在不断提高中持续进行。因此，在推行 7S 管理活动后，要检查，要考评，要针对存在的问题和企业发展的需要，提出改进措施和计划，并组织实施，通过 PDCA 循环，使 7S 管理活动得以持续和不断提高。

四 7S 管理实施的办法

1. 检查表

1）根据不同的场所制定不同的检查表，即不同的 7S 管理规范，如车间检查表、货仓检查表、厂区检查表、办公室检查表、宿舍检查表等。

2）通过检查表，进行定期或不定期的检查，发现问题，及时采取纠正措施。

2. 红色标签

制作一批红色标签，红色标签上的不合格项有整理不合格、整顿不合格、清洁不合格，配合检查表一起使用，对 7S 管理实施不合格物品贴上红色标签，限期改正，并且予以记录，按部门、个人分别绘制“红色标签比例图”，时刻起到警示作用。

3. 目标管理

目标管理具有员工参与管理、以自我管理为中心、强调自我评价和重视成果等特点，在 7S 管理实施上，采用目标管理，由员工共同参与、制定，效果也不错。

案例

7S 管理是一个环环相扣的工作。例如，一位员工在车间滑了一跤。

问：员工为什么滑了一跤？

答：地上有机油。

问：地上为什么有机油？

答：废油收集桶太满了，一位员工在推桶时机油洒出来了。

问：为什么废油收集桶太满了？

答：值日员工早上忘倒了。

采取措施：每天早上必须倒掉废油，或在废油收集桶上画上标线，到标线时必须倒掉。在废油收集桶旁，列出值日表。车间主管每天检查。

效果：以后再也没有发生废油收集桶太满洒到地上的情况。

五 7S 管理规范表

7S 管理规范表见表 10-1。

表 10-1 7S 管理规范表

序号	项目	规范内容
1	整理	工作现场物品（如旧件、垃圾）区分要用与不用的，定时清理
2		物料架、工具柜、工具台、工具车等正确使用与定时清理
3		办公桌面及抽屉定时清理
4		配件、废料、余料等放置清楚
5		量具、工具等正确使用，摆放整齐
6		车间不摆放不必要的物品、工具
7		将不立即需要（3 天以上）的资料、工具等放置好
1	整顿	物品摆放整齐
2		资料、档案分类整理入卷宗、储放柜、书桌
3		办公桌、会议桌、茶具等定位摆放
4		工具车、工作台、仪器、废油桶等定位摆放
5		短期生产不用的物品，收拾定位
6		作业场所予以划分，并加注场所名称，如工作区、待修区
7		抹布、手套、扫帚、拖把等定位摆放
8		通道、走道保持畅通，通道内不得摆放任何物品
9		所有生产使用工具、零部件定位摆放
10		划定位置收藏不良品、破损品及使用频率低的物品，并标识清楚
11		易燃物品定位摆放
12		计算机电缆绑扎良好、不凌乱
13		消防器材要容易拿取
1	清扫	地面、墙壁、天花板、门窗清扫干净、无灰尘
2		过期文件、档案定期销毁
3		公布栏、记事栏内容定时清理或更换
4		下班前，打扫和收拾物品
5		垃圾、纸屑、烟蒂、塑料袋、破布等及时扫除
6		工具车、工作台、仪器及时清扫
7		废料、余料、待料等随时清理
8		地上、作业区的油污及时清理
9		清除机器油的废破布或砂土
1	清洁	每天上下班 5min 做 7S 管理工作
2		工作环境随时保持整洁干净
3		设备、工具、工作桌、办公桌等保持干净无杂物
4		花盆、花坛保持清洁
5		地上、门窗、墙壁保持清洁
6		墙壁油漆剥落或地上画线油漆剥落修补

（续）

序号	项目	规范内容
1	素养	遵守作息时间，不迟到、早退、无故缺席
2		工作态度端正
3		服装穿戴整齐、不穿拖鞋
4		工作场所不干与工作无关的事情
5		员工时间观念强
6		使用公物时，用后保证能归位，并保持清洁
7		使用礼貌用语
8		礼貌待客
9		遵守厂规厂纪
1	安全	维修通道畅通，不停放车辆
2		消防设施良好
3		设备安全，保护装置良好
4		员工无违章作业现象
5		使用举升机和千斤顶时支撑牢靠
6		电线无裸露，插座无破损
7		汽车烤漆房不堆放油漆、稀料等危险品及其他易燃品
8		危险品存放于专用区域
1	节约	饮水机无滴漏，下班后关闭电源
2		自来水无滴漏，用后随手关闭
3		下班后关闭计算机和显示器
4		仪器在使用后关闭
5		天气凉爽时采用自然风，关闭空调
6		纸张正反面使用
7		光线充足时关闭灯光
8		空调运转时关闭窗户
9		机油桶内剩余机油回收利用

六 7S 管理改善实务

以某 4S 店售后服务部 7S 管理改善前后对比，说明 7S 管理改善的要点。

（一）整理：清理杂乱（要与不要，一留一弃）

1. 意义

将要与不要的物品加以区分，工作场所不摆放不需要的物品。

2. 原则

不要的物品立即处理。

3. 方法

1）对现场进行全面检查，将要与不要的物品加以明确界定，见表 10-2。

表 10-2 物品的使用频率与处理方式的关系

使用频率	次数	处理方式
高（经常使用）	每小时都使用或每天至少使用一次或每周至少使用一次	放在作业区附近或身边（由个人保管）
一般（偶尔使用）	一个月用一两次或 2~6 个月用一两次	放在一个固定区域，如工具室（统一保管）
低（很少使用）	一年使用一两次或一年也用不到 1 次	放在仓库内归还原保管单位或放在较远的地方（由专人负责）
无（从来不用）	已经无法使用的物品或被淘汰的旧物，使用次数为 0	丢弃或报废（依公司规定处理）

2）进行整理时当场做判断，立即处理，不拖拉或舍不得。

3）不要的物品不带进工作场所或设置不要的物品的存放场所。

4. 目的

通过整理，处理不要的物品，腾出空间。整理前后比较如图 10-1 所示。

改善前

改善后

改善前

改善后

图 10-1 整理前后比较

（二）整顿：定位定容（科学布局，取用快捷）

1. 意义

将要的物品适当摆放，并做标识，员工取放方便，建立良好的工作环境，提高工作效率。

2. 原则

建立功能性的放置地点并加标识，消除寻找物品的时间。

3. 方法

1）现场规划：摆放必要物品（最低数量）并做标识。

2）物品放置场所：要便于取放，靠近作业处。

3）物品放置方法：架子、箱子、工具栏、悬吊等方式。

4）整顿“三要素”：场所、放置方法、标识方法。

5）整顿“三原则”：定位、定容、定量。

4. 目的

通过整顿，物品定置存放，取用方便，塑造一目了然的工作场所，消除寻找物品的时间。整顿前后比较如图 10-2 所示。

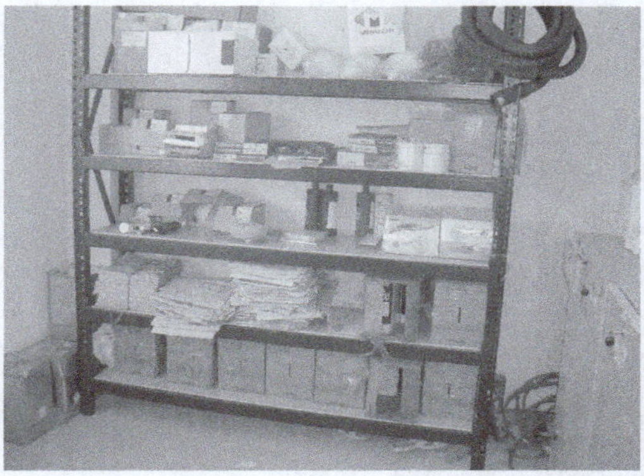

改善前

改善后

改善前

改善后

图 10-2　整顿前后比较

（三）清扫：无污无尘（清除垃圾，美化环境）

1. 意义

经常打扫，常保清洁，使工作场所保持无垃圾、无脏东西、无污秽的状态。

2. 原则

找出脏乱根源并彻底消除，以便取出的物品能够使用。

3. 方法

1）清除污秽，保持物品在最佳可用状态。

2）清扫中发现不良地方，予以修整。

3）追查污秽的根源，从源头根除。

4）制定清扫标准，大家共同遵守实施。

4. 目的

通过清扫，保持工位与物品的干净，塑造高效的工作场所。清扫后的工作环境如图 10-3 所示。

图 10-3 清扫后的工作环境

（四）清洁：保持清洁（形成制度，贯彻到底）

1. 意义

将整理、整顿、清扫的工作彻底执行以维持和巩固其成果，成为公司制度，贯彻到底。

2. 原则

明确界定标准化与正确工作程序，建立目视管理系统。

3. 方法

1）定期考核，保持整洁、高效的工作环境。

2）不断探讨与完善标准化制度，持续改善。

3）明确告知全体员工推行 7S 管理的动机与现况。

4. 目的

通过清洁，创造明朗、清爽与舒适的工作环境，提升公司形象。

（五）素养：遵守规范（落实执行，养成习惯）

1. 意义

让每位员工都能自觉遵守并养成把 7S 管理规范作为日常生活与工作的良好习惯。

2. 原则

持续考核，让员工自觉遵守规定并以正确的方法去做。

3. 方法

1）通过不断宣导、考核与激励等措施，使 7S 管理能持续下去。

2）在工作场所中规定事项，要求员工遵守且正确实施。

3）积极认真，敬业乐业，营造良好的团队精神。

4. 目的

养成遵守 7S 管理规范的良好工作习惯（见图 10-4），取得客户信赖与满意。

图 10-4 采用保护装置防止划伤车漆

（六）安全：遵守规范（落实执行，养成习惯）

1. 意义

让每位员工都能自觉遵守安全操作的规章制度，养成良好的设备使用习惯，保证人身安全。

2. 原则

通过持续考核，养成习惯并以正确的方法去做。

3. 方法

1）制定严格的安全操作规章制度，通过不断宣导、考核与激励等措施，使员工能够安全操作，注意人身安全。

2）在工作场所中规定事项，要求员工遵守且正确实施。

4. 目的

养成遵守 7S 管理规范的良好工作习惯，提高工作效率，保证人身安全。图 10-5 所示为改善前后的对比。

a) 改善前

b) 改善后

图 10-5 改善前后的对比

（七）节约

1. 意义

让每位员工都能养成节约意识，对时间、空间、能源等方面合理利用，发挥它们的最大效能，创造一个高效的、物尽其用的工作场所。

2. 原则

通过持续检查、考核，养成节约意识。

3. 方法

1）制定节约规章制度，通过不断宣导、检查、考核与激励等措施，使员工养成节约意识。

2）在工作场所中规定事项，要求员工遵守且正确实施。

4. 目的

养成节约意识，对时间、空间、能源等方面合理利用，以发挥它们的最大效能。例如，给客户车辆加注完的机油桶，应放在专用台架上，将桶里残留的机油收集起来（见图 10-6）。

图 10-6　残留机油收集

七　推动 7S 管理的工具

将信息转化成图表、照片、标志，再加上文字说明，使员工容易理解所传达的内容。

1. 看板管理

1）物品经过标识，使工作场所一目了然，易于取放。

2）放置场所的标识与品目的标识。

3）其他：7S 管理看板、颜色标识、人员动态标识等。

2. 定点照相

1）利用相机进行定点拍照，将改善前后的照片于公布栏张贴对比、展示。

2）将工作场所中所发现的缺失进行拍照，作为展示和检讨题材。

3）现场缺失包括作业、设备、流程与工作方法，都可用拍照方式。

3. 红单作战

1）使用张贴红单的方式，让人一眼就能知道缺点在哪里。

2）填写红单（见表 10-3），并将之贴于问题发生处，要求改善。

3）贴红单的对象包括机具、设备、空间、库存等。

表 10-3 红单

填表人________ 日期________

责任单位		贴示地点	
需改善事项			
处理方法			
改善期限		审核	
备注			

4. 颜色管理

1）将复杂的管理问题转化成不同色彩，区分不同程度。

2）使每个人对问题有相同的认识和了解。

学习任务三 安全生产管理

一 安全生产的重要性

安全生产必须警钟长鸣、常抓不懈，丝毫放松不得，否则就会给国家和人民带来不可挽回的损失。

安全生产工作是指在生产过程中保障人身和设备安全的工作，要消除危害人身安全健康的一切不良因素，保障职工的安全和健康。设备安全是消除损坏设备、产品和其他财产的一切危险因素，保证生产正常进行。

安全生产事关人民群众生命财产安全，党的十八大以来，习近平同志针对安全生产问题做了一系列重要论述。深入学习贯彻习近平同志关于安全生产的重要论述，企业应全面强化红线意识，实施安全发展战略。抓紧建立健全安全生产责任体系，强化企业主体责任落实。所有企业都必须认真履行安全生产主体责任，善于发现问题、及时解决问题，采取有力措施，做到安全投入到位、安全培训到位、基础管理到位、应急救援到位。加快安全监管方面改革创新，建立安全生产检查工作责任制，实行谁检查、谁签字、谁负责。全面构建长效机制，安全生产要坚持标本兼治、重在治本，建立长效机制，坚持“常、长”二字，经常、长期抓下去。要建立隐患排查治理、风险预防控制体系，做到防患于未然。

安全生产是对任何一个维修企业最基本的要求，如果没有安全保障，企业的维修质量、客户满意度，以及企业的经济效益就都无从谈起，在目前的维修企业里，由于不重视安全生产管理而吃亏的企业不在少数。例如，一个企业因没有根据电控燃油喷射车辆的特点制定安全生产规程，结果一个维修工在测试汽油泵时引起火灾，使得企业的大半个厂房被烧毁。

二 维修生产中的不安全因素及安全措施

1. 与维修场地有关的不安全因素及安全措施

对维修车间的一般要求如下。

1）维修企业建筑布局合理，维修车间与员工宿舍有一定的安全距离并在建设时考虑留下便于消防车进出的通道。

2）维修车间的平面布局合理，维修工位和车辆通道有合理的搭配，使维修车辆进出方便。

3）对安全设施进行验收合格后，方可投入生产和使用。

4）每个维修工位要有足够的面积和高度，一般轿车维修工位的面积不小于 4m×7m，高度不小于 4m。

5）维修车间的通风应良好。机修车间如果需要应配备专用汽车尾气排放设备，喷漆车间应有专用的通风装置。

6）维修车间采光应良好，灯光应齐全，达到一定亮度，避免出现死角。

7）维修车间的地面应采用水泥或水磨石，不要采用光滑的瓷砖地面。

8）维修车间的车辆通道上不要停放车辆，不要摆放任何物品。

9）维修车间的消防设施应齐全良好。

10）维修车间应有合理的供排水系统。

11）对于面积较大的维修车间还应设有可供人员逃生的紧急疏散安全通道。

案例

H 修理厂厂房面积较大，但没有划分作业区域。一天，一位维修工在车间的通道内躺在地上修车，一位检验员在倒车时没注意到躺在地上的维修工，结果车轮轧在维修工的一条腿上，造成骨折。像这种通道维修造成的事故在全国有多例，因此应引起每一位修理厂管理人员的注意。

2. 与维修人员有关的不安全因素及安全措施

1）维修企业的特种作业人员，必须按国家有关规定经专门的安全作业培训，取得特种作业操作资格证书后，方可上岗作业。

2）维修企业应当教育和督促全体人员严格执行本单位的安全生产规章制度和安全操作规程，并向全体员工如实告知作业场所和工作岗位存在的危险因素、防范措施以及事故应急措施。

3）维修企业与维修人员订立的劳动合同，应当写明有关保障从业人员劳动安全、防止职业危害的事项，以及依法为从业人员办理工伤社会保险的事项。

4）维修人员应了解其作业场所和工作岗位存在的危险因素、防范措施以及事故应急措施，并及时对维修企业的安全生产工作提出建议。

5）维修人员在维修作业过程中，应严格遵守本企业的安全生产规章制度和操作规程，服从管理，正确使用劳动防护用品。

6）维修人员应接受安全生产教育和培训，掌握安全生产知识，提高安全意识，增强事故预防和应急处理能力。

7）维修人员发现事故隐患或不安全因素，应及时向现场管理人员汇报，接到报告的人员应及时处理。

8）企业管理人员不得违章指挥，不能违反安全生产法律、法规，侵犯维修人员的合法权益。

案例

G修理厂在当地很有名，经营业绩较好。一天，一个员工在使用汽油试验汽油泵时，由于油泵接线柱产生火花，引起油箱里的汽油燃烧，而现场没有放置灭火器，等员工到远处拿来灭火器时，火势已不可控制，当场将一辆待维修的豪华轿车烧毁，大半厂房化为灰烬。从此，这个企业一蹶不振。

3. 与维修设备有关的不安全因素及安全措施

1）维修企业必须对安全设备进行经常性维护并定期检测，保证设备正常运行。

2）对危及生产安全的工具、设备应当停止使用，及时淘汰。

3）选购设备时应优先考虑是否配置有自动控制安全保护装置，如汽车举升机的自锁防坠落装置、轮胎平衡机的安全防护罩等。

4）维修车间的设备应布置有序，各设备使用时不得有干涉现象。

5）各设备的总用电量应小于维修车间设计用电容量，以防发生火灾。

案例

某汽车维修厂的烤漆工在烤漆房内乱拉电线，结果在一次喷漆时，因线路短路引起大火，大火将在烤漆房烤漆的一辆轿车烧毁，幸亏消防队及时赶到才避免了损失的扩大。但是，即便如此，这次火灾也使企业损失了50多万元。

4. 与维修操作过程有关的不安全因素及安全措施

1）维修手册中规定的安全注意事项和操作规程，要求维修人员熟知并严格遵守。

2）当进行车辆检修时，要拔下点火钥匙，以防他人起动车辆。

3）检修电喷发动机的供油系统时，必须先对油路进行泄压处理，以防汽油泄漏飞溅到漏电的高压线或高温物体上引起燃烧。

4）发动机温度高时，不可拧开散热器盖，以防有压力的高温冷却液烫伤人员。

5）制动系统放气时，应在放气螺栓上接上专用的储液瓶，以防制动液飞溅损伤眼睛，或飞溅到轮胎、油漆上造成损失。制动系统维修后应进行制动系统放气或踩几下制动踏板，当制动踏板高度合适时方可挂挡行驶。

6）检修安全气囊时必须断开蓄电池负极线，拆装安全气囊时必须轻拿轻放。

7）检修汽车电路时，不可乱拉电线。对于经常烧断熔丝的故障，应查明故障原因，不可贸然换上大容量的熔丝或用铜丝代替熔丝。

8）在烤房烤漆时，汽车烤漆的时间一般为30~40min，温度一般为60~70℃，应防止时间过长或温度过高引起车用计算机损坏或线路老化。

9）对车身进行电焊作业时，应断开蓄电池负极，以防损坏车用计算机。

5. 与维修车辆试车或移动有关的不安全因素及安全措施

1）维修车辆试车或移动时，应有专门的规定，从制度上消除不安全因素。

2）维修车辆试车或移动时应由安全意识和驾驶技术好的人员担任，不允许未经批准的人员随意移动车辆或试车。

3）维修车间进行规划设计时应考虑车辆的专用通道、车辆的移动路线，并设置必要的限速牌、转弯处的反光镜等交通设施。

案例

汽车维修企业都有规章制度，未经允许不得私自驾驶客户的车辆。B 维修厂的维修工小吉刚参加工作，对开车很感兴趣，经常偷偷摸摸地开客户的车。这天，大客户张老板的轿车来厂维修。修理完毕后，车停在竣工处。小吉趁人不备，钻进驾驶室开车就跑。这时，对面突然驶来一辆汽车，他急忙踩制动踏板，谁知由于紧张，竟把加速踏板当作制动踏板，结果车速急剧提升，小吉忙打转向盘躲过了来车，却重重地撞在了墙上，损失 3 万多元，大客户张老板暴跳如雷，非让 B 维修厂赔他一辆新车。小吉苦苦哀求，最后 B 维修厂花钱将车修好，并赔付张老板 2 万元。小吉被开除，大客户张老板再也不愿将车开到管理不善的该厂来修了。

6. 与危险品有关的不安全因素及安全措施

1）汽车维修企业的危险品主要有汽油、柴油、燃油添加剂、发动机油、变速器油、制动液、油漆、稀料、乙炔气等。

2）危险品应存放于专用的危险品库，且有专人负责管理。危险品库内应有消防器材。

3）危险品在运输、使用、存放时应注意密封良好、轻拿轻放，避免强光照射，避免高温，远离火源。

4）用不完的危险品应及时回收，不得临时存放在车间里。

新能源电动汽车维修的安全管理

三 新能源电动汽车维修的安全管理

新能源电动汽车包括四大类型：混合动力电动汽车（HEV）、纯电动汽车（BEV，包括太阳能汽车）、燃料电池电动汽车（FCEV）、其他新能源（如超级电容器、飞轮等高效储能器）电动汽车等。其中，常见的新能源电动汽车由于装载了高压动力蓄电池，整车关键零部件带有高压电，整车电气化程度也明显高于传统燃油汽车，因此新能源电动汽车高压部件的维护作业有别于传统汽车。若传统汽车维护作业工人对新能源电动汽车的安全性和维护规范性认识不足，维护内容及维护要求不明确，盲目作业会造成较大的安全隐患。

（一）正确认识新能源电动汽车高压部件上的高压标识

新能源电动汽车高压部件上的高压标识如图 10-7 所示。

（二）新能源电动汽车维护应注意的安全事项

1）维护作业场地应干燥，并设置警示隔离区和警示牌。

2）维护作业区域应配备消防及高压防护应急设备，包括但不限于消防剪、消防沙、消防铲、灭火器、防毒面罩和绝缘棒等。

3）纯电动汽车高压系统维护作业人员应取得电工特种作业操作证，并经专业培训合格后上岗。

4）高压系统维护作业时，应由不少于 2 人协同操作，维护作业人员应遵守电工安全操作规范。

图 10-7 新能源电动汽车高压部件上的高压标识

5）高压系统维护作业人员应穿戴安全防护装备，使用具有绝缘防护功能的作业工具，禁止佩戴金属饰品进行作业。安全防护装备应包括但不限于绝缘手套（耐压等级在 1000V 以上）、绝缘鞋、眼护具、安全帽等。防护装备和作业工具应无破损，绝缘有效（见图 10-8）。

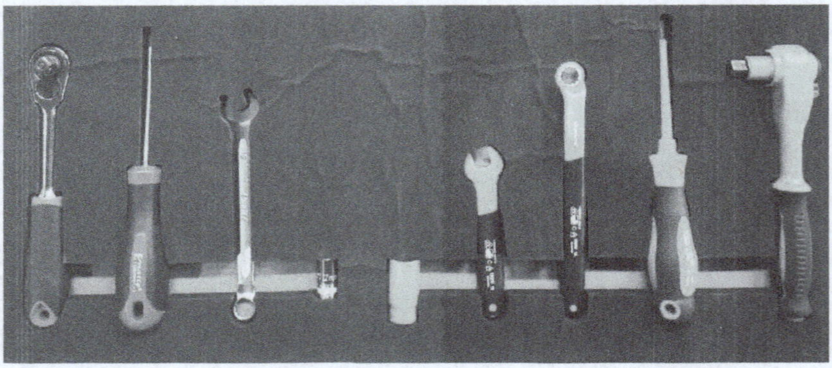

图 10-8 防护装备和作业工具

6）高压系统维护作业前，应按照关闭车辆电源总控制开关，断开辅助蓄电池正负极或关闭辅助蓄电池开关手柄、关闭高压维修开关的顺序（或按照车辆维修保养手册规定的顺序）对车辆进行断电，确认动力蓄电池高压输出线路系统的正负极电压低于 36V，且绝缘阻值符合车辆维修保养手册规定后，方可进行维护作业。维护作业完成后，应按照车辆断电的逆向顺序（或车辆维修保养手册规定的顺序）对车辆进行通电复位。

7）不同车辆应按照维修保养手册规定执行，如有其他操作安全和故障防护特殊要求的，还应遵循其相关规定要求。

四 安全操作规程

1. 汽车维修人员通用安全操作规程

1）工作时应佩戴、使用安全防护用品，不得穿凉鞋、短裤、背心等，女工不得留长发、穿高跟鞋等。

2）工作场地不得吸烟，若发现客户吸烟应及时制止。

3）不得酒后上班。

4）严禁无证驾车。

5）作业时应注意保护汽车漆面及驾驶室卫生。

6）维修用工作灯应不超过 36V 安全电压。

2. 汽车维修工安全操作规程

1）熟悉汽车维修应注意的问题和操作方法。

2）正确使用工具、设备。

3）熟悉安全用电要求和消防器材的使用。

4）使用举升机和千斤顶时，应确保车辆固定牢固和支撑牢固，确保车辆、人员和设备的安全。

5）拆卸作业时应使用合适的工具和专用工具，严禁野蛮拆卸。

6）废油、废水应倒入指定容器，禁止倒入排水沟内。

3. 汽车电工安全操作规程

1）熟悉安全用电要求和消防器材的使用。

2）严格遵守汽车电器维修的操作规程和注意事项。

3）维修时所有用电线路、熔丝必须符合安全容量。

4）电器线路或设备发生火灾时应立即切断电源，采取消防措施。

5）进行蓄电池充电作业时，要将蓄电池盖打开，并保持室内通风良好。

6）进行空调作业时，制冷剂应远离明火及灼热金属，制冷剂瓶要轻拿轻放。

4. 汽车钣金工安全操作规程

1）钣金工需要进行电气焊作业的，必须经特种作业培训，持证上岗。

2）焊接场地应通风良好，并备有消防器材，10m 内不得有燃油和其他易燃易爆物品。

3）氧气瓶和乙炔瓶应符合安全要求，两者分开放置，不得倒置，避免暴晒，5~10m 不得接近烟火。

4）使用钻床、电焊机时必须检查各部件及焊机接地情况，确认无异常时，方可进行工作。

5）电焊条要干燥防潮，工作时应根据具体情况选择适当的电流及焊条，电焊时操作者必须戴面罩及劳动防护用品。

5. 汽车烤漆工安全操作规程

1）烤漆工必须经特种作业培训，持证上岗。

2）油漆和溶剂及其他化工原料应储存于阴凉通风室内，严禁接近烟火。

3）喷漆作业必须严格遵守操作规程，戴好防毒口罩、护目镜及其他防护用品。

4）烤漆车辆进入烤房前应清洁干净。

5）作业前应检查供油泵烤炉不漏油。

6）进行保温烘干时，不得将温度调节器设定在 80℃ 以上。

案例

在重要安全生产场所要有警示牌，警示牌要起到警示作用。2022 年 4 月，山东一地特殊气体瓶发生爆炸，造成三人死亡的事故，烟台市安委会办公室制作了专用警示牌（见图 10-9），要求在从事焊接或热切割作业的企业或场所，印制并在相应位置张贴，对企业落实情况进行现场督导。警示牌有事故案例和安全注意事项，对保证安全生产有显著的警示效果。

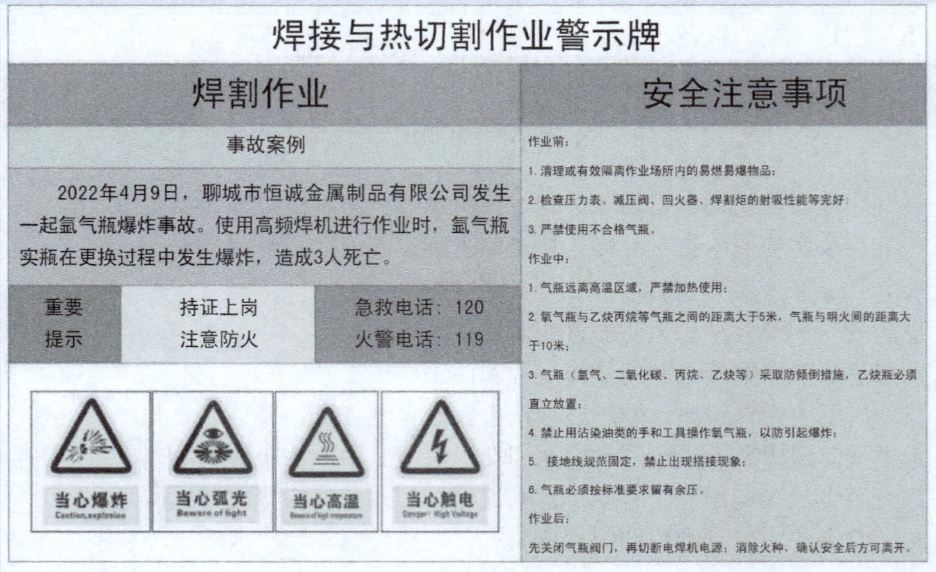

图 10-9 焊接与热切割作业警示牌

6. 汽车举升机安全操作规程

1）操作者要熟悉所用举升机的操作要领。

2）举升车辆的质量要小于举升机的额定举升质量。

3）举升前要检查确认设备各部位技术状况正常。

4）按车辆使用说明书的要求选择正确的车辆支撑位置。

5）车辆举升离地约 10cm 时，应停止举升并从车辆侧面晃动车辆，确认平稳可靠后方可继续举升。

6）对于液压举升机，当举升到工作高度后，要确认锁止块锁止是否有效，确认有效后方可进行维修作业。

7）举升机落地前，必须将托架下方台面清理干净，防止因有异物垫起托架影响下端限位开关的正常工作而导致托架产生“落空”现象。

8）对于螺旋传动举升机，每周要检查螺母磨损指示线的位置，防止因螺母磨损超限而发生意外。

9）及时加注润滑油和润滑脂，以保证丝杠、螺母得到正常润滑。

10）发现异常情况要立即停机检修。

参考文献

[1] 企业会计准则编审委员会．企业会计准则实务应用精解：会计科目使用+经济业务处理+会计报表编制 2023年版［M］．北京：人民邮电出版社，2023.

[2] 姚美红，栾琪文．汽车售后服务与管理［M］．2版．北京：机械工业出版社，2015.

[3] 栾琪文．汽车维修企业管理［M］．2版．北京：人民邮电出版社，2021.

案例

H修理厂的一名维修工，在晚上更换轿车的汽油滤芯时，使用一个220V的白炽灯泡来照明，结果，拆汽油滤芯时飞溅出的汽油喷到灯泡上，引起火灾，当场将轿车烧毁。

五 安全生产达标考评

汽车维修企业应按照交通运输部制定的《交通运输企业安全生产标准化建设实施方案》，以科学发展观为统领，坚持"安全第一、预防为主、综合治理"的方针，牢固树立以人为本、安全发展的理念，全面贯彻国发〔2010〕23号和安委〔2011〕4号文件精神，以落实企业安全生产主体责任为主线，以强化安全生产"双基"（基层、基础）为重点，通过开展企业安全生产标准化建设，全面提升交通运输企业安全生产水平。企业应对照"机动车维修企业安全生产达标考评指标"制定安全目标、建立安全管理机构、健全责任制、进行科学的安全管理，杜绝安全事故的发生。

交通运输企业安全生产标准化建设评价机构负责交通运输企业安全生产标准化建设评价活动的组织实施和评价等级证明的颁发。评价包括初次评价、换证评价和年度核查3种形式。交通运输企业安全生产标准化建设等级证明应按照交通运输部规定的统一样式制发，有效期为3年，评价等级分为一级、二级、三级3个级别。

思考题

1. 7S管理的内容是什么？
2. 7S管理的作用是什么？
3. 7S管理实施的场所有哪些？
4. 7S管理实施步骤是什么？
5. 推动7S管理的工具有哪些？
6. 什么是安全生产工作？它包括哪些内容？
7. 新能源电动汽车维护应注意的安全事项有哪些？